Concrete Metaphysics

具体形上学

Viewing Human and World
Through *Shi*（Affairs）

人 与 世 界
以 "事" 观 之
（修订版）

杨国荣 / 著

北京大学出版社
PEKING UNIVERSITY PRESS

图书在版编目(CIP)数据

人与世界:以"事"观之/杨国荣著. —修订本. —北京:北京大学出版社,
2023.9

(具体形上学)

ISBN 978-7-301-34177-3

Ⅰ.①人… Ⅱ.①杨… Ⅲ.①哲学—研究—中国 Ⅳ.①B2

中国国家版本馆 CIP 数据核字(2023)第 123106 号

书　　　名	人与世界:以"事"观之(修订版) REN YU SHIJIE: YI "SHI" GUAN ZHI(XIUDING BAN)
著作责任者	杨国荣　著
责 任 编 辑	魏冬峰
标 准 书 号	ISBN 978-7-301-34177-3
出 版 发 行	北京大学出版社
地　　　址	北京市海淀区成府路 205 号　100871
网　　　址	http://www.pup.cn　新浪微博:@北京大学出版社
电 子 信 箱	weidf02@sina.com
电　　　话	邮购部 010-62752015　发行部 010-62750672 编辑部 010-62750673
印 刷 者	北京中科印刷有限公司
经 销 者	新华书店 965 毫米×1300 毫米　16 开本　20.5 印张　257 千字 2023 年 9 月第 1 版　2023 年 9 月第 1 次印刷
定　　　价	126.00 元

未经许可,不得以任何方式复制或抄袭本书之部分或全部内容。
版权所有,侵权必究
举报电话:010-62752024　电子信箱:fd@pup.pku.edu.cn
图书如有印装质量问题,请与出版部联系,电话:010-62756370

具体形上学·引言

近代以来,尤其是步入20世纪以后,随着对形而上学的质疑、责难、拒斥,哲学似乎越来越趋向于专业化、职业化,哲学家相应地愈益成为"专家",哲学的各个领域之间,也渐渐界限分明甚或横亘壁垒,哲学本身在相当程度上由"道"流而为"技"、由智慧之思走向技术性的知识,由此导致的是哲学的知识化与智慧的遗忘。重新关注形上学,意味着向智慧的回归。

作为存在的理论,形而上学以世界之"在"与人的存在为思与辨的对象。当然,理解存在并不意味着离开人之"在"去构造超验的世界图景,对存在的把握无法离开人自身之"在"。人自身的这种存在,应当理解为广义的知、行过程,后者以成物(认识世界与改变世界)和成己(认识人自身与成就人自身)为历史内容,内在于这一过程的人自身之"在",也相应地既呈现个体之维,又展开为社会历史领域中的"共在",这种"共在"并不是如海德格尔所说的沉沦,而是人的现实存在形态。

从哲学史上看,康德每每致力于划界:现象与自在之物、感性、知性与理性、理论理性与实践理性,以及真、善、美之间,都存在不同形态的界限。尽管他似乎也试图对不同领域作某种沟通,但在其哲学中,划界无疑表现为更主导的方面。广而言之,在近代以来诸种科学分支所提供的不同科学图景以及认识论、伦理学、美学、逻辑学、方法论、价值论等相异领域的分化中,一方面,存在本身被分解为不同的形态,另一方面,把握存在的视域、方式也呈现出不同的学科边界和哲学分野,从而,存在本身与把握存在的方式都趋向于分化与分离。尽管科学的分门别类同时推进了对不同对象更深入的认识,哲学的多重领域也深化了对相关问题的理解,然而,由此形成的界限,无疑亦蕴含了"道术将为天下裂"之虞。

如何扬弃"道术之裂"、再现存在本身的统一并沟通哲学的不同领域或分支?这似乎是当代哲学的发展所无法回避的问题。就内在的逻辑关系而言,存在的问题在哲学领域中具有本源性:从真善美的追求,到认识论、伦理学、美学、逻辑学、方法论、价值论等不同哲学分支,都在不同的意义上涉及并需要考察存在的问题,这也是以存在为指向的形而上学所以必要的缘由之一。当然,作为对存在的一般看法,形而上学本身又可以区分为抽象的形态与具体的形态。抽象形态的形而上学往往或者注重对存在始基(原子、气等质料)的还原、以观念为存在的本原、预设终极的大全,或者致力于在语言或逻辑的层面作"本体论的承诺";以上进路的共同趋向是疏离于现实存在。走出形而上学的抽象形态,意味着从思辨的构造或形式的推绎转向现实的世界。在其现实性上,世界本身是具体的:真实的存在同时也是具体的存在。作为存在的理论,形而上学的本来使命,便在于敞开和澄明存在的这种具体性。这是一个不断达到和回归具体的过程,它在避免分离存在的同时,也要求消除抽象思辨对存在的掩蔽。这种具体性的指向,在某种意义上构成了哲学的本质。在近代哲学中,相对于康德之侧重于划界,黑格尔似乎更多地注意到了具体之维。然而,黑格尔在总体上表现出"以心(精神)观之"的取向,对现实的存在以及现实的知、行过程,往往未能真切地加以把握,这种终始于观念的基本哲学格局,使黑格尔对具体性的理解无法摆脱思辨性,其哲学也相应地难以达到现实层面的具体性。以现实世界的承诺和知、行过程的历史展开为前提,面向具体包含多重向度:它既以形上与形下的沟通为内容,又肯定世界之"在"与人自身存在过程的联系;既以多样性的整合拒斥抽象的同一,又要求将存在的整体性理解为事与理、本与末、体与用的融合;既注重这个世界的统一性,又确认存在的时间性与过程性。相对于超验存在的思辨构造,具体的形而上学更多地指向意义的世界。在这里,达到形而上学的具体形态(具体形态的存在理论)与回归具体的存在(具体形态的存在本身),本质上表现为一个统一的过程。

可以看到,一方面,在成物(认识世界与变革世界)与成己(认识人自身与成就人自身)的过程中,存在本身展示了其多重向度和意蕴,而认识、审美、道德的本体论之维的敞开,则在赋予真、善、美的统一以形而上根据的同时,又使存在本身的具体性、真实性不断得到确证;另一方面,以真实的存在为指向,哲学各个领域之间的界限也不断被跨越:作为把握世界的相关进路与视域,本体论、价值论、认识论、伦理学、方法论等更多地呈现互融、互渗的一面。这里既可以看到存在本身的统一性,也不难注意到把握存在的方式之间的统一性。与不同领域的知识首先涉及特定对象不同,哲学以求其"通"为其内在指向。哲学层面中的求其"通",既指超越知识对存在的分离,回归存在的统一性、整体性、具体性,也指把握存在的视域、方式之间的统一。通过再现存在的统一性和具体性、联结把握存在的不同视域和方式,形而上学的具体形态或"具体形上学"同时也体现了哲学作为智慧之思的深沉内涵。

在上述理解中,"具体形上学"一方面扬弃了形而上学的抽象形态,另一方面又与各种形式的"后形而上学"保持了距离。在抽象的形态下,形而上学往往或者给人提供思辨的满足(从柏拉图的理念到胡塞尔的纯粹意识,都在不同意义上表现了这一点),或者与终极的关切相联系而使人获得某种超验的慰藉。相对于此,"后形而上学"的各种趋向在消解不同形式的超验存在或拒斥思辨构造的同时,又常常自限于对象世界或观念世界的某一方面:在实证主义那里,现象—经验被视为存在的本然内容;对分析哲学而言,语言—逻辑构成了主要对象;按"基础本体论"(海德格尔)的看法,"此在"即真实的存在;在解释学中,文本被赋予了某种优先性;从批判理论出发,文化、技术等则成为首要的关注之点,如此等等。中国哲学曾区分"道"与"器":"形而上者谓之道,形而下者谓之器。"①"道"既是存在的原理,又体现了存在的整体性、全面性;"器"相对于道而言,则主要是指一个一个特定的对象。作为特定之物,"器"总是彼此各有界限,从而,在"器"的层面,世界更多地呈现为相互限定的形态。从"道"与"器"的关系看,在肯定"道"不离"器"的同时,又应当由"器"走向"道",后者意味着越出事物之间的界限,达到对世界的具体理解。如果说,形而上学的抽象形态趋向于离器言道、"后形而上学"的内在特点在于离道言器,那么,"具体形上学"则表现为对以上思维进路的双

---

① 《易传·系辞上》。

重超越。

在"道"逐渐隐退的时代,"技"往往成为主要的关注之点。就哲学的领域而言,与特定进路相联系的技术化也每每成为一种趋向,无论是语言分析,抑或现象学还原,都表明了这一点,而在各种形式的应用哲学中,以上特点得到了更进一步的体现。"技"意味着以特定的方式解决某一领域或某一方面的问题,其中蕴含着专门化与分化,哲学之域的上述趋向同时折射了更广意义上世界的分离和视域的分化。在科学领域、生活世界、理想之境等分别中,不仅对象之间判然有际,而且不同的世界图景(进入理解之域的世界)也界限分明。存在的相分总是伴随着视域的分野,后者在事实与价值、自在与自为、当然与实然等对峙中得到了具体的展现。科学领域中事实的优先性,往往掩蔽了价值的关切,生活世界的本然性,常常导致"自在"(安于本然)与"自为"(走向当然)的张力,对理想之境的终极追求,则每每引向超越的对象并由此疏离现实的存在,等等。如何在事实的观照中渗入价值的关切、在"自在"的生活中承诺"自为"的存在、在当然的追求中确认实然的前提?质言之,如何由"技"进于"道"、从单向度或分离的视域转换为"以道观之"?这里无疑涉及具有普遍内涵的规范性观念,而从实质的层面看,"具体形上学"便包含着如上规范意义:以"道"的隐退、"技"的突显为背景,确认存在的具体性意味着走向视界的融合、回归统一的世界。

概略而言,以历史考察与哲学沉思的交融为前提,"具体形上学"既基于中国哲学的历史发展,又以世界哲学背景下的多重哲学智慧为其理论之源,其内在的旨趣在于从本体论、道德哲学、意义理论等层面阐释人与人的世界。与抽象形态的形而上学或"后形而上学"的进路不同,"具体形上学"以存在问题的本源性、道德的形上向度、成己与成物的历史过程为指向,通过考察存在之维在真、善、美以及认识、价值、道德、自由等诸种哲学问题中的多样体现,以敞开与澄明人的存在与世界之在。

人既是存在的追问者,又是特定的存在者。从价值的层面看,人的存在与道德难以分离:人既以道德为自身的存在方式,又是道德实践的主体。在这一领域中,存在的具体性首先也与人相联系。作为现实的存在,人在自然(天性)、社会等维度上都包含着多方面的发展潜能,仅仅确认、关注存在的某一或某些方面,往往容易导向人的片面性和抽象性。道德意义上的人格完美、行为正当,最终落实于人自身存在的完善,而这种完善首先便在于扬弃存在的片面性、抽象性,实现其多方面的发展潜能。道德当然并不是人的存在的全部内容,但它所追求的善,却始终以达到存在的具体性、全面性为内容;而道德本身则从一个方面为走向这种理想之境提供了担保。在这里,道德意义上的善与人自身存在的完善呈现出内在的统一性,二者的实质内容,则是作为潜能多方面发展的真实、具体的存在。上述关系表明,善的追求与达到存在的具体性无法截然分离。

进而言之,道德理想的实现过程,关涉"应该做什么""应该成就什么"及"应该如何生活"。行为之善,往往以合乎一般的道德规范为条件。规范既体现了一定的道德理想,又可以看作是道德义务的形式化:义务以伦理关系为源,后者具有某种本体论的意义。正是这种表现为伦理关系的社会本体,构成了伦理义务的根据。伦理关系所规定的义务,以具体的道德自我为承担者;道德自我同时也可以看作是道德实践的主体,在道德领域中,"我"的存在是道德行为所以可能的必要条件;德性的完善和人生过程的展开也以"我"为出发点;对道德现象的理解,显然不能略去道德自我。自我作为具体的存在,固然包含多方面的规定,但从道德的视域看,其内在的特征更多地体现于德性。德性不同于超验的理念,也有别于单纯的个性,它在某种意义上联结了道德理念与个体品格、普遍法则与特定自我,并使二者的统一成为可能。德性在某种意义上可以看作是道德实践的精神本体,它同时也为行为的正当提供了内在的根据。德性作为道德自我的规定,具有自觉的品格;出于德性的行为,也不同于自发的冲动。德性与德行的这种自觉向度,离不开道德认识。善的知识如何可能?在这里,首先应当把道德认识的主体理解为整个的人,而非片面的理智化身。从过程的角度看,道德认识既涉及事实的认知,又包含着价值的评价;既奠基于感性经验,又导源于自我体验;既借助于直觉的形式,又离不开逻辑思维。道德认识的以上过程同时涉及语言的运用。广而言之,从规范的确认到行为的权衡、选择,从自我的道德反省到公共的道德评价,等等,道德与语言都相涉而又相融。言说的内容在实践过程中不断向人格和德性凝化,后者从"说"与"在"的统一上,展示了道德言说与自我完善的一致性。

　　作为历史过程中的社会现象,道德既有形式的规定,也包含实质的内容。如果说,普遍规范、言说方式较多地关涉形式之维,那么,价值、伦理关系、德性的道德意义则更多地体现于实质的方面。形式与实质的统一,本身又从一个更为普遍的层面,为达到善的境界提供了前提。以追求存在的完善为指向,道德内在地包含形上之维,后者并不是一种超验的、抽象的规定,而是内在于伦理和义务、德性和规范、知善和行善、言说和存在、形式和实质的相互关联。这种统一既从伦理之域体现了存在(人的存在)的现实性,又展示了道德形上学本身的具体性。

　　如前所述,从更广的层面看,人的存在同时展开为一个成己与成物的过程。作为具有本体论意义的"在"世方式,成己与成物可以视为人的基本存在形态:当人作为存在的改变者而内在于这个世界时,成己和成物便开始进入其存在境域。正是这种存在的处境,使人区别于其他的对象。从赞天地之化育,到成就自我,现实世界的生成和人自身的完成,都伴随着人对存在的改变。可以说,离开了成己与成物的过程,人本身便失去了现实的品格,从而难以真实地"在"世。

作为人的基本存在处境,成己与成物包含不同的向度。就其现实性而言,成就人自身与成就世界并非彼此分离。对世界的认识与改变,离不开人自身存在境域的提升;人自身的成就,也无法限定于狭隘的生存过程或精神之域:惟有在认识与变革世界的过程中,成己才可能获得具体而丰富的内容。《中庸》以"合外内之道"解说成己与成物,似乎已有见于此。在成己与成物的如上统一中,一方面,成物过程的外在性得到了克服,另一方面,成己也避免了走向片面的生存过程和内向的自我体验。

以认识世界与认识人自身、变革世界与变革人自身为具体的历史内容,成己与成物的过程同时表现为意义和意义世界的生成过程:无论是世界的敞开和人的自我认识,抑或世界的变革和人自身的成就,都内在地指向意义的呈现和意义世界的生成。人既追问世界的意义,也追寻自身之"在"的意义;既以观念的方式把握世界和自我的意义,又通过实践过程赋予世界以多方面的意义,就此而言,似乎可以将人视为以意义为指向的存在。人对存在的追问,从根本上说也就是对存在意义的追问,这种追问不仅体现于语义或语言哲学的层面,而且更深沉地展开于认识论、本体论、价值论等领域。历史地看,哲学的演进过程中曾出现某些关注重心的变化,这些变化常常被概括为哲学的"转向",而在各种所谓哲学的"转向"之后,总是蕴含着不同的意义关切。从这方面看,"存在意义"确乎构成了哲学的深层问题。

存在的意义问题,本身又植根于成己与成物这一人的基本存在处境。本然的存在不涉及意义的问题,意义的发生与人的存在过程无法分离:在人的知、行领域之外,对象仅仅是本体论上的"有"或"在",这种"有"或"在",尚未呈现具体的"意义"。惟有在成己与成物的历史展开中,本然之物才逐渐进入人的知、行之域,成为人认识与变革的对象,并由此呈现事实、价值等不同方面的意义。通过广义的知与行,人不断化本然之物为人化实在,后者在改变对象世界的同时,又推动着世界走向意义之域。与之相联系的是成就人自身:以内在潜能的发展和价值理想的实现为形式,人既追问和领悟存在的意义,也赋予自身之"在"以多方面的意义。正如成物的过程将世界引入意义之域一样,成己的过程也使人自身成为有意义的存在。概而言之,成己与成物既敞开了世界,又在世界之上打上人的各种印记;意义的生成以成己与成物为现实之源,成己与成物的历史过程则指向不同形式的意义之域或意义世界。

不难注意到,无论从观念的层面看,抑或就实在的形态而言,意义世界都既涉及人之外的对象,又关联着人自身之"在"。与对象世界和人自身之"在"的以上联系,使意义世界同时包含形上之维,而从成己与成物的层面考察意义与意义世界的生成,则意味着扬弃意义世界的抽象形态而赋予它以具体的历史内涵。在这里,形上视域的具体性表现在将意义的发生与人的现实存在处境(首先是广义的知行活动)联系起来,以认识世界与改变世界、认识人自身与改变人自身的历史过程为意义世界生成的现实前提。

成己与成物以人自身的完成与世界的变革为内容,后者具体展开为知与行的互动,从成己与成物的角度理解意义世界的生成,相应地离不开实践之维,而成己与成物的考察,则逻辑地引向实践哲学的研究。成己与成物以意义世界的生成为实质的内容,关于意义世界的研究,在更广的层面又与形上之思相涉,与之相联系,由考察意义世界进而关注实践哲学,同时涉及形上之思与实践哲学的关系。

形上之思在宽泛意义上涉及存在的理论，然而，如前所言，对存在的理解和把握如果离开了人自身的知与行，便难以避免思辨的走向，历史上各种抽象形态的形而上学，便往往呈现为某种思辨哲学。从知行过程出发理解人自身的存在与世界之"在"，其进路不同于抽象形态的形上学，而实践哲学则在更为内在的层面表现为对形而上学思辨性的扬弃。同样，对实践过程的理解如果仅仅停留于现象的层面，也无法真切地把握其具体意义。在这里，形上学与实践哲学的内在关联既表现为以实践哲学扬弃对存在把握的思辨性，也展开为以形上之思超越对实践理解的外在性。

人既通过行动、实践而使本然的存在成为现实的世界，也通过行动、实践而成就人自身，二者从不同的层面改变了存在。由此，行动和实践本身也成为人的存在方式。以行动、实践与存在的以上关系为指向，实践哲学展现了其本体论的向度，它既通过人与对象的互动彰显了人自身之"在"的现实品格，又体现了基于人的存在以把握世界之"在"的形上进路。以行动和实践为中介，人的存在与世界之"在"的关联获得了更真切的展现。可以看到，实践的本原性不仅使实践哲学在理解人与世界的过程中具有本原的意义，而且使人的存在与世界之"在"的现实性和具体性获得了内在根据。

与"人类行动"相关的是"实践智慧"。从哲学的层面看，实践本身蕴含深沉的社会历史内涵，智慧则渗入对世界与人自身的把握，并有其实践的维度。把握世界与认识人自身首先侧重对世界和人自身的理解和说明，实践则以改变世界和改变和人自身为指向，二者的如上关联既可以视为实践对智慧的确证，也可以看作是智慧在实践中的落实。相应于实践与智慧的互融，说明世界和说明人自身与改变世界和改变人自身不再彼此相分：事实上，实践智慧的内在特点，即具体地体现于对说明世界与改变世界、说明人自身与改变人自身的沟通和联结。基于德性与能力的统一,实践智慧以实践主体的存在为本体论前提,内在于实践主体并与主体同"在"。在行动与实践的历史展开中,实践智慧源于实践又制约实践,它在敞开实践的本体论内涵的同时,也突显了人之"在"的实践向度。实践与人之"在"的如上关联,既从一个方面彰显了实践的形而上之维,也进一步展现了存在的具体性。

就人与世界的关系而言,人既追问世界实际是什么,也关切世界应当成为什么,"世界实际是什么",涉及如其所是地理解和说明世界的真实形态,"世界应当成为什么",则关乎按人的价值理想变革世界。无论是对世界的理解和说明,抑或对世界的变革,都存在着不同的哲学视域。

从把握世界的实质进路看,需要区分本然的存在与现实的世界,当实在没有与人发生实质关联时,它以本然形式呈现,一旦人以不同的形式作用于实在并使之与人形成多重联系,实在便开始取得现实的形态。人对实在的作用,具体表现为多样之"事",现实世界则形成于人所"作"的不同之"事"。作为扬弃了本然形态的存在,现实世界可以视为属人的世界。就现实世界基于人所做之"事"而言,人在其中无疑呈现主导的意义。人通过"事"作用于"物",由此化本然之物为认识论和本体论意义上的事实,从而,基于"事"的现实世界首先与事实相涉。"事"作为人的活动,最终又以实现人的价值目的为指向,在此意义上,基于"事"的现实世界不仅关乎事实,而且包含价值之维。

世界之"在"与人自身的存在难以相分。现实世界生成于"事",人自身也因"事"而在。作为人的广义活动,"事"既展开于人存在的整个过程,也内在于人存在的各个方面。人之所"作"方式不同,"事"之形态也各自相异。从行事或处事的主体看,"事"的完成既关乎主体之"身"(感性之体),也涉及其"心"(内在意识);既需要主体的理性明觉,也离不开其情意的参与,基于人所做之"事",身与心、理性与情意、知与行彼此交融,人自身则在这种统一中走向真实、具体的存在。

从世界之"在"与世界的生成、人的存在与人的生成进一步考察人与世界的互动,心物关系便构成了无法回避的方面。从哲学史看,心物二元论在实质上以分离的方式理解"心"与"物",不同形式的还原论则趋向消解心物之别,二者都难以视为对心物关系的合理把握。如何扬弃心物关系上的如上视域?这里同样需要引入"事"。作为人所从事的活动,"事"既关乎"物",也涉及"心":做事的过程不仅面对"物"并与"物"打交道,而且始终包含"心"的参与并受到"心"的制约,"心"与"物"则通过"事"而彼此关联。以"事"为源,"心"与"物"彼此互动,"心"以不同的形式体现于"物"(人化之"物"),"物"则随着意义世界的生成而不断进入"心",二者在"事"的展开过程中相互关联。"事"既自身包含"心"与"物"的交融,又在更广的层面沟通着"心"与"物"。离"事"言"心"、离"事"言"物",便难以避免"心"与"物"的分离。

基于"事"的心物互动,同时涉及知与行的关系。"心"的活动和内容以不同的方式引向"知","物"之扬弃本然形态,则关乎"行"。"心"与"物"通过"事"而彼此交融,同样,"知"与"行"的关联也本于"事"。以"事"应对世界的过程不仅指向"知"("物"通过意念化而进入"心"),而且关联"行"(以不同于观念的方式改变"物"),"知"与"行"由此在本源的层面得到沟通。悬置了"事",往往导致知与行的彼此隔绝,扬弃"知"与"行"的分离,则以引入"事"的视域为前提。

心物之辩与知行的互动在不同意义上关乎"理"。"物"的内在规定及相互关系包含"理","心"对世界的把握也以得其"理"为题中之义。同样,知与行也离不开对"理"的把握和依循。与之相联系,"事"既与"物"相涉,也与"理"相关,后者("理")具体呈现为"物理"(物之理)与"事理"(事之理)。"物理"所表示的是事物的内在规定、内在联系和普遍法则,其存在既不依赖于人,也非基于人之所"作"。然而,"理"的存在固然与人无涉,但其敞开则离不开人所"作"之"事"。无论是作为普遍法则的理,还是"殊理",其显现都以"事"的展开为前提。相对于"物理","事理"生成于"事"的展开过程,并以必然法则与当然之则为其内容。广义的"事理"无法完全隔绝于"物理",在狭义的层面,"事理"或事之理则主要涉及"事"本身的展开过程。从实践的层面看,"事理"在生成于"事"的同时,又对"事"具有多方面的制约作用:"事"的有效展开,以把握"事理"并进一步以"事理"引导"事"为前提;从认识的维度看,"事"与"理"的相互作用则既表现在"事中求理",也体现于"理中发现事"。

　　人之所"作"一方面表现为与物打交道的过程,与之相关的是做事过程的"循理";另一方面展开为人与人之间的交往,与之相关的是做事和"处事"中的"讲理"。以人与对象的相互作用为背景,"循理"蕴含着对必然法则的尊重和当然之则的认同,与之相涉的"事"展开为"法自然"和"为无为"的过程。以人与人之间的交往为境域,"讲理"将"事"与人的共在联系起来,其中既包含形成层面的理性沟通,也涉及实质层面的价值关切。

　　由"事理"进一步考察人内在于其中的社会领域,便涉及社会本身的历史演进。作为人的存在过程,历史与人的活动无法相分。从生成过程和生成方式看,历史世界与本然形态的物理世界之异,便在于历史世界通过人的活动而创造,本然形态的物理世界则自然而成,其生成过程并无人的参与。人的活动也就是人之所"作",其内容具体展开为多样之"事",所谓"史,记事者也",也从一个方面注意到

"史"与"事"之间的关联。

"事"以成"史"的过程既展现了"事"的能动性,也赋予"史"以创造的品格。然而,"事"与"史"并非仅仅基于人的作用,在其展开过程中,同时交织着"事"与"史"以及"理"与"势"之间的互动,而"事"与"史"本身则由此展现了其多重向度。"势"表现为"事"和"史"的综合背景,"理"则是"势"所蕴含的内在法则,"势"与"理"的制约,使"事"和"史"不同于任意的过程而具有现实的品格。

历史的衍化,表现为"事"的前后相继,"事"与"史"都非仅仅呈现为空洞的时间流逝,而是包含实质的价值内容。与"事"具有目的性相涉,历史过程在总体上呈现方向性。历史的这种方向性并非超验的预设,而是基于人自身的存在规定及发展趋向。"史"因"事"而成,也因"事"而绵延。从价值方向上看,人类的历史发展在总体上表现为基于所做之"事"而不断走向自由之境。

"事"中展开的历史过程,包含着价值的指向,从形而上的层面看,这一指向关联着具体的存在。以人之"在"为视域,历史的变迁以走向具体的存在为其内在旨趣。作为"走向具体存在"的主要概念之一,"走向"既有"敞开"(认识)之意,也包含"规范"(引导)的内涵,与之相关的"具体存在"即真实存在。走向具体存在,同时表现为化本然为现实,这种建构现实世界的过程以人的实际参与为形态,后者以"做事"为具体形态。"做事"即成己与成物,在这一过程中,走向世界的具体性和达到人自身存在的具体性,呈现相互关联的形态。

"具体形上学"的以上视域,在《道论》《伦理与存在——道德哲学研究》《成己与成物——意义世界的生成》《人类行动与实践智慧》《人与世界:以"事"观之》诸种著作中得到了不同的体现。《道论》着重从本体论方面阐释具体形上学,《伦理与存在——道德哲学研究》以道德形上学为侧重之点,《成己与成物——意义世界的生成》主要关注意义领域的形上之维,《人类行动与实践智慧》则在敞开行动及实践形上内涵的同时进一步展示了人的存在与世界之"在"的具体性,《人与世界:以"事"观之》肯定人的行动体现于综合性的"事"之中,而世界与人的存在则基于人所做的"事"。总体上,以上思考主要围绕如何理解人与人的世界、怎样成就人与人的世界。这些方面既相互关联,又各有侧重,其共同的旨趣,则是走向真实的存在。正如在康德哲学中,先验、普遍、形式具有相通性一样,在"具体形上学"哲学视域中,具体的、现实的、真实的这三个概念也可以互用。当然,从研究的进路看,以上诸种著作主要是从实质的层面展开对相关问题的思考,而并不试图提供一种形式的体系。无论在追问的对象方面,抑或在考察的方式上,具体形上学都具有开放性。

自　序

　　对人与世界的理解,可以有不同的进路,本书以"事"为考察视域。宽泛而言,"事"也就是人之所"作"。从形而上的层面看,"事"展开于人的整个存在过程:从日用常行,到更广领域的多样作为;从科学、艺术等观念活动,到变革世界的现实践行,"事"既与人的存在息息相关,也与人生活于其间的世界无法相分。这一意义上的"事"首先表现为中国哲学所运用的范畴:尽管以上活动是人的存在过程所无法回避的,但以"事"表示人之所"作",则主要见于中国哲学。不过,尽管"事"打上了中国哲学的某种印记,然而,以人之所"作"为内涵,其中同时又包含普遍的哲学意义。如果说,"事"与人的存在和世界的切近关系,使以"事"观之不同于思辨或抽象的考察而呈现为现实的进路,那么,"事"所内含的普遍哲学意蕴,则使以"事"观之超越了特定的观念界域或思想传统而展现了深广的哲学视野。

人内在于其中的世界,不同于本然的存在或自在之物而表现为现实的世界。现实世界的生成,离不开人"赞天地之化育"的过程,后者意味着通过多样之"事"以变革本然的对象,在此意义上,现实世界以"事"为源。同样,人自身也因"事"而在:正是在从事多样活动或做多样之"事"的过程中,人将自身与其他对象区分开来,并获得了人之为人的内在品格。"事"与现实世界和人自身存在的以上相关性,决定了对世界与人的理解,离不开人所"作"之"事"。

作为人存在的基本方式,"事"具有综合性的特点,这种综合性使"事"首先不同于分析哲学视野中的行动。以手的移动而言,对分析哲学来说:有目的地抬手就是行动,这一理解中的行动或多或少被赋予孤立、抽象的性质。在现实的形态中,抬手可以表现为向人致意或示意,并相应地展开为人与人交往过程中所做之"事";也可以表现为以手遮阳或工作过程中对物的作用,后者关乎人与物互动意义上的"事"。在这里,"事"的综合性或者体现于人与人的交往过程,或者呈现为人与物的互动,特定的行动本身唯有从"事"的角度考察,才能呈现其实质的意义。"事"的以上品格既具体突显了它在人与现实世界关系中的本源性,也进一步展示了其在理解人与世界关系中的意义。

就现实形态而言,人类活动的具体过程有相近之处。从"事"的角度去理解现实世界和人类生活,并不是说,作为"事"的人类活动只存在于中国的传统中。事实上,西方历史演化中人对现实世界生成过程的参与,也是通过他们多样的做事过程来展开的。人生活于其间的世界以"事"为本源,在这一点上,东西方并没有根本的不同。差别可能在于是否以一个普遍的概念来表述相关活动及其结果。中国哲学中"事"这一概念,可以比较好地帮助我们表述广义的人类活动及其结果,而在西方的思想传统中则似乎难以发现同样的概念。这里的关系类似思想演化中的以下情形:中国没有西方的"philosophy"概念,但这不意味着中国没有哲学。相当于 philosophy 的学问,在中国主要表现为追寻智慧的性与天道之学。同样,西方没有"事"这样的概念,但这并不表明西方的历史传统不涉及"事"。当然,"事"这一中国哲学的概念也从一个方面表明,中国哲学中存在着其他文化传统所缺乏的观念表达形式,这些表达形式有助于推进对世界以及人类生活更为深广的理解。

与以上思想背景相联系,以人的现实活动及其结果为指向的"事",同时又表现为具有哲学内涵的文化观念,这一意义上的"事"与"道"既具有相近的规定,又蕴含不同的趋向。"道"作为表示普遍存在原理的范畴,一方面与形而下之器相关联,另一方面又首先呈现形而上的性质,所谓"形而上者谓之道",即表明了这一点;"事"则既涉及形而上的规定,所谓"即事是道"①,又关乎形而下之域。在兼涉形而上与形而下这一点上,"事"与"道"有其相通的一面,但在"道"那里,形上与形下之间的关联主要体现于形而上的原理不离形而下之器;在"事"之中,以上关联则表现为形而下之域的人之所"作"同时呈现形而上的面向:无论是生活世界之中,还是生活世界之外,人所"作"之"事"既展开于具体的时空之中,从而渗入了形而下的品格,又具有建构现实世界以及成就人自身的形而上意义。与之相联系,从"事"的视域考察人与世界及其相互关系,同时在更具体的层面表现为从形而上与形而下的统一中理解人与现实世界。

---

① (明)王艮:《王心斋全集》,江苏教育出版社,2001年,第13页。又见(清)黄宗羲:《明儒学案》卷三十二,《黄宗羲全集》第7册,浙江古籍出版社,2005年,第835页。

形而上与形而下的以上统一所体现的,是具体形上学的视域。事实上,本书可以看作是我此前在具体形上学之域所作思考的延续,就其内容而言,它既与《道论》《伦理与存在——道德哲学引论》《成己与成物——意义世界的生成》在理论上相互关联,又与《人类行动与实践智慧》前后相承。当然,如前所述,在人与世界及其相互作用中,"事"具有本源的意义,以"事"为考察视域,相应地意味着从更本源的维度理解人与现实世界。

目 录

1	导 论
27	**第一章 "事"与现实世界**
27	一 "事"与"物"
41	二 作为事实之域与价值之域统一的现实世界
51	三 本然性的扬弃与实然性的确证
61	**第二章 人:因"事"而在**
62	一 人之"事"与人之"在"
78	二 生成于"事"的交往关系
84	三 "事"与存在意义
93	**第三章 存在与生成:从"事"的视域看**
94	一 存在、变化与生成
101	二 现实世界:存在与生成的交融
108	三 人的存在与人的生成:基于"事"的统一
115	**第四章 源于"事"的心物、知行之辩**
116	一 心与"事"
128	二 心与物:由"事"而相涉与相融

137	三	知行之辩:以"事"为源

第五章 由"事"思"理"

146	一	"事"与"事实"
154	二	"物理"与"事理"
165	三	"事"中之"理":"循理"与"讲理"

第六章 "事"与"史"

175	一	"事"以成"史"
184	二	"事""史""势"
194	三	"事"的变迁与"史"的走向

第七章 走向具体的存在

206	一	现实世界与具体存在
208	二	理想及其意义
213	三	作为"理"与"事"体现的形式与实质
217	四	做"事"和参与
222	五	存在的具体性:人与世界

附论一 人与世界关系中的感受

228	一	感受:意义与意味
234	二	体验与评价
241	三	人与世界的三重关系

附论二 人类认识的广义理解

248	一	认知、评价与规范
259	二	关联与互动
262	三	广义认识所以可能的根据

268	四 以"事"观之:广义认识的现实指向
274	**附　录　事与思——对"以事观之"若干评论的回应**
275	一　体系与系统
278	二　史与思
281	三　以"事"说心
286	四　哲学的视域与进路
291	五　多样之事与多重问题
301	**后　记**

导　论

　　就人与世界的关系而言，人既追问世界实际是什么，也关切世界应当成为什么，"世界实际是什么"，涉及如其所是地理解和说明世界的真实形态，"世界应当成为什么"，则关乎按人的价值理想变革世界。无论是对世界的理解和说明，抑或对世界的变革，都存在着不同的哲学视域。

　　首先是以"物"观之。在这一视域中，世界取得了有别于虚幻存在的形态。从五行（金、木、水、火、土），到气、原子，"物"在不同类型的实在论中呈现多样的形式，世界则被奠基于其上。肯定世界本于"物"，无疑确认了世界的实在性，对世界实在性的这种确认，同时构成了把握世界真实形态的前提。不过，从说明世界的角度看，"物"固然具有实在性，但当这种实在性以"天之天"或自在的形式呈现时,与之相关的世界更多地表现为本然的存在形态。由此进一步考察,则可以注意到,在"物"的层面,世界既主要以已然或既成的形态呈现,又表现为对象性的存在:"物"本身具有对象性,以"物"观之,侧重的是对世界的观照和说明,而不是对世界的变革。①

与以"物"观之相对的是以"心"观之。较之"物"的对象性形态,"心"更多地表现为人自身的观念性存在,相应于此,以"物"观之体现的是对象性的观照,以"心"观之则主要以人自身的观念为出发点。这里的"心"泛指广义的意识或精神,包括感觉、理性、情感、直觉,等等,以"心"观之则或者表现为世界向感觉、理性、情感、直觉等的还原,或者以构造思辨的世界图景为形式。在宽泛的意义上,以"心"观之似乎既涉及对世界的理解和说明,也关乎对世界的变革:以"心"构造世界,总是渗入了一定的价值理想,后者又进一步引向对世界的某种"重塑"。然而,以"心"为本的进路不仅趋向于消解世界的实在性,而且赋予变革世界的过程以思辨和抽象的性质。

随着哲学的所谓语言转向(the Linguistic turn)②,从语言的层面理解世界或以"言"观之成为另一种哲学景观。这一意义上的以"言"观之一方面涉及对象性的世界,另一方面又以语言层面的描述

---

① 庄子曾提到"以道观之,物无贵贱;以物观之,自贵而相贱;以俗观之,贵贱不在己"(《庄子·秋水》)。这里的"以道观之"主要侧重于基于齐物的视域而等观贵贱,与之相对的"以物观之",则意味着偏离以上视域而从对象自身的角度出发,由此区分贵贱(自贵而相贱)。在引申的意义上,"以物观之"又涉及对天人关系的理解,表现为不同于"以人观之"的视域,这一意义上的"以人观之"侧重于从人的价值目的和价值需要出发去理解和规定天人关系,"以物观之"则主要着眼于自然本身的规定和法则。本书所说的"以物观之",与以上二重涵义有所不同。

② "linguistic"既指"语言的",又有"语言学的"之义,与之相关,"the linguistic turn"常被表述为"语言学转向"。但从哲学的层面看,这里更实质的意义似乎在于"语言转向"。

和分析为把握世界的主要方式。在以"言"观之的进路中,存在不仅被纳入语言之中,而且往往以语言本身为界限:对世界的把握无法越出语言的界域,以此为背景,人所达到的,往往只是语言,而不是世界本身。从其本来的形态看,语言既是特定形式的存在,又是达到存在的方式。当语言所体现的存在规定被不适当强化之时,它本身便可能被赋予终极的规定,与之相辅相成的是把握存在的手段或方式本身被抽象化为存在之源。不难看到,这一进路的内在趋向在于化存在为语言,由此,真实的世界无疑容易被掩蔽。

基于"物"、本于"心"、诉诸"言",体现了理解与变革世界的不同取向。从实质的层面看,对世界的理解和变革,总是关联着本然世界向现实世界的转换。本然世界也就是自在的世界,在本然的形态下,世界尚处于人的理解和变革过程之外,唯有当人以不同的方式作用于其上,理解世界和变革世界的问题才开始发生。宽泛而言,人作用于世界的过程,也就是"事"的展开过程。如前所述,"物"表现为对象性的存在,"心"以观念性为其存在方式,"言"则既在意义层面与心相涉,又呈现为形式之维(广义的符号形式)。相对于以上诸种形态,"事"首先与人的现实活动相联系,中国哲学对"事"的界说,便侧重于此:"事者,为也。"[①]"(作)焉有事,不作无事。举天(下)之事,自作为事。"[②]这里所说的"为"和"作",都表现为人的现实活动。《尔雅》将"事"释为"勤",又以"劳"界说"勤"[③],同样指出了"事"与人的劳作等活动之间的关联。以人之所"为"、人之所"作"以及"勤"("劳")为"事"的内涵,表明的是"事"以人的现实活动为具体内容。

---

① 《韩非子·喻老》。
② 《恒先》,马承源编:《上海博物馆藏战国楚竹书》(三),上海古籍出版社,2003年,第112页。
③ 《尔雅·释诂》。

引申而言,"事"同时指人之所"作"或所"为"的结果,在"史,记事者也"①的界说中,"事"便表现为人的历史活动的结果。《尔雅》则在更广的意义上把"绩"界定为"事"②,此所谓"绩",包括通过人之所"作"而形成的功业、成就,等等,从而可以视为"事"之结果或已成之"事"。相对于以"物"观之的对象性观照、以"心"观之的思辨构造、以"言"观之的囿于言说,上述视域中的以"事"观之意味着基于人的现实活动及其结果以理解世界和变革世界。不难注意到,以单音节为形式,"事"与"道""德""天""性"等内含古典意义的范畴相近,具有综合的性质,其中包含丰富的内蕴。③

作为人之所"为"或人之所"作","事"不仅体现于人把握和变革世界的活动过程,而且以人与人的互动和交往为形式。人的存在离不开做"事",从经济领域的生产、商贸,到政治领域的权力运用,从文化领域的艺术创作、科学领域的实验和研究、学术领域的理论建构,到生活世界中的日用常行,人所"作"之"事"展开于不同方面。就"物""心""言"与"事"的关系而言,只有在做"事"的过程中,"物"才进入人的视域,并成为人作用的对象,也只有在这一过程中,"心"和"言"才能逐渐生成并获得多方面的内容。离开人所"作"之"事",

---

① (汉)许慎:《说文解字》。
② 《尔雅·释诂》。
③ 张岱年早年也曾谈到"事"与"物",不过,对"事"作为人之所"作"、人之所"为"这一内在规定,张岱年似乎未能给予必要的关注。在其视域中,"事"或者表现为思辨的形态,所谓"凡有起有过者谓之事",便多少表现了这一点(参见张岱年:《张岱年全集》第3卷,河北人民出版社,1996年,第129页);或者与"物"没有实质的区分,在以下论述中,即不难看到这一点:"最微之事,为最究竟者,其联续形成最微之物,即电子等。最微之物交相作用为事。"(参见张岱年:《张岱年全集》第1卷,河北人民出版社,1996年,第369页)依后者,则"事"仅仅表现为物或"最微之物"之间的作用而与人之所"作"或人之所"为"无实质的关联。这一意义上的"事"与作为本然存在或对象性存在的"物"并无根本不同。

"物"便仅仅呈现自在或本然的形态;外在于人所"作"的多样之"事","心"即难以摆脱抽象性和思辨性;悬置了广义的"事","言"及其意义同样无法取得现实品格。

相应于人的多样存在方式,"事"不仅以时空中展开的对象性活动为形态,而且包括观念性活动。以思辨推绎和思辨构造为形式,前述"以心观之"始终限定于观念之域:这种观念之域被赋予自足的形态,而"以心观之"则无法超越其界限。与之不同,作为"事"的多样体现的观念性活动固然有艺术创作、科学研究、理论建构等不同形式,但这些活动在不仅基于现实,而且指向现实这一点上,又具有相通性。以对象性活动为形态的"事"以实际地作用于相关对象为特点,其展开过程涉及人的能力、本质在对象中的外化或对象化,相对于此,观念性活动首先涉及科学考察、艺术创作、理论建构等过程中的意识之维,但这种活动又总是以直接或间接的方式与现实存在相互关联。从做"事"的主体方面看,这里同时关乎"身"与"心"及其相互关系。对象性活动基于"身",但又离不开"心":作为"事"的对象性活动,总是展开为身与心的交融;观念性活动与"心"相涉,但也无法疏离于"身":在科学、艺术、道德、终极关切等观念领域,其中的观念性活动不仅涉及以感官为依托的直观,而且其内容直接或间接地源于通过"身"而展开的对象性活动。进而言之,人的对象性活动与观念性活动同时又总是伴随着"言"的运用,后者既与"声"和"形"等感性之物相关,又与意义等观念形式相联系。就"事"之所向而言,无论在观念性的层面,抑或对象性之域,人之所"作"都涉及"物""心""言"的交互作用。换言之,在"事"的具体展开过程中,对象性活动(或感性活动)、观念性活动以及语言活动(不限于狭义上的以言行事)总是无法截然相分。从这方面看,以"事"观之一方面不同于以"物"观之、以"心"观之、以"言"观之,另一方面又并非完全隔绝于

"物""心""言"。

对象性与观念性主要表现为广义之"事"的不同展开形式,就实质的指向而言,"事"具体关联着化本然世界为现实世界的过程。本然世界属自在的存在,它固然具有实在性,但对人来说尚未呈现实际的意义,现实世界则生成于人的作用过程,并打上了人的不同印记。以扬弃世界的本然性为指向,"事"既关乎对世界的说明,也涉及对世界的变革。说明世界以理解和把握世界为内容,其过程则离不开"事"。从现实的形态看,不仅对相关对象的把握发生于"事"之中,而且理解世界的过程本身表现为"事"的展开:无论是经验观察,抑或理论解释,都无法与人所从"事"的探索活动相分。"事"的以上形式,更多地体现了前述观念性之维:从常识视域中的世界,到科学的世界图景,都不同于本然的存在形态而表现为被把握的世界,以人所从"事"的理解过程为前提,这种世界图景既作为广义认识活动的产物而蕴含着人的作用,也具有观念的形态。相对于世界图景所呈现的观念形态,通过实际地变革对象而形成的现实世界,主要表现为人化世界的实在形态,这种实际的变革过程,同时以"事"的对象性活动为内容。中国哲学所谓"赞天地之化育",便涉及后一意义上的现实世界与人所"作"之"事"的关联。

人化世界的观念形态与实在形态在超越本然存在这一点上,都可以视为广义的现实世界。世界的现实形态基于人所"作"之"事",人自身也在参与多样之"事"的过程中认识自己并获得现实的规定,前者表现为认识世界和成就世界的过程,后者则以认识自我和成就自我为内容。以人与现实世界的关系为视域,具有综合意义的"事"较之"物""心""言",呈现更为本源的性质;以"事"观之,也意味着从更为本源的层面理解世界和成就世界、理解人自身和成就人自身。

从作用于世界这一层面看,"事"与"实践"无疑具有相关性。在哲学史上,亚里士多德是较早对实践作考察的哲学家。按亚里士多德的理解,思想(thought)可以划分为实践的、生产或制作的(productive)与理论的三种形态。① 在思想的以上形态之后,是人的相关活动。这一视域中的实践,主要以政治、伦理的活动为内容,与之相对的制作则关联着生产性、工艺性、技术性的活动。亚里士多德将实践与伦理及政治活动联系起来,而把制作活动置于实践活动之外,这一看法对此后关于实践的理解有着悠深的影响。康德在考察纯粹理性或理论理性的同时,也以实践理性为讨论的重要论题。康德所说的实践理性同样首先与伦理领域相联系。在区分理论理性与实践理性的同时,又将实践主要与伦理等活动联系起来,这一思路与亚里士多德无疑有前后相承之处。

较之亚里士多德和康德首先从伦理或道德的层面考察实践,黑格尔对法律、政治之域给予了更多的关注。在黑格尔看来,道德涉及的主要是"应当"如何的问题,法律、政治之域的活动则更多地体现了现实之维。在从政治、法律等层面考察实践活动的同时,黑格尔对实践本身也给予了更广的理解。在《精神现象学》中,黑格尔赋予行动或实践以三个环节,即"目的","目的的实现"或"达取目的的手段","被创造出来的现实"②。在《逻辑学》中,黑格尔进一步指出:目的作为观念性的存在,最初呈现主观的性质,对象世界则具有外在性,实践或行动一方面扬弃了目的的主观性,另一方面又克服了对象的"现象"性、"外在"性③。对实践的以上理解,已不限于伦理、政治、法律

---

① 参见 Aristotle, *Metaphysics*, 1025b25, *The Basic Works of Aristotle*, Random House, 1941, p.778.
② 〔德〕黑格尔:《精神现象学》上卷,贺麟、王玖兴译,商务印书馆,1983年,第264页。
③ 参见〔德〕黑格尔:《逻辑学》下卷,杨一之译,商务印书馆,1976年,第528页。

等领域,而是关乎人作用于外部世界的广义形式。不过,黑格尔同时又将实践活动纳入理念、精神、逻辑之域,对黑格尔来说,目的性的活动及目的与手段的关系可以理解为"推论"的过程①,这一看法固然在某些方面折射了实践的现实进展,但以"推论"表示以上关系,似乎更多地侧重于理念之域的逻辑转换。就此而言,黑格尔对实践的理解无疑仍具有思辨性与抽象性。

马克思对实践的理解,开始突破西方哲学的以上传统。与亚里士多德及康德对实践的理解有所不同,马克思首先将实践与劳动、生产过程联系起来。按马克思的理解,"整个所谓世界历史不外是人通过人的劳动而诞生的过程,是自然界对人说来的生成过程,所以,关于他通过自身而诞生、关于他的产生过程,他有直观的、无可辩驳的证明。因为人和自然界的实在性,即人对人说来作为自然界的存在以及自然界对人说来作为人的存在,已经变成实践的、可以通过感觉直观的,所以,关于某种异己的存在物、关于凌驾于自然界和人之上的存在物的问题,即包含着对自然界和人的非实在性的承认的问题,在实践上已经成为不可能的了"②。这一视域中的实践,已不再与制作及工艺性的活动相对而仅仅限于伦理、政治等领域,相反,制作及工艺性的活动构成了实践的题中之义。在马克思看来,以劳动为本原的形式,实践不仅创造了人,而且造就了属人的世界。与之相联系,实践也不再是黑格尔意义上的理念活动或逻辑的推论,而是首先表现为现实的感性活动,后者包括人与自然之间的物质交换,其本身在呈现社会性品格的同时,又展开为一个历史的过程。在马克思以前,培根曾区分了"实践方面的不同分支",并将其中的一种形式与

---

① 〔德〕黑格尔:《逻辑学》下卷,杨一之译,商务印书馆,1976年,第436、437页。

② 〔德〕马克思:《1844年经济学哲学手稿》,人民出版社,1985年,第88页。

"物理学之下"的"机械学"联系起来①,这一视域中的"实践"与培根之前的亚里士多德对实践的理解,无疑有所不同:"物理学之下"的"机械学"涉及科学、技术层面的活动,就此而言,培根似乎已扩展了亚里士多德的实践概念。不过,在培根那里,以上方面的思想尚未取得明确的形式并充分展开。相形之下,上述马克思的劳动范畴,则在广义上包括与科学、技术相关的活动:劳动展开于生产过程,这一过程在近代以后与科学、技术领域的活动便愈来愈难以相分。更值得注意的是,在马克思的实践观中,劳动被赋予本源的意义,人与自然的互动以及人与人的社会关系则奠基于其上。

与"实践"相近而又有不同侧重的是"行",后者在中国哲学中得到了较多的考察。对中国哲学而言,社会领域的诸种活动,都表现为人之"行",这一意义上的"行"首先又展开于伦理、政治领域与日常的生活世界,它构成了伦理关系以及更广意义上社会生活的形成与延续所以可能的前提。尽管中国哲学也肯定赞天地之化育、制天命而用之,其中涉及对存在的广义变革,但相对来说,通过日用常行以成就人自身并延续广义的社会生活,无疑被赋予某种优先性。事实上,基于多样之行,伦理生活与日常生活在中国哲学中往往趋于融合:"穿衣吃饭,即是人伦物理;除却穿衣吃饭,无伦物矣。"②在此,日常之"行"即展开于穿衣吃饭的日常活动,人伦日用则体现于其中。

不难注意到,在西方的哲学传统中,对"实践"的理解经历了从伦理、政治领域进而到科技、劳动的扩展和转换,政治、伦理领域的活动以人与人的交往为内容,劳动则既涉及人与人的关系(生产关系),又关乎人与物的互动。这一意义上的实践首先表现为社会性、群体性

---

① 〔英〕培根:《新工具》,许宝骙译,商务印书馆,1984年,第116—117页。
② (明)李贽:《答邓石阳》,《焚书》卷一,《焚书 续焚书》,中华书局,1975年,第4页。

的活动,相形之下,生活世界中的日用常行,以及日常之行的个体之维,则似乎未能进入上述"实践"的视野。另一方面,中国哲学传统中的"行"在侧重于伦理行为的同时,又首先与日用常行中的个体行为相联系,无论是伦理行为,抑或日用常行,主要都限于人与人的交往,而缺乏人与物的互动等方面的实际内容。

较之"实践"与"行"的以上内涵,作为人之所"作"或人之所"为"的"事",展现了更广的涵盖性,不仅亚里士多德所划分的思想形态背后的实践活动、生产或制作(productive)活动以及理论活动都包含于广义的"事"之中,而且不同哲学传统中的"实践"和"行"本身,也表现为"事"的不同形式。以中国哲学而言,日用即道是其基本的观念之一,这里的道主要表现为形上之维的存在原理,但在中国哲学看来,这种存在原理无法疏离于形下层面人的日常活动:"道不远人。人之为道而远人,不可以为道。"①"道者,非天之道,非地之道,人之所以道也,君子之所道也。"②道体现于其中的日用常行,本身即属广义之"事",在此意义上,日用即道同时表现为"即事是道"③,而道本身则唯有通过"事"才能把握:"圣人之道,未有不于行事见而但于言语见者也。"④从更深层的方面看,"事"与人的不同需要以及多样的存在情境、特定的时空条件等相联系,包含具体的品格,后者对实践和"行"也产生了多方面的影响:实践和"行"在实质上乃是以做不同

---

① 《中庸·第十三章》。

② 《荀子·儒效》。

③ (明)王艮:《王心斋全集》,江苏教育出版社,2001年,第13页。又见(清)黄宗羲:《明儒学案》卷三十二,《黄宗羲全集》第7册,浙江古籍出版社,2005年,第835页。历史地看,王阳明在论说"五经皆史"之时,已指出:"以言谓之经,事即道,道即事"[(明)王守仁:《传习录上》,《王阳明全集》,上海古籍出版社,1992年,第10页],这里的要义在于"道"与"事"的沟通,亦即从"事"出发理解"道"。王艮的以上看法在逻辑上导源于此。

④ (清)阮元:《论语解》,《揅经室集》(上),中华书局,1993年,第49页。

意义上的"事"为指向,离开了多样之"事",其形态将呈现空泛性和抽象性,唯有关联不同之"事",这种抽象性才能被扬弃。

进而言之,在实践、生产或制作以及理论的区分中,蕴含着实践活动与认识活动的分野,中国哲学论域中的"行"则区别于"知",事实上,知行之辩,即构成了中国哲学的重要论题。在知与行、认识与实践彼此分别的语境中,实践与"行"虽然在广义上也内含观念之维,但首先涉及与身相涉的感性活动,"知"或认识则主要表现为观念性(精神性)的活动。与之相对,从实质的内涵看,"事"作为人之所"作"兼涉认识与实践、知与行:如前所述,以意识活动或精神活动为内容的认识或知也可以包括在表现为人之所"作"的"事"之中。由另一角度考察,实践活动或人之"行"在成为反思的对象时,同时也进入了认识过程(成为认识过程中的"所知"),就实践与认识、知与行之辩而言,以上关系主要表现为人的不同活动形式之间的互动,然而,以"事"观之,实践活动本身以及以实践为对象的认识过程,都是人之所"作",并相应地都涵盖于"事"之下。

奥斯汀曾提出"以言行事"(to do things with words)[①],这一意义上的言说尽管可以形成外在的社会后果,但其本身又不同于实际作用于外在对象的感性活动而呈现观念的形式,借助于"言"而展开的"事",也相应地首先与观念性活动相联系。就"事"的以上内涵而言,不仅"实践"和"行"属人所从"事"的活动,而且"认识"和"知"也表现为人所"作"之事。相形之下,认识与实践、知与行固然相互关联,但无法相互包含。历史地看,王阳明在"知行合一"的前提下,强调"一念发动处,便即是行",[②]由此不免表现出"销行入知"的倾向。

---

① J. L. Austin, *How to Do Things With Words*, Harvard University Press,1975.
② (明)王守仁:《传习录下》,《王阳明全集》,上海古籍出版社,1992年,第96页。

另一方面,实用主义由强调"脱离了具体行动和造作的理论是空洞无用的"①,进而趋向于以"行"界定"知"。在实用主义看来,"经验首先不是知识,而是动作和遭受的方式"②。同样,感觉的意义也只是为"行为"提供刺激③,这里多少蕴含着融知于行或销知入行的观念。与以上二重趋向相对,以"事"观之,不仅"实践"和"行"表现为人"做事"的过程,而且"认识"和"知"也属人所"从事"的活动,二者统一于人所"作"之"事"。

按其实质的意义,无论是认识与实践的互动,还是知与行之辩,都同时关联着说明世界和改变世界的不同进路。当认识与实践、知与行分属人的不同存在领域时,说明世界和改变世界往往难以统一。如所周知,马克思曾对以往哲学作了如下批评:"哲学家们只是用不同的方式解释世界,而问题在于改变世界。"④从另一角度看,马克思所批评的现象也折射了说明世界(解释世界)和改变世界在以往哲学中的分离,而这种分离的逻辑前提之一,则是认识与实践、知与行的彼此悬隔。以"事"为视域,意味着扬弃认识与实践、知与行的以上相分,说明世界和改变世界则将由此获得统一的根据。

如前文已提及的,作为说明世界和改变世界的现实之源,"事"既不同于思辨形态的"心"而具有实在的品格,也有别于对象性的"物"而具有能动性。马克思曾指出:"从前的一切唯物主义——包括费尔巴哈的唯物主义——的主要缺点是:对对象、现实、感性,只是从客体

---

① 〔美〕约翰·杜威:《确定性的寻求——关于知行关系的研究》,傅统先译,上海人民出版社,2005年,第217页。

② J. Dewey, A. W. Moore, et al. , *Creative Intelligence: Essays in the Pragmatic Attitude*, Henry Holt AndCompany, 1917, p. 7.

③ 〔美〕约翰·杜威:《哲学的改造》,许崇清译,商务印书馆,1989年,第46—47页。

④ 〔德〕马克思:《关于费尔巴哈的提纲》,《马克思恩格斯选集》第1卷,人民出版社,2012年,第140页。

的或者直观的形式去理解,而不是把它们当做人的感性活动,当作实践去理解,不是从主体方面去理解。所以,结果竟是这样,和唯物主义相反,唯心主义却把能动的方面发展了,但只是抽象地发展了,因为唯心主义当然是不知道现实的、感性的活动本身的。"①这里所说的"从主体方面去理解",与从"人之所作去理解"具有一致性,在此意义上,"从主体方面去理解"既指向作为"现实的感性活动"的实践,也关乎人所"作"之"事",后者在超越以"物"观之和以"心"观之的同时,也以前述"实践"和"行"为题中之义,这一进路在说明世界和改变世界的过程中显然展现了更广的涵盖性。

从另一视域看,实践在越出伦理、政治之域而被赋予更广内涵之后,往往又引向认识论领域并被视为认识论范畴,在认识来源于实践、真理由实践检验等观念中,实践论与认识论进一步趋于重合。相对于此,与主要展开为日常伦理活动一致,中国哲学中的"行"常常更多地被视为伦理学的范畴,所谓"行之,明也;明之,为圣人"②,便表明了这一点;这里的圣人主要即表现为德性完善的人格,而"行"则以达到这种完美的道德人格为指向。在以下之论中,上述观点得到了更具体的表述:"何以谓之德?行焉而得之谓也。何以谓之善?处焉而宜之谓也。"③"行"在此同样首先被理解为道德践履,其目标则是德性的完善。较之"实践"的认识论意蕴与"行"的伦理学内涵,"事"既展开于化本然世界为现实世界的过程,从而关乎本体论之域,又兼涉认识活动和道德行为,从而渗入了认识论与伦理学意义。作为广义的人之所"作","事"体现了本体论、认识论、伦理学的交融。

---

① 〔德〕马克思:《关于费尔巴哈的提纲》,《马克思恩格斯选集》第 1 卷,人民出版社 2012 年,第 137 页。
② 《荀子·儒效》。
③ (明)王夫之:《礼记章句》卷四十二,《船山全书》第 4 册,岳麓书社,1996 年,第 1483 页。

"事"的哲学意义,在一些哲学家中已得到某种关注,这里可以一提的是广松涉。作为20世纪的日本哲学家,广松涉先后出版《事的世界观的前哨》《存在与意义——事的世界观之奠基》等著作,"事的世界观"这一提法,无疑在形而上层面涉及"事"的哲学意义。不过,尽管将"事"与"世界观"联系起来,但广松涉对"事"本身的理解,首先关乎生物性意义上的视域。在他看来,"事"也就是"四肢的关系态",或"四肢的构造态"。① 在从认识论的层面谈其"事的世界观"时,广松涉进而认为这一"世界观"的特点在于替代了以往"主观—客观"的模式而以"四肢构造"的样式表现出来。② "四肢"作为与身相涉的器官,具有生物性的意义,从"四肢"的层面规定"事",似乎多少淡化了其作为人之所"作"的社会意义。

在广松涉那里,"事的世界观"同时表现为基于关系的世界观。从本体论上看,这一世界观首先否定了对象界中"实体的基始性"而强调"关系的基始性"。③ 在《存在与意义——事的世界观之奠基》中,广松涉对此作了如下论述:"'事'不是对事件以及事象的称谓,而是要在它们物象化之后才形成的时间、空间性结果(event),或者如同通过这些构造契机的物象化而形成'物'(广义的'东西')那样,是某种基础性的存在机制。如果暂且从与物的世界像的差异这一视角来说的话,可以说它是一种关系主义的存在观。关系主义认为:且不说所谓物的'性质',就连被视为'实体'的东西,其实也是关系规定的'接点'。这种存在观认为:实体并不是独立存在,然后才第二性地

---

① 〔日〕广松涉:《存在与意义——事的世界观之奠基》第1卷,彭曦、何鉴译,南京大学出版社,2009年,第452页、第464页。
② 参见〔日〕广松涉:《事的世界观的前哨》,赵仲明、李斌译,南京大学出版社,2003年,"序言"第2页。
③ 同上。

形成关联,关系规定态才是原初的存在。"①可以看到,对广松涉而言,从"事"的角度考察世界,主要侧重于存在的关系性:以"事"为出发点,意味着肯定关系优先于实体。这一视域中的"事"大致被规定为与实体相对的存在形态,它既非展开为人的多样活动,也缺乏说明世界和改变世界的现实内容。

由此作进一步考察,则可注意到,广松涉虽然提出了"事的世界观"这一观念,但从其实际的理论表述看,却未能基于"事"的视域而对人与世界的关系以及说明世界和变革世界的过程作出系统性的论述。《事的世界观的前哨》和《存在与意义——事的世界观之奠基》可以视为广松涉在这方面的代表性论著,然而,《事的世界观的前哨》所讨论的主要是康德、马赫、胡塞尔的哲学以及物理学的存在概念、人类学方面的问题,等等;《存在与意义——事的世界观之奠基》虽然以"事的世界观之奠基"为副标题,但通览全书,却难以发现以"事"为内在脉络的具体讨论。该书第1卷诚然包含对"事"的若干分疏和解说,但这种解说主要本于"事"与"四肢"的关联,而在第2卷中,"事"则基本上付诸阙如:纵观整个第2卷,几乎看不到对"事"的实质性论述。如果说,将"事"主要与"四肢"以及实体和关系之辩联系起来,多少使"事"的讨论趋于思辨化,那么,"事"之"缺席"于存在理论或形上思想的展开过程,则使"事的世界观"的"奠基"或多或少显得空泛化。

就把握世界的实质进路而言,以"事"观之首先如前文所论,需要区分本然的世界与现实世界。当实在没有与人发生实质关联时,它以本然形式呈现,一旦人以不同的方式作用于实在、使之与人形成多

---

① 〔日〕广松涉:《存在与意义——事的世界观之奠基》第1卷,彭曦、何鉴译,南京大学出版社,2009年,第3页。

重联系并赋予其以多样的印记,实在便开始取得现实的形态。人对实在的作用,以人所"作"之"事"为具体形式,现实世界即形成于人所"作"的不同之"事"。作为扬弃了本然形态的存在,现实世界可以视为属人的世界。就现实世界基于人所"作"之"事"而言,人在其中无疑呈现主导的意义,所谓"人者,天地之心也"①,如果从以上角度加以理解,显然有其所见。当然,这并不意味着无视世界本身的实在性,更不表明可以抽象地强化人的作用。如后文将进一步论述的,人之化本然存在为现实世界,始终无法离开实然和必然,实然即实在的对象,必然则是其中蕴含的内在法则或恒常(规律性)联系,以人与物的互动、人与人的交往为形式,人之所"作"总是依乎实然、循乎必然,体现于"事"的价值目的和价值理想,既渗入了人的要求,又植根于实在。在汉语中,"事"与"情"常合在一起,形成"事情"这一表述。这里的"情"既指情感,也有情实之意,当庄子肯定"夫道有情有信"②时,其中的"情"便指情实或真实,"事情"中的"情"与之相近,也以情实或真实为其内涵。"事"与"情"的以上关联,既从一个方面展现了"事"的实在性,也赋予以"事"为源的现实存在以实然性。

人通过"事"作用于"物",由此化本然之物为认识论和本体论意义上的事实,从而,基于"事"的现实世界首先与事实相涉。"事"作为人的活动,最终又以实现人的价值目的为指向,在此意义上,基于"事"的现实世界不仅关乎事实,而且包含价值之维。作为现实存在的不同规定,事实之域和价值之维在形成于"事"并内在于现实世界的同时,也包含着各自单向展开甚至彼此相分的可能。克服以上分离,本身又以"事"以及"事"所建构的现实世界为条件:在现实的层

---

① 《礼记·礼运》。
② 《庄子·大宗师》。

面,事实与价值构成了同一存在的相关方面,二者之间更多地表现为基于"事"的相互制约关系。同时,"事"的展开既需要基于事实的认知,也离不开价值的评价,在化本然世界为现实世界的做事过程中,事实认知和价值评价从不同的方面对人提供引导。在这里,"事"既从本源上引向事实和价值的沟通,也为克服二者的分离提供了前提和根据。

从哲学史上看,基于"事"的现实世界所具有的生成性固然已为哲学家所注意,然而,在如何理解现实世界的这种生成性方面,却存在不同的进路。黑格尔强调自然与世界本于绝对精神,在某种意义上也以思辨的方式触及了现实世界的生成和人的关联。不过,以精神的形上化、思辨化为前提的自然与世界的生成固然有别于本然的存在,但却缺乏基于"事"的人化世界的现实性。海德格尔提出基础本体论,后者以个体的生存为主要关注之点,而个体生活于其间的生活世界及其生成和展开,则以人自身的筹划或谋划为前提。在海德格尔那里,个体的生存过程,同时又以操心、畏等心理体验为具体的内容。较之作用于对象并实际地变革对象的活动,无论是人的筹划和谋划,还是操心、畏等体验,都属广义的"心",就实质的方面而言,海德格尔对人的生存过程及生活世界的理解表现为有见于"心"、无见于"事"。

在现代哲学中,理解现实世界生成性的另一重进路,体现于语言与世界的关系。作为人所把握的存在,语言中的世界已不同于本然的存在:在通过人而生成这一点上,语言中的世界与现实世界似乎具有相通之处。不过,与现实世界形成于"事"有所不同,语言中的世界主要表现为语言的构造,而当语言成为世界的界限时,语言同时也被赋予某种本源的形式:世界似乎主要基于"言",而非基于"事"。

黑格尔的思辨哲学以及海德格尔的基础本体论与分析哲学尽管

展现了不同的哲学趋向,但在离开"事"而谈现实世界这一点上,却呈现某种相通性。"事"在广义上本来包括对世界的把握和变革,而对世界的把握则包含知,在此意义上,以绝对精神、个体意识等形式表现出来的"心"以及被规定为存在界限的"言"并非与"事"完全悬隔。然而,以上哲学进路却仅仅限于观念之域,而将以做事的方式作用于外部对象的现实过程置于视野之外,这就在实质上通过"事"的抽象化而消解了现实之"事"。如果说,黑格尔的思辨哲学、海德格尔的基础本体论趋向于以"心"观之并进而化"事"为"心",那么,分析哲学的哲学取向便表现为以"言"观之并进一步化"事"为"言"。与"心""言"在观念领域的单向构造不同,"事"首先表现为人对外部对象的实际作用,基于"事"的现实世界也相应地在扬弃存在本然性的同时,又确证了其实然性。

世界之"在"与人自身的存在难以相分。现实世界生成于"事",人自身也因"事"而在。作为人的广义活动,"事"既展开于人存在的整个过程,也内在于人存在的各个方面。人之所"作"的方式不同,"事"之形态也各自相异。相应于人的个体之维,"事"呈现为个体之所"作";与人的社会性规定相联系,"事"则展开于超越个体的社会领域。在以"事"改变物的同时,人也形成和发展了把握世界的能力,并由此逐渐认识对象世界。能力的不同表现形式,体现于不同的做事或处事过程:变革自然的能力,源于从事改造自然的活动;社会领域的交往、处事能力,来自参与多样的社会实践活动。与"事"同在的人既以能力为其内在规定,也包含价值层面的品格,后者具体表现为德性。以"事"成就世界的过程不仅关乎能力的提升,而且涉及德性的养成。从行事或处事的主体看,"事"的完成既关乎主体之身(感性之体),也涉及其心(内在意识);既需要主体的理性明觉,也离不开其情意的参与,基于人所"作"之"事",身与心、理性与情意、知与行彼此交融,人自身则在这种统一中走向真实、具体的存在。

"事"的展开,既以人与人之间的交往为背景,又构成了人与人之间交往关系形成的现实之源。人在自身存在过程中,总是汇聚了多方面的社会关系,人之为人的规定,也体现于此。与人之为人的根本规定相关的社会关系,并非仅仅以静态的形式存在,在其现实性上,它与人所"从事"的多样活动无法相分。社会关系同时又与社会分工相关联,后者意味着社会成员分别做不同之"事"。从社会的视域看,不同社会成员从事不同的活动,构成了担保社会有序运作的前提;对不同的社会成员或个体来说,做相异的事,又成为其特定的存在方式。社会的各行各业,通过"事"的展开而具体分化,而其中的不同个体则各任其"事"。分工既使社会成员在社会结构中相互区分,又使之在任其"事"和司其职中彼此关联,由此进一步形成多样的社会关系。

存在于一定社会关系的人,同时有着多样的价值关切并追寻不同的存在意义。价值和意义既关乎世界,也涉及人自身。意义本身生成于人的做事过程,价值的实现,也以"事"的多样展开为前提。在做"事"的过程中,人不仅赋予世界以意义,而且也关切自身之"在"的意义。从实质的方面看,人的存在意义体现于人自身的价值创造。作为追求意义的存在,人无法仅仅安于已然,相反,他总是通过创造性的活动以努力使对象和人自身获得新的存在意义。以价值创造为指向,"事"同时内在地体现了人的本质力量,与之相应,通过"事"而赋予对象以价值意义的过程,同时也是人的本质力量对象化的过程,"事"本身则由此成为价值创造之源。

"事"既关乎人与物的互动或人与人的交往,又以一定的价值目的为指向。与无所事事相对,"事"的展开关乎价值目标的确立、行动步骤和方式的谋划、计划的实施、结果的评价,等等,其中包含着参与者的多方面关切。"事"的启动基于人的多样需要,并关联着存在的不同方面,与之相应,"事"的参与和关切不仅使人在做事过程中扬弃虚泛而趋向于充实,而且也使人感受到多样的存在意义。

在形而上的层面,世界与人都涉及存在(being)和生成(becoming)及其相互关系的问题。存在一方面在广义上区别于虚无而指实有或实际之"在",另一方面又与生成相异而表现为人和事物相对确定的形态。相形之下,生成则以事物相对确定的存在形态为指向而展开为动态的过程。就其实在的形态而言,存在与变化、生成难以截然相分:变化和生成离开了存在,便缺乏具体内容和现实依托,从而趋于空泛和抽象;存在离开了变化和生成,则将停留于未分化的混沌形态,难以摆脱超验或思辨的形态。只有在存在和生成的统一中,对象才可能获得实在性。

对实在的如上理解,可以视为"以人观之"。本然世界本身无所谓"存在"与"生成"的区分,唯有相对于人所从事的认识活动以及更广意义上成己与成物的践行过程,对象才呈现存在和生成等不同意义。在这里,需要对物之"是其所是"与物之"向人而示"或物之"意义呈现"作一分别。本然世界中的物之"是其所是",与人无涉,然而,物之"意义呈现",则无法离开人自身的存在及人的知行过程。本然世界中对象自身的规定,并非依赖于人,然而,其意义的呈现,则首先与人的认识活动相关,这种认识活动属人所"作"的广义之"事"。本然世界中的存在与生成虽非基于人所"作"之"事",但其以"存在""生成"等不同意义向人显现,则与广义之"事"(包括人从事的认识、研究活动)相涉。

由本然世界转向现实世界,"事"与存在和生成的联系展开于更为内在和深沉的层面。在现实之域,事物既呈现为实际的存在,又处于生成的过程之中,存在与生成在现实世界中的这种关联,并非自然天成,而是以"事"的展开为其形成的前提。"事"的这种作用和功能,与"事"本身的品格相关。作为人之所"作","事"不仅以已然的存在为出发点,而且本身也表现为一个动态的过程,这种过程性与事物的生成性呈现一致的趋向,"事"的结果或"事"的产物,则呈现为新的存在形态。在"事"的展开过程中形成新的事物既体现了存在过程和存在形态的互动,也为现实世界中存在与生成的统一提供了可能。在这一意义上的现实世界中,诸种存在形态之间的关联、新的存在形态的生成,都以不同的形式涉及人所"作"之"事"。

作为现实世界的主体和"事"的承担者,人本身同样涉及存在与生成的关系问题。与其他对象一样,人既表现为具体的存在形态,又处于生成的过程之中,两者的彼此关联,则离不开人自身所"作"之"事"。在本体论上,存在与生成无法相分,作为这种相关性的延伸,两者在人之中也难以分离。一方面,人确实非既成之"在",其身和心等都处于成长、发展的过程中;另一方面,人的生成又总是从已有的存在形态出发,进而走向某种新的存在形态,离开了具体的存在形态,人的生成过程就将趋于空泛而失去实际内容。正如现实世界基于人所"作"之"事"而呈现为存在与生成的统一,人自身也在做事的过程中实现个体的社会化,并不断超越既成存在而生成为新的存在形态。

从世界之"在"与世界的生成、人的存在与人的生成进一步考察人与世界的互动,心物关系便构成了无法回避的方面。从哲学史看,心物二元论在实质上以分离的方式理解"心"与"物",不同形式的还原论则趋向于消解心物之别,二者都难以视为对心物关系的合理把握。如何扬弃心物关系上的如上视域?这里同样需要引入"事"。作为人所从事的活动,"事"既关乎"物",也涉及"心";做事的过程不仅面对"物"并与"物"打交道,而且始终包含"心"的参与并受到"心"的制约,"心"与"物"则通过"事"而彼此关联。

就"心"而言,首先需要将"心"的本然机能和"心"的现实能力作一区分。在"心之官则思"这一意义上,"心"隐喻本然的意识机能,后者如同目之能视、耳之能听等感知机能,非源自"事"。然而,"心"之思并非仅仅呈现为本然或先天的机能,其现实的形态更多地表现为人的具体能力。在人的现实能力这一层面,"心"的存在和发展则无法离开"事"。与本然机能意义上的"心"和现实能力意义上的"心"之区分相联系的,是作为意识机能的"心"与作为意识内容的"心"之分别。意识能力可以视为意识机能的延伸和发展,二者都与"心"的存在形态相联系,并关乎"心"的不同存在方式。与之不同,意识内容并非仅仅本于"心"的存在形态,其形成也非单纯地取决于"心"的存在方式。无论是内在精神世界的生成,还是外部对象的把握,都离不开人所从事的实际活动,后者具体表现为多样的做事、处事和行事过程。从日用常行,到变革世界,人所"作"之"事"为"心"提供了多样的内容,也正是"心"与"事"的如上关联,使"心"无法被还原为本然的机能。

以意识为内容,"心"具有指向性或意向性,后者与"事"同样存在现实的关联。表现为人之所"作"的"事",总是趋向于一定的目的,"事"的这种目的性与"心"的指向性之间,存在着某种对应的关系:"事"的目的性既涉及当然而尚未然的可能存在,也基于现实的世界,在"向着"不同的存在形态这一方面,"心"与"事"呈现一致性。综合而言,一方面,"心"的指向性源于"事",另一方面,"事"的目的性又可以视为"心"的指向性的体现。

"心"既与"事"的展开过程相涉,又关乎"事"之所成。具有一定目的指向的"事"在完成之后,总是产生某种结果,这种结果之于人的意义,常常通过广义的评价而得到确认,后者构成了"心"的另一重活动。作为评价的对象,"事"产生的结果同时为"心"提供了价值的内容。同时,对结果的评价,往往伴随着具体的感受,这种感受以肯定、接受或否定、拒斥等意识趋向为形式。"心"对"事"的多样结果的评价和感受,同时使"心"与"事"之间的关联得到了进一步的彰显。

"事"不仅构成了"心"之源,而且也为"心"与"物"的沟通提供了内在的根据。心与物之间的关联,以感觉或知觉为其原初的中介。然而,就其现实的形态而言,不仅感知的对象生成于"事",而且感知对象唯有在"事"中才进入人的感知之域。人所"作"之"事"涉及不同领域,感知对象则呈现于"事"的不同展开过程,正是在日常生活之中及日常生活之外的实际做"事"过程中,感知对象的不同形态和性质才得到了具体的展现。

与"心"相对的"物"包含不同的意义,从现实的形态看,这种意义不仅呈现于"事",而且生成于"事"。在生成的层面上,"物"的意义关乎"心""物""事"之间的互动。这里既有体现"物"之实在性的意义呈现,也有相应于以"心"观之的意义赋予,二者都发生于人所"作"之"事"。以"物"的认知意义而言,其生成与人做事过程中的操作活动便难以相分。做事(包括劳动)不仅自身展现为一个有序(有条理)的过程,而且展示了"物"的内在秩序,这种秩序往往以法则或规律性的联系等形式表现出来,因果关联即属这一类的秩序。内在于"物"之中的因果关联的彰显,同样与人所"作"之"事"相关:因果之序既非仅仅由"物"自发呈现,也非由"心"思辨构造,而是在做事的过程中被敞开和揭示。

不难注意到,以"事"为源,"心"与"物"彼此互动,"心"以不同的形式体现于"物"(人化之"物"),"物"则随着意义世界的生成而不断进入"心",二者在"事"的展开过程中相互关联。"事"既自身包含"心"与"物"的交融,又在更广的层面沟通着"心"与"物"。离"事"

言"心"、离"事"言"物",便难以避免"心"与"物"的分离。

基于"事"的心物互动,同时涉及知与行的关系。"心"的活动和内容以不同的方式引向"知","物"之扬弃本然形态,则关乎"行"。"心"与"物"通过"事"而彼此交融,同样,"知"与"行"的关联也本于"事"。以"事"应对世界的过程不仅指向"知"("物"在"事"的展开过程中通过意念化而进入"心"),而且关联"行"("事"基于"行"而以不同于观念的方式改变"物"),"知"与"行"由此在本源的层面得到沟通。悬置了"事",往往导致"知"与"行"的彼此隔绝,扬弃"知"与"行"的分离,则以引入"事"的视域为前提。

心物之辩与知行的互动在不同意义上关乎"理"。"物"的内在规定及相互关系包含"理","心"对世界的把握也以得其"理"为题中之义。同样,知与行也离不开对"理"的把握和依循。与之相联系,"事"既与"物"相涉,也与"理"相关,后者("理")具体呈现为"物理"(物之理)与"事理"(事之理)。"物理"所表示的是事物的内在规定、内在联系和普遍法则,其存在既不依赖于人,也非基于人之所"作"。然而,"理"的存在固然与人无涉,但其敞开则离不开人所"作"之"事"。无论是作为普遍法则的理,还是"殊理",其显现都以"事"的展开为前提。相对于"物理","事理"本身生成于"事"的展开过程,并以必然法则与当然之则为其内容。广义的"事理"无法完全隔绝于"物理",在狭义的层面,"事理"或事之理则主要涉及"事"本身的展开过程。从实践的层面看,"事理"在生成于"事"的同时,又对"事"具有多方面的制约作用:"事"的有效展开,以把握"事理"并进一步以"事理"引导"事"为前提;从认识的维度看,"事"与"理"的相互作用则既表现在"事中求理",也体现于"理中发现事"。

人之所"作"一方面表现为与物打交道的过程,与之相关的是做事、行事或处事过程的"循理";另一方面展开为人与人之间的交往,与之相涉的是做事、行事或处事中的"讲理"。以人与对象的相互作用为背景,"循理"蕴含着对必然法则的尊重和当然之则的认同,与之相涉的"事"展开为"法自然"和"为无为"的过程。以人与人的交往为背景,"讲理"将"事"与人的"共在"沟通起来,并通过形式层面的晓之以理与实质层面的价值关切,彰显了"事"和"理"之后人的存在这一主题。"循理"和"讲理"都以把握"理"为前提,"理"可由"事"而知,同样,"理"也需由"事"而证。做事过程同时涉及普遍之理与特定情境之间的关系,而"事"的展开则不仅应"合理",而且需"合宜"。

由"事理"进一步考察人内在于其中的社会领域,便涉及社会本身的历史演进。作为人的存在过程,历史同样生成于人所"作"之"事":离开了"事"的多样展开,历史将流于抽象和空洞,脱离了具体的"事",历史主体也将虚幻化。正是在参与多样之"事"或从事多样活动的过程中,人成为历史的主体,"事"的多样性,则规定了历史演进的多方面性。相应于"事"由人"作",因"事"成"史"同时表现为人创造历史的过程。

然而,"事"总是发生于已有的条件之下,"史"同样展开于既定的背景之中,"事"和"史"所涉及的既成前提,具体表现为"势"和"理"。作为"事"和"史"综合背景的"势"与"势"所蕴含的内在法则("理"),从不同方面制约着"事"和"史"并使之扬弃了任意性而具有现实的形态。源于人的参与和基于既成的"势"和"理",构成了"事"和"史"的二重向度。

"事"的变动和"史"的衍化,都非仅仅呈现为空洞的时间流逝,而是包含实质的价值内容。"事"的发生源于现实的需要,这种需要在不同的意义上涉及人自身的发展,"史"的衍化则关乎人与社会发展的方向:"事"有目的,"史"有方向;"事"无止境,故"史"无终结。

人类的历史发展在总体上表现为基于所"作"之"事"而不断走向自由之境。

"事"中展开的历史过程,包含着价值的指向,从形而上的层面看,这一指向关联着具体的存在。以人之"在"为视域,历史的变迁以走向具体的存在为其内在旨趣。作为"走向具体存在"的主要概念之一,"走向"既有"敞开"(认识)之意,也包含"规范"的内涵,与之相关的"具体存在"即真实存在。走向具体存在,同时表现为化本然为现实,这种建构现实世界的过程以人的实际参与为形态,后者以"做事"为具体形态。"做事"即成己与成物,在这一过程中,走向世界的具体性和达到人自身存在的具体性,呈现相互关联的形态。

第一章
"事"与现实世界

与本然的存在不同,现实的世界因"事"而成。人通过"事"而与"物"打交道,"物"在人做事的过程中被把握和规定。"事"的展开过程,也是"物"的意义不断呈现的过程。生成于"事"的世界,具体表现为属人的世界或人化的存在,其内在特点在于既涉及事实之维,也关乎价值规定。关注世界的现实性,同时需要避免化"事"为"心"或化"事"为"言"。以"事"为源,现实世界在扬弃存在本然性的同时,又确证了其实然性。

一 "事"与"物"

何为"事"?概要而言,"事"可以理解为人的活动及其结果。人的活动即人的广义之"为",所谓"事者,为也"①。这一意义上的"事",首先与"自然"相对,荀子曾言简意赅地指出了这一点:"不事而自然谓之性。"②"事"表现为人的作用,"自然"则意味着人的作用尚未参与其间,从而,"事"与"自然"构成相反的两端,"不事"与"自然"则彼此一致。在荀子看来,本然层面的"性"尚处于人的作用之外,其特点表现为无涉于"事"而自然。对"事"与"自然"关系的以上理解,从一个方面彰显了"事"与人及其活动的关联。从赞天地之化育,到经济、政治、伦理、科学、艺术等活动,"事"展开为多重形态。引申而言,人的活动既关乎行,也涉及知。赖尔曾认为,"理论活动(theorising)是多样实践中的一种"③,这里的"理论活动"属"知",实践则可视为"事"的具体形态,将"理论活动"看作是实践的一种,实质上也突出了"知"与人之所"作"("事")的关联。质言之,作为人之所"作",广义之"事"兼涉知与行。

以上视域中的"事"首先展开为动态的过程,后者可进一步引向事物和事件。事物和事件表现为人活动的结果。与"不事而自然"之物不同,事物是经过人的作用并打上了人的不同印记的对象,这种对象以合乎人的需要为指向,从生产活动所需要的各类劳动工具,到满足人安居与出行所需要的房宇、舟车,从文化领域的书画,到日常生活中的服饰,事物展现为多样的形态。在引申的意义上,事物也指综合性的社会现象,如"旧事物""新生事物"等,这一类事物同样是人的活动的产物:在因"事"而成这一点上,二者具有一致性。

事物表现为"事"的特定产物或结果,相对于此,事件更多地展现

---

① 《韩非子·喻老》。
② 《荀子·正名》。
③ G. Ryle, *The Concept of Mind*, Barnes & Noble Books, 1949, p. 26.

为已完成的行为过程①,它可以由单个的行为过程构成,也可以表现为已发生的行为系列,其内容则涉及人类生活的各个方面。作为已完成的行为过程,事件同样与人的活动无法分离。这一意义上的事件与所谓"物理事件"需要加以辨析:物理事件如果发生于人的作用之外,如因云层自身互动而形成的降雨,可视为自然现象;物理事件如果发生于实验或人工条件之下,则非纯粹的自然现象,而是融入于"事"并成为与人相涉的广义事件的构成,如人工降雨,便属后一类事件。作为自然现象的事件诚然也会对人的存在和人之"事"产生多方面的影响,如自然条件下的降雨,也会制约人的农耕、施工、出行等活动,但这种事件却非因"事"而发生。进一步看,以自然现象为形态的事件对人的存在和人之"事"的如上影响和制约,本身实现或体现于人所"作"的多样之"事"。

与"事"相对的是"物"。以人的活动及其结果为存在形态,"事"与人无法相分,与之不同,"物"首先呈现为对象性的存在。《大学》曾指出:"物有本末,事有终始,知所先后,则近道矣。"如果不限于文本的特定语境而从哲学的层面加以引申,则可对此作如下理解:"物有本末"是从本体论上说,着重于"物"自身的本体论结构;"事有终始"则是就人的活动而言,主要侧重于实践或广义之"行"的秩序。本体论结构属对象性的规定,实践或广义之"行"的秩序则关乎人自身的活动过程,二者各有自身的规定,但又彼此相关。所谓"知所先后",则是要求把握"事"与"物"的区分和关联,由"事"而达"物"。在《大学》看来,对"物"与"事"的不同规定及相互关联的把握,是合乎道的前提。由此作进一步分析,则可看到,以上论域中的"物"表现为

---

① 就广义而言,"事件"也可以指正在进行的活动,不过,即使在这种情况下,"事件"也具有已发生的性质。同时,"事件"本身的意义,唯有在其完成后才能完全显现。

两种形态:其一为尚未进入人的知行领域的对象,这一形态的"物"可以视为本然的存在;其二为已进入知行之域的对象,这一形态的"物"近于中国哲学所说的"所",其特点在于已与人形成对象性关系,并具体表现为"境之俟用者"。以上两种形态的"物"或者尚处于人的活动领域之外,或者主要表现为人的作用对象,从而不同于作为人的活动及其结果的"事"。在哲学的视域中,如何避免人的物化,是一个无法回避的问题,而这种追问的逻辑前提,便是人与"物"之别。当然,如后文将进一步讨论的,与人相对的"物"也可以进入作为人的活动的做事过程,并通过人的作用(做事)过程而成为事物。事实上,作为人的活动结果的事物,往往同时基于人对"物"的作用(做事)过程,与之相关的事物,也相应地表现为"物"的转化形态。

这里需要对"物事"与"人事"作一区分。"物事"不同于"事物",其实质的内涵是"事"而非"物",这一意义上的"物事"可以理解为与"物"打交道之"事",与之相对的"人事",则可以看作是与人打交道之"事"。前者尽管也涉及人与人的关联,如生产劳动作为作用于"物"的活动,便基于一定的生产关系,但主要表现为人与物之间的互动;后者固然无法完全离开人与物的相互作用,但主要展开于人与人之间的交往,所谓"人事有代谢,往来成古今"[①],便表现为基于人与人之间不同形式的交往而形成的历史过程。"物事"与"人事"之别既从一个方面突现了"事"与"物"的差异,也具体地展示了"事"的不同形式。

海德格尔在《何为物》一书中曾区分了"物"这一词所表示的不同对象,它包括:可触、可达到或可见者,亦即在手边的东西;处于这

---

① (唐)孟浩然:《与诸子登岘山》。

种或那种条件下,在世界中发生之事;康德所说的物自体。① 这一看法注意到了广义的物既涉及本然存在(如物自体),也关乎已进入知行之域的对象(在手边的东西)。不过,将"世界中发生之事"归为"物",表明海德格尔对"物"与"事"的实质性分别,未能给予充分的关注。如前所述,"事"首先表现为人的现实活动,正是这一规定,使之区别于作为人作用对象的"物","事"的以上内涵,似乎处于海德格尔的视野之外。就总体而言,海德格尔关注的主要是"此在"的生存过程,这一过程首先与烦、畏等心理层面的体验相涉,后者不同于通过"事"以成就世界的现实活动,将"事"归入"物"与这一立场无疑存在内在的关联。从逻辑上看,"事"与"物"界限的模糊,不仅制约着对"物"的理解,而且限定了对"事"的把握。

"事"的真实形态关联着现实存在。这里所说的现实存在不同于本然的对象,而是对人呈现不同意义的实在。黑格尔曾从不同的方面对"现实"作了考察。按其理解,"现实"首先关乎存在与本质的关系,所谓"现实是本质与存在的统一"②,便是体现了这一看法。这一意义上的"现实"同时包含着必然性:"真实的现实性就是必然性,凡是现实的东西,在其自身中是必然的。"③对现实的以上理解,主要侧重于形而上学或本体论的视域,就其肯定现实表现为本质与存在的统一并包含必然性而言,也有见于现实的形上规定。在黑格尔那里,更值得注意的是"现实"与"精神"及"意识"的关联:"整个世界的最后的目的,我们都当做是'精神'方面对于它自己的自由的意识,而事

---

① M. Heidegger, *What is a Thing*? Translated by W. B. Barton and Jr. Vera Deutsch, Regnery/Gate Way. INC, South Bend, 1967, p. 5.
② 〔德〕黑格尔:《逻辑学》下卷,杨一之译,商务印书馆,1976 年,第 177 页。
③ 〔德〕黑格尔:《法哲学原理》,范扬、张企泰译,商务印书馆,1982 年,第 280 页。

实上,也就是当做那种自由的现实。"①"精神"和"意识"指向的是自由的现实,这种现实作为世界的目的,与人无法相分:对黑格尔而言,自由的现实即形成于人的"精神"和"意识"之作用。如所周知,"精神"和"意识"主要表现为观念之域的存在,以此为现实的前提,意味着将现实主要与观念领域及其活动联系起来。金岳霖也曾谈到现实,但他主要从式、能、可能之间的逻辑关系规定现实,认为"式"即现实的形态:"'式'当然是现实的,因为它不能无'能'。"②这里所说的"式""能",都是逻辑意义上的概念。金岳霖曾将"现实并行不悖"作为上述意义上的现实原则,在具体解释其涵义时,金岳霖指出:"现实并行不悖,视为现实原则,可以引用到事实上去。引用到事实上去,等于说没有不相融的事实。所谓事实相融就是说:有两件事实,如果我们用两命题表示它们,它们决不至于矛盾。"③命题之间的无矛盾性,主要便表现为一种逻辑的关系,对现实原则的这种看法,同时也体现了对现实的理解,这一意义上的"现实"主要内在于逻辑推论或逻辑关联之中,从而未超出形式之域,它从另一方面表现出将现实抽象化的趋向。

按其本来意义,现实作为对人呈现意义的存在,关乎"事"这一更为本源的活动,"事"既不限于精神之域,也不同于本然之物,与之相涉的现实,也相应地包含着更为具体的内涵。"现实"的综合形态或整体形态即现实世界,后者同时表现为人化的存在。作为人化的存在或"现实"的综合形态,现实世界生成于"事"。

"春潮带雨晚来急,野渡无人舟自横"④,这是唐代诗人韦应物的

---

① 〔德〕黑格尔:《历史哲学》,王造时译,上海书店出版社,1999年,第20页。
② 金岳霖:《论道》,商务印书馆,1987年,第45页。
③ 同上书,第67页。
④ (唐)韦应物:《滁州西涧》。

名句。诗中固然提及"无人"之境,然而,从现实的情形看,其中的"无人"事实上以"有人"为前提:野渡无人所表明的仅仅是人的暂时不在场,其情境不同于人类出现之前的洪荒之世。洪荒之世或许也可以有"春潮"、可以有"雨",但其中既无"野渡",也无"自横"之舟:"野渡"和"舟自横"存在于人做事于其间的现实世界。从本然存在或抽象的形上视域看,与"事"无涉的"物"似乎具有本体论的优先性,然而,以现实世界为视域,则"事"呈现更本源的意义:"物"的变革或"物"转换为"事物"、现实世界本身的形成,都基于"事"。海德格尔曾认为,"在世内存在者的诸种存在样式中,实在并不具有优先地位"。[①] 这里的"实在"如果引申为与"事"相对的本然之物,则认为其缺乏优先性似不无所见。以"事"为源,现实世界扬弃了本然的存在形态,并处处打上了人的印记;人既生活于其间,也参与其形成过程,所谓"赞天地之化育",便肯定了这一点。

从"赞天地之化育"的角度看,"物"乃是通过"事"而进入现实世界。正是在人做事的过程中,本来与人无涉的"物",开始成为人作用的对象,并由此参与现实世界的形成过程。在"事"之外,"物"固然存在,但其意义却隐而不显,唯有在做事中,"物"的不同意义才可能逐渐敞开。冬日之雪,曾被视为丰收的预兆,所谓"瑞雪兆丰年",便肯定了"雪"对于丰收的预示性。宽泛而言,"雪"可以视为自然的"物象",但这种"物象"在现实世界中所呈现的"预兆"意义,又需要通过农耕等"事"而得到显现。换言之,作为自然"物象"的雪固然不因农耕之"事"而有,然而,其标志或预示意义的显现却以农耕之"事"的展开为前提。

[①] 〔德〕马丁·海德格尔:《存在与时间》,陈嘉映、王庆节译,生活·读书·新知三联书店,2006年,第243页。

如前所述,作为人之所"为","事"既涉及作为对象性活动的"行",也包括作为广义观念性活动的"知",后者关乎科学研究或多方面的认识过程。与之相联系,"物"的意义之敞开及其进入现实世界,也呈现不同形式。在某些情况下,"物"固然难以在"行"的层面成为人实际作用的对象,但却可以在"知"的层面进入现实世界。距地球数十万光年或数百万光年的星球,在未被射电望远镜等考察手段发现之前,无疑尚处于本然形态,然而,在这种星球成为天文观察的对象之后,人虽依旧无法对其产生任何实际的变革,但它却可以在"知"的层面成为现实世界的一部分。河外星系由本然形态向认识领域中的天文学对象的这种转换,离不开人所"从事"的科学探索活动。"物"的以上转换过程,同时表现为意义呈现的过程。宽泛而言,意义相对于人而言,其具体内涵既关乎价值—目的,也涉及认知—理解,做事的过程不仅在评价的层面上显现了"物"对人的价值意义,而且也在事实的层面上展示了"物"的认知意义。从宏观之域新的天体的测定,到微观之域基本粒子的发现,"物"之进入现实世界,都离不开人的做事(包括不同领域的科学探索活动)过程。

在谈到真理时,海德格尔曾以"去蔽"或"解蔽"为其原始的内涵[①]。海德格尔所说的真理不仅涉及认识论,而且具有本体论意义:对他而言,"事实上存在就同真理'为伍'"[②]。后一视域中的"真理",同时指向本体论意义上的"真"或真实。"去蔽"或"解蔽"意味着使被蔽者显现出来或呈现出来,但问题在于,被蔽者究竟是什么?如何使之呈现?从形而上的层面看,被蔽者可以视为本然的存在:存在的

---

① 参见〔德〕马丁·海德格尔:《存在与时间》,陈嘉映、王庆节译,生活·读书·新知三联书店,2006年,第252页;《路标》,孙周兴译,商务印书馆,2000年,第219页。

② 〔德〕马丁·海德格尔:《存在与时间》,陈嘉映、王庆节译,生活·读书·新知三联书店,2006年,第246页。

本然形态在尚未转化为现实世界时,对人而言具有"蔽"而未显的特点。海德格尔以"去蔽"规定"真理",其中多少蕴含着肯定人可以"去蔽"之意,这一立场不同于康德之强调本然存在(自在之物)无法到达。然而,海德格尔同时以思辨的方式谈"去蔽"或"解蔽",认为其实质在于"把存在者从晦蔽状态中取出来而让人在其无蔽(揭示状态)中来看"①,这种抽象的表述使相关问题不免显得玄之又玄。相对于此,如果引入"事"的视域,并将其与本然世界和现实世界的区分联系起来,那么,问题就会比较明朗。相应于存在的本然形态对人"蔽"而未显,所谓"去蔽"或"解蔽",也就是让存在走出以上的本然形态。由此显现的"真理"或真实存在,则在实质上表现为由本然存在转换而成的现实世界。较之"蔽"而未显的本然存在,现实世界无疑更多地呈现真切实在性。与海德格尔的思辨、抽象理解不同,在其现实性上,超越本然形态(蔽),乃是基于广义的人之所"为"或人所"作"的多样之"事",这种"为"或"事"以人所展开的知、行活动为具体内容。当维科强调"真实的就是所从事的(Verum esse ipsum factum)"②之时,似乎也多少涉及了以上关系。

　　这里可以对宗教领域的存在形态作一考察。宗教以彼岸的存在为信仰对象,同时也涉及礼拜、祈祷、诵经等宗教活动。与人的信仰相联系的彼岸存在,似乎已不同于本然的对象,与宗教仪式相关的活动作为人之所"作",也似可归入广义之"事"。不过,如费尔巴哈已注意到的,归根到底,神是人的本质的异化:"上帝的人格性,本身不

------

　① 〔德〕马丁·海德格尔:《存在与时间》,陈嘉映、王庆节译,生活·读书·新知三联书店,2006年,第252页。
　② 引自〔意〕安东尼奥·葛兰西:《狱中札记》,曹雷雨、姜丽、张跣译,中国社会科学出版社,2000年,第278页。此句又被译为"真理就是创造本身"(〔意〕维柯:《论意大利最古老的智慧——从拉丁语源发掘而来》,张小勇译,上海三联书店,2006年,第11页),而创造在某种意义上则构成了"事"的实质内容。

外乎就是人之被异化了的、被对象化了的人格性。"①与之相关的彼岸存在则具有想象或幻想的性质:"一个神就是一个被想象的实体,就是一个幻想实体。"②作为想象和幻想的产物,宗教视域中的彼岸存在固然不同于本然的对象,但也有别于扬弃了本然形态的现实存在。宗教以及宗教领域中的对象和活动,当然有其更为多样、复杂的发生根源,但作为信仰对象的彼岸存在,确乎离不开人的思辨构造,后者在实质上表现为以心观之。与之相应,尽管宗教活动涉及多重方面并往往展开于多样的时空关系中,但就其以彼岸存在为终极指向而言,这种活动更多地从属于思辨层面的以心观之。可以看到,宗教视域中的思辨构造不同于以现实的知行活动为内容的"事",源于思辨构造或"幻想"的彼岸存在,也有别于生成于上述之"事"的现实世界。

广而言之,"何物存在"?"如何存在(物以何种方式存在)"?这是追问存在的过程中难以回避的问题。历史上的形而上学,往往以思辨的方式回应这些问题,这一意义上的"物",也每每表现为思辨的构造。在其现实性上,以上这一类问题固然具有形而上的性质,但其解决却离不开形而下之域的做事过程。从日常生活到其他领域,"物"的外在形态和内在规定,都是在人所从事的多样活动中被把握。在饮食起居等日用常行中,人不仅确证了消费对象的实在性,而且也了解了其不同的功能属性,包括它们能够分别满足衣、食、住、行多样需要的各自特点。通过更广领域的"事"与"为",人对何物存在、如何存在等问题的认识也不断得到扩展。可以看到,"物"敞开于做事

---

① 〔德〕路德维希·费尔巴哈:《基督教的本质》,《费尔巴哈哲学著作选集》下卷,荣震华、王太庆、刘磊译,商务印书馆,1984年,第267页。
② 〔德〕路德维希·费尔巴哈:《宗教本质讲演录》,《费尔巴哈哲学著作选集》下卷,荣震华、王太庆、刘磊译,商务印书馆,1984年,第683页。

过程,其属性、功能以及存在的方式,也在做事的过程中被把握和规定。这里特别需要关注"物"的被规定问题,它意味着"物"在成为人的作用对象之后,其存在方式并非完全自在或既定:通过做事,人可以赋予"物"以更为多样的存在形态。以伐木为材、木材加工等活动(事)为前提,森林中的树木,可以取得建筑材料、家具、交通工具(如舟船)等形式,后者作为树木这种"物"在现实世界(不同于本然之域)的存在方式,并非其自在和既定的形式(树木并非注定成为建筑材料、家具、交通工具),而是因"事"而成。"物"之获得以上这一类存在形式,同时体现了"事"对"物"的规定。

　　人通过"事"而与"物"打交道,在此意义上,人与"物"的关系,乃是以人与"事"的关系为中介。"物"唯有融入于"事",才呈现其多样的意义;"事"的展开过程,也是"物"的意义不断呈现的过程。以"为"或"做"为形式,"事"同时包含人对"物"的作用,从认知的层面看,通过这种作用,物之"是其所是"的品格由隐而显;就评价的层面而言,通过这种作用,物之"是其所不是"的趋向也得到了呈现。所谓"是其所是",也就是物自身所具有的规定;"是其所不是",则是"物"对人所呈现的价值意义,这种意义并非"物"的本然规定,而是生成并彰显于做事的过程;当"物"与人的需要之间呈现一致性时,其价值意义便得到呈现,通过人的做事过程,"物"所内含的这种价值意义进一步从可能化为现实,"物"也由此"是其所不是"(获得其本然形态所不具有的品格)。然而,价值形态与人所"作"之"事"的如上关联,在一些哲学家中往往未能得到应有的关注。海德格尔便认为,"价值是物的现成的规定性"①。这种看法将价值视为物的自在规定,既悬置

---

① 〔德〕马丁·海德格尔:《存在与时间》,陈嘉映、王庆节译,生活·读书·新知三联书店,2006年,第116页。

了"事"的意义,也无法把握价值的真实形态。

在谈到治国方式及君子特点时,荀子曾指出:"若夫谲德而定次,量能而授官,使贤不肖皆得其位,能不能皆得其官,万物得其宜,事变得其应,慎、墨不得进其谈,惠施、邓析不敢窜其察,言必当理,事必当务,是,然后君子之所长也。"①这里也涉及"物"与"事"的分别:"物"不同于人的活动(事),而是表现为人的作用对象;作为人的活动所面对的对象,"物"具有宜或失宜的问题,所谓"万物得其宜",也就是通过人的活动,使不同的对象都得到适当的安置。相对于此,"事"则表现为人的活动及其结果,"事变得其应",表明人的活动过程中所涉及的问题都得到合理应对,"事必当务"则进一步强调所做之事须依循必然、合乎当然。在这里,"物"主要呈现为对象性的存在,"事"则与人自身的存在以及人自身的所"作"所"为"无法相分;"物"与人相对,但其"得宜"与否,则离不开人的作用过程(事)。

历史地看,关于"事"与"物"的关系,存在不同的理解进路。首先是以"事"释"物",郑玄对"物"的诠释便体现了这一点:"物,犹事也"。② 这一界定一再为后起的哲学家所认同,如程颐便认为:"物则事也,凡事上穷极其理,则无不通。"③从朱熹到王阳明、王夫之,儒家一系的哲学也大都上承了这一诠释路向。④ 在《易传》的"开物成务"等表述中,也可以看到将"物"置于"事"(人的活动)中加以理解的趋向:"务"属人所"从事"的活动,"成务"以人的作用和活动为具体内容,"开物"(以物为对象并作用于物),则同时展开为"成务"的过程。

---

① 《荀子·儒效》。
② (汉)郑玄:《礼记注·大学》。
③ (宋)程颢、程颐:《二程集》,中华书局,1981年,第143页。
④ "物即事也。"[(明)王守仁:《传习录中》,《王阳明全集》,上海古籍出版社,1992年,第47页。]"物,谓事也。"[(明)王夫之:《张子正蒙注·诚明》,《船山全书》第12册,岳麓书社,1996年,第115页。]

不难看到,这里所体现的,是"物"(本然对象)与"事"(人的活动)的沟通,以引"物"入"事"、以"事"成"物"为具体内容,这种沟通同时赋予"事"以更本源的性质。

与以上进路相对,另一种哲学趋向更侧重于"物"与"事"的分别,从庄子的相关论述中,可以比较具体地看到这一点。在谈到圣人以及得道之士时,庄子指出:"圣人不从事于务,不就利、不违害。""彼且何肯以物为事乎!"①圣人或得道之士作为理想的人格,同时可以视为人的完美体现,"不从事于务",也就是不参与人的各种活动("事"),"不就利、不违害"则是超越价值的追求,二者体现的都是"不事而自然":"不从事于务"即远离于事,"不就利、不违害"则由拒绝价值追求而与"事"隔绝。对"事"的疏离,相应于对自然的崇尚。在天人之辩上,庄子的基本主张是"无以人灭天",这一观念赋予自然原则以优先性。从形而上的层面看,"物"的本然形态更多地与自然相涉,从自然原则出发,庄子显然难以对旨在改变"物"之自然规定的"事"持肯定的态度:"不以物为事"与"无以人灭天"前后一致,其要义在于维护自然之物而拒斥人为之事。类似的看法也见于上承道家思想的《淮南子》:"是故天下之事,不可为也,因其自然而推之。""由此观之,万物固以自然,圣人又何事焉?"②在此,人所为之"事"与物同样彼此相分。物与事的这种分离,逻辑地导向物之本然形态(自然状态)的理想化,而因"事"而成的现实世界则由此被置于视野之外。

就"物"与"事"之辨而言,以"事"释"物"展现了"物"与人的关联:唯有进入人的活动过程("事"),"物"才能被敞开并获得其意义;"不以物为事"则侧重于"物"与人之别:从存在形态看,本然之物外

---

① 《庄子·齐物论》《庄子·德充符》。
② 《淮南子·原道训》。

在于人的活动之域("事")。前者肯定了可以通过"事"而把握"物",后者则确认了原初形态中的"物"具有本然性,二者分别从不同方面突显了"物"的内在品格。当然,仅仅限于以"事"释"物",在理论上可能由过度强化人的作用而弱化现实世界的实然性;单纯地强调"不以物为事",则将由悬置"事"而使世界的现实性品格难以落实。

在现代哲学中,维特根斯坦曾突出了"事实"(facts)与"物"(things)之别。在其早期的《逻辑哲学论》中,维特根斯坦即指出:"世界是事实(facts)的总和,而不是物(things)的总和。"[1]这里的着重之点在于区分"事实"和"物"。"事实"可以视为进入人的知行之域的对象,就其超越了本然的存在而言,它无疑不同于"物"。不过,尽管事实作为知行之域的存在已与人相关,但它又有别于表现为人的活动之"事"(engagement / doing/action):事实更多地表现为人的活动之结果。这样,当维特根斯坦强调"世界是事实(facts)的总和,而不是物(things)的总和"之时,他固然注意到现实世界不同于与人无涉之"物",但对更本源意义上的"事"(作为人的活动之"事"),却未能给予充分的关注。历史地看,人乃是在广义的做事过程中作用于"物",并化本然之"物"(things)为"事实"(facts),与之相联系,理解现实的世界不仅需要注意"事实",而且应关注更本源意义上的"事"(affairs/ to engage or to do thing)。尽管维特根斯坦后期也注意到日用常行在语言理解中的作用,但其早期思想仅仅限于"物"(things)与"事实"(facts)之辩,这一进路无疑使其难以真正达到现实的世界。

---

[1] 〔奥〕维特根斯坦:《逻辑哲学论》,郭英译,商务印书馆,1985年,第22页。参见 Wittgenstein, *Tractatus Logico-Philosophicus*, Dover Publications, 1999, p. 29。

二 作为事实之域与价值之域统一的现实世界

"事"展现为人的活动及其结果,生成于"事"的现实世界相应地无法离开人的所"作"所"为"。人做事的过程,涉及对"物"的作用,通过这种作用,人同时在因"事"而成的世界中打上自己的印记,而现实的世界则具体表现为属人的世界或人化的存在。

基于"事"的现实世界首先与事实相涉。如前所述,事实不同于本然之物,而是表现为进入知行之域的对象。作为人的作用之产物,现实世界中的存在首先表现为事实,而非人的作用之外的"物"。当维特根斯坦肯定世界是事实的总和而非物的总和时,无疑也注意到了这一点。就事实与"物"的分别而言,现实世界可以视为事实之域。

从认识世界的角度看,事实之域涉及科学的世界图景。在狭义上,事实常常关乎科学认知,科学的世界图景,则首先通过事实而展现。作为不同于思辨构造或思辨推绎的把握世界的方式,科学以事实为其出发点,无论是近代以来的实验手段,还是更广意义上的数学方法,都以事实为其指向。从形式的层面看,以实验及数学方法为手段,科学对世界的理解不同于单纯的现象观察而更多地呈现理论化的特点,其展现的世界秩序也有别于日常的经验之序而表现为通过理论活动及逻辑推论而展示的存在结构,后者在一定程度上疏离于感性的直观。不过,以科学的概念、数学的模型等为构架,科学同时又在更深层、更内在的层面,展示了世界之序。究极而言,这种秩序既基于事实,又展示了事实之间的关联。

"事"作为人的活动,最终以实现人的价值目的为指向,在此意义上,它不仅关乎事实,而且包含价值之维。与之相联系,基于"事"的现实世界,并非仅仅表现为与本然之物相对的事实,而是同时具有价值的向度。换言之,它既是事实领域的存在,也是价值意义上的存在。宽泛地看,价值原则及其意义的真切体现,离不开"事"的展开,所谓"仁之实,事亲是也;义之实,从兄是也"①,也从一个方面表明了这一点。这里的"仁"和"义"即属价值原则,"事亲""从兄"则是道德领域中人之所"作"。引申而言,价值的追求及其结果体现于现实世界的各个方面。人在世的过程总是面临多方面的需要,从基本的生存过程(生命的维持),到社会、文化层面的发展,人的需要呈现多样形态。然而,本然之物不会主动地适应人,也不会自发地满足人的需要,唯有通过以不同的方式作用于世界,本然的对象才能获得"为我"的性质。事实上,"事"作为人的活动,其作用之一就在于使自在的对象成为合乎人需要的"为我"之物,后者同时表现为价值领域的存在。从早期的渔猎、采集,到现代高科技领域的生产活动,广义之"事"在改变世界和改变人自身的同时,也从本源的层面赋予世界以价值意义。

  这里可以对某些自然之物对人的意义及其体现方式,作一考察。日光、空气这一类对象是人的存在所需要的,而它们似乎又"自发"地满足人的日常需要;这一过程并不基于人所从事的活动。不过,对于"日光、空气"等自然之物与人的关系,应当作具体分析。一方面,这些对象确为人的存在所需,同时其满足人需要的过程,也呈现自然而然的特点,无须以人之所"作"(做事)为条件;另一方面,在"日光、空气"满足人的需要的过程中,人与它们的关系更多地表现为自然物之间的关系:作为生物,人需要空气和阳光;换言之,此时人与对象("日光、空气")的关系,主要表现为自然物之间的互动或新陈代谢意义上的物能量交换:人乃是以自然物(亦即自然中的一员)而不是自然的

---

① 《孟子·离娄上》。

他者的形式,与自然相互关联。作为社会存在,人具有不同于自然的品格,其需要的满足过程也有别于自然意义上的物质交换,从实质的层面看,这一过程始终离不开人自身的所"作"或所"为"。事实上,在人的存在过程中,空气、阳光等自然对象之满足人的需要不仅涉及新陈代谢意义上的自然之维,而且也与人的多样活动相关,度假时在山林和海滩呼吸新鲜空气、享受日光之浴,与劳动场所呼吸沉闷空气、处于昏暗空间,便既展现了人做事的不同方式,也彰显了人与世界相异的价值关系。

价值之维不仅涉及获得人化形式的对象世界,而且关乎社会领域中的社会实在,后者与自然对象的不同,首先在于其形成、作用都与人自身之"在"相联系。自然对象在进入知行之域以前,呈现本然的形态,社会实在则并不具有以上论域中的本然性:它形成于人的知、行过程,其存在离不开人的做事过程。与对象世界一样,社会实在呈现多样形式,包括体制、组织、交往共同体以及与之相关的活动过程,后者同时展示了社会历史的内涵,并呈现更为稳定的特点。从其具体形态看,社会实在(体制、组织等形态)涉及经济、政治、法律、军事、教育、文化等各个领域。以现代社会而言,在经济领域,从生产到流通,从贸易到金融,存在着工厂、公司、商场、银行等各种形式的经济组织;在政治、法律领域,有国家、政党、政府、立法机构、司法机关等体制;在军事领域,有军队及民兵等正规或非正规的武装组织;在教育领域,有大、中、小学,成人学校等各类教育、培训机构;在文化领域,有出版社、报刊、媒体、剧团、各种文学艺术的协会等组织和机构;在科学研究领域,有研究所或研究院、学术刊物、各类学会等组织形式,如此等等。作为价值之域的存在,这些社会实在形成于社会领域的多样之"事"(人的不同活动),其不同的功能和作用也实现于人的做事过程。

当然,作为价值创造之源,"事"本身发生于具体的存在境域中,其价值的意义,也受到一定境域中具体条件的制约。在某些情况下,本来具有正面价值性质的"事"(所谓"好事"),也可能出现负面的价值意义。以药物与治病的关系而言,某种药物对某些疾病有明显的疗效,这样,在发现某人罹患相关疾病时,以此种药物加以治疗,无疑具有积极的价值意义。然而,如果患者的体质对该药物严重过敏,使用以上药物加以医治这一本来具有正面意义的"好事",便可能引向消极的结果。同样,本来具有消极价值意义的"事",也可能在某些情况下获得积极的价值意义上,所谓"塞翁失马",便表明了这一点。这里,不难注意到"事"的价值性质与"事"展开的具体背景或情景之间的关联。

广而言之,人的存在过程总是伴随着价值的关切,存在的价值意义也每每在人的生存过程中得到了更为具体、多样的展现。海德格尔的基础本体论以人的生存为关注之点,其考察也涉及价值的内涵。不过,前文已提及,对海德格尔而言,"价值是物的现成的规定性"[1],作为物的现成规定,价值的形成与人自身的创造活动并无实质关联。与之相应,在海德格尔那里,人的存在并非以创造性的活动为内容,而是更多地呈现为向死而在的过程。按其理解,尽管人具有自我筹划的能力,其存在形态也相应地非既定或固有,而是具有面向未来的开放性,但其生存过程总是难以摆脱"烦"、操心等体验。同时,在与人共在的过程中,作为个体的人往往处于沉沦之中,难以达到本真的自我,唯有在对死的畏之中,个体才能真正感受到自身存在的一次性、不可重复性和不可替代性,从而回归本真之我。以上看法的主要

---

[1] 〔德〕马丁·海德格尔:《存在与时间》,陈嘉映、王庆节译,生活·读书·新知三联书店,2006年,第116页。

之点,在于将人的生存过程首先与烦、畏联系起来,并以对死的先行体验为确认个体存在价值的前提。烦常常伴随着操心、忙碌、不顺,等等,畏虽不同于特定的惧怕,但却内在地包含无奈、无力、虚无等感受,无论从生活的实际境遇看,还是就自我的情感体验而言,以上意义中的烦和畏都呈现某种消极的意味。对人的存在的如上理解固然包含价值的向度,但是这种价值关切同时又缺乏积极、向上的内涵。

与海德格尔以"不知死,焉知生"理解生存过程不同,中国哲学更侧重于"未知生,焉知死"①,其中蕴含的是对生的注重:"生生之谓易。""天地之大德曰生。"②从形而上的层面看,死意味着生命的终结,这种终结同时表明人的发展已走向终点。与死的这一意义相对,生既蕴含着多样的发展可能,也面向着宽广的意义空间。在人的存在过程中,生命的延续同时伴随着人自身的创造活动,这种创造性活动不仅改变了对象,而且也赋予人自身以存在的意义,尽管个体的存在确实具有一次性、不可重复性和不可替代性,但通过对世界的创造性变革(立功)、自身人格的涵养和提升(立德)、文化上的承先启后(立言),等等,人既可以展现自身的内在力量,也可以体验生命的真实意义,正是在此生的这种自我肯定中,人的存在价值获得了现实的根据。从这方面看,本真的存在不是向死逼近或对死的先行体验,而是对生的认同和生命意义的自我实现。较之海德格尔的向死而在,肯定"未知生,焉知死"的中国哲学似乎更深刻地切入了存在的意蕴。

从个体生存的具体过程看,其中无疑存在引发烦、畏的现实之源,个体自身也确乎常常经历这一类的情感体验,海德格尔对此的描述,显然不乏细致、深入之处。不过,人的生存过程,并非仅仅限于这

---

① 《论语·先进》。
② 《易传·系辞上》《易传·系辞下》。

一类现象,而是包含更为丰富的内容。烦产生于人做事或处事的过程,做事或处事既需要与物打交道,也无法避免与人打交道,这一过程确乎常常面临让人操心或不如人意的方面。在海德格尔之前,陆贾已注意到这一点:"夫形重者则身劳,事众者则心烦。"[①]然而,无论是与物打交道,还是与人打交道,人的存在过程都并非单纯地呈现消极或否定性的趋向。就与物打交道而言,前面已提及,人与物的互动同时展现为人通过作用于对象创造性地变革世界,使之合乎人的价值需要。作为包含人的创造性活动的过程,人与物的互动不仅包含积极的、建设性的内容,而且可以使人感受到自身本质力量的外化,并由此获得具有审美意义的体验。同样,在与人打交道的过程中,个体并非如海德格尔所认为的,仅仅沉沦于大众或走向常人,而是同时可以处处感受到人性的光辉。通过主体间的理性对话、理解和沟通,人与人之间可以趋向于不断化解可能的紧张和冲突,逐步建立合理的交往关系,后者既赋予人以自主意识,也使人性平等的观念得到确认。尤为重要的是,与人打交道的过程中不仅包含理性层面的交流,而且渗入了情感层面的沟通,从家庭中的亲情,到朋友间的友情,从传统意义上的仁民爱物,到现代社会中的人道关怀,人与人之间的交往多方面地涉及情感之维。这种情感是否能够视为本体(所谓"情本体"),当然可以讨论,但基于情感的交往,以亲情、友情以及更广意义上的仁道之情等形式呈现的情感体验确乎内在于人的整个在世过程,并表现为人的基本生存境况。人的存在中这一情感之维,显然无法简单地归为"烦""沉沦"或真实自我的失落,事实上,它更应该理解为本真之我的内在体现,而在如上的情感沟通和体验中,人也同时从正面感受到存在的意义。

---

① (汉)陆贾:《新语·至德》。

烦既意味着费心费神,也与忙(繁忙)相关。做事涉及多重方面,从谋划、操作到过程中的协调,做事总免不了忙碌。然而,"事"并不仅仅指向烦和忙。历史地看,人类在做事的过程中既创造了多样的文化成果,也使自身超越了仅仅为生存而做事:随着必要劳动时间的逐渐缩短,人类所"作"之"事"不断突破生产劳动之域而获得愈益多样、广阔的形态。从经济领域到政治领域,从科学研究到艺术创作,人做事的过程固然往往呈现繁忙的形态,但同时又不断摆脱不同形式的强制而走向自由之境。进而言之,人的现实存在总是在忙与逸的互动中展开。就做事过程而言,其展开过程每每伴随有张有弛的节奏,这种张弛有度的运行方式,本身也表现了忙与逸的交互作用。从更广的生活过程看,与逸相关的空闲、休闲很早已进入人的生存领域,在人类历史的早期,日出而作、日入而息已成为生活的常态,其中的"息"相对于"作"而言,便体现了生活中逸、闲的一面。即使在事务繁复的政治实践领域,也常有无事而闲的一面:"官散殊无事,身闲甚自由。"①在现代社会,自由时间的增加进而为生存过程中的逸、闲之维提供了更多的可能,做事与闲逸之间,也常常呈现彼此交错的形态。要而言之,"事"中的张弛有度与"事"外的闲逸有致,从不同方面展现了人的生存过程的多维度性,其中包含不同方面的价值意蕴。

现实世界的价值之维,同时包含理想的内涵。化本然世界为现实世界,并不意味着走向终极的存在形态,现实世界本身始终面临自我超越的问题:现实世界之"现实",既不同于本然,也有别于凝化不变。从现实世界出发,人们总是形成进一步的理想追求,理想作为包含价值规定的意义形态,具有"应然而未然"的性质:"应然"规定了价值方向,"未然"则敞开了未来发展的空间。进而言之,理想往往蕴

---

① (唐)白居易:《重修香山寺毕,题二十二韵以纪之》。

含超越性:它首先表现为对已然或既成形态的超越,与之相一致,孕育理想的现实世界也并不排斥超越性。事实上,从个体存在到社会发展,现实世界关乎不同形式的超越指向。当然,这里的超越,不同于宗教视域中与此岸相对的"超越"(transcend),而是指走出(going beyond)或改变存在的既成形态,这一意义上的超越最终植根于人在现实世界中所"作"的多样之"事":理想的实现,无法疏离于人之所"作",即使终极关切意义上的追求,也基于人的"在"世活动。《中庸》肯定"极高明而道中庸",也已有见于此:"极高明"以理想之境为指向,"道中庸",则表现为现实世界中的日用常行。这一进路内在地包含过程性:走向理想之境乃是在人所"作"之事的历史展开中逐渐获得现实意义,离开了现实之"事"及其展开过程的所谓"超越",每每将流于思辨的玄想。

可以看到,科学图景所敞开的事实之域和生存过程所展现的价值之维构成了基于"事"的现实世界的不同方面。事实之域既可以表现为认识论上的所知,也可以呈现为本体论上的人化实在,价值之维则是包含评价意义的现实规定,二者都因"事"而"在",并相应地打上了人的印记,在此意义上,事实和价值都具有"为我"的性质而不同于"自在"的形态。就形而上的层面而言,作为外在于人的知、行过程的存在,本然世界既没有进入事实之域,也尚未取得价值的形态,相形之下,现实世界则以事实之域和价值之维为其相关的构成。

然而,作为现实存在的不同规定,事实之域和价值之维在形成于"事"并内在于现实世界的同时,又包含着各自单向展开甚至彼此相分的可能。人的活动过程固然赋予现实世界以事实之维和价值之维,但事实之域首先关乎真,价值之维则涉及善,二者内含的不同规定和发展趋向,常常在历史演化中引向彼此之间的相互分离。以本然之物向事实之域的转换为前提,科学的图景首先将世界还原为数学、物理、化学等规定;在事实之域中,世界呈现为可以用数学等方式来处理的形式,数学、逻辑之外的属性往往隐而不显,由此呈现的世界,多少失去了诗意的光辉,而与之相关的存在过程,则常常趋向于认同真而疏离善。事实既关乎真,又表现为实然,与实然相对的则是当然。以目的、理想的实现为指向,善的追求同时展现为对当然的关切,价值则往往被视为超乎实然的存在形态或理想(当然)之境。在超乎实然的同时,不仅价值本身的现实根据容易被悬置,而且善的确认每每隔绝于真的求索。在单向的价值追求中尽管也似乎涉及"真",如海德格尔便把理想之我与本真自我联系起来,但这种"真"往往远离现实的存在形态:在海德格尔那里,通过从共在中抽身而去以及对死的先行体验而达到的"本真"自我,本身乃是缺乏现实性的抽象存在形态。

事实与价值、真与善、实然与当然的彼此相对,往往呈现不同的形态。在休谟那里,它表现为"是"与"应当"的分野:"是"作为实然,属事实,"应当"则体现了人的理想、要求,从而与价值相涉,对休谟而言,"是"与"应当"缺乏逻辑的蕴含关系,因此从"是"之中无法推出"应当"。"是"与"应当"的如上分别,同时蕴含着事实与价值之间的某种鸿沟,后者在更广意义上的科学与人文之对峙中得到了进一步的体现。以事实为指向的科学领域与追求人文价值的文化领域,往往构成了各自封闭的文化界限,二者之间既无法理解,又难以交流,逐渐形成了文化的鸿沟。这种文化分离在不同哲学思潮的对峙中也同样有所折射:科学主义与人本主义、分析哲学与现象学等分野,便表明了这一点。就个体而言,以上分野和对峙所导致的,则是内在精神世界的单一化与片面化,它使个体往往或者接受数学、符号构成的世界图景,或者认同诗化的意境;二者各自对应于数理的运演和诗意的体验。

扬弃以上对峙,需要回到基于"事"的现实世界。在"是"与"应当"的分野中,事实与价值之间主要呈现为与推论相关的逻辑关系;在科学与人文等对峙中,二者之间则涉及不同的观念取向。然而,就其现实性而言,事实与价值既非仅仅限于逻辑的关联,也非囿于观念之域,其更内在之源应追溯于"事"。综而论之,"事"与价值和事实之间呈现错综的关系:一方面,事实与价值内在于现实世界,后者自身(现实世界)则因"事"而成,就此而言,事实与价值分离本身以现实世界在"事"中的生成为其前提:在现实世界之外本无事实和价值这一类"为我"之物或人化的存在形态,从而也谈不上二者的分离;另一方面,克服以上分离,又以"事"以及"事"所建构的现实世界为条件。在纯粹的逻辑视域中,"是"与"应当"确实并不包含蕴含关系,但在现实的层面,事实与价值则是同一存在的相关方面,二者之间更多地表现为基于"事"的相互制约而非仅仅是逻辑的推论关系。人的生存过程总是包含着多重的需要,正是后者推动着人从事多样的活动(做事)。同时,人们往往基于一定的需要(包括认知层面的需要和生存方面的需要),从已形成的价值取向出发,去"从事"多样的活动,接触不同事物,由此进一步了解相关事物的属性,使之由尚未为人所知的本然形态转换为人所把握的"事实"形态。现实需要和价值取向对本然之物转换为"事实"的如上制约,一开始便决定了事实和价值难以分离。以"事"的展开为前提,事物在事实层面的属性与人在价值层面的需要又相互关联,而事物对人的价值需要的实际满足和事物所含价值意义的敞开则呈现为同一做事过程的两个方面。在这里,事实与价值再次呈现无法相分的形态。从具体过程看,"事"的展开既需要基于事实的认知,也离不开价值的评价:如果说,价值的评价规定了人应当做什么,那么,事实的认知则制约着人如何做。"应当做什么"与"应当如何做"都涉及广义的规范性问题,但前者更多地关乎做事的价值方向和目标,后者则与做事的方式、程序、途径相关,并相应地同时基于事实。作为人的活动,做事既与正当性相关,也与有效性相涉,"事"的正当以合乎当然(体现合理的价值方向)为前提,"事"的有效则以合乎实然(与存在法则一致)为条件。在化本然界为现实世界的做事过程中,事实认知和价值评价从不同的方面对人提供引导,并进而担保"事"本身的有效和正当。不难看到,现实世界的生成过程并不仅仅限于事实认知,也非单纯地表现为价值评价,其间始终交织着二者的互动,而由此形成的现实世界则表现为事实之域和价值之维的统一。在这里,"事"既从本源上引向事实和价值的沟通,也为克服二者的分离提供了前提和根据。

要而言之,以"事"为视域,需要关注本然世界与现实世界在存在形态上的分别。本然世界固然具有实在性,但尚未进入人的知、行领域,也未通过"事"而与人发生实质的联系,其具体意义还没有向人敞开和呈现。相形之下,现实世界作为生成于"事"的实在,已取得了"为我"或人化的形态,其中既有认识论和本体论意义上的事实之维,也包含评价意义上的价值规定。本然世界虽不同于现实世界,但可以通过"事"而转换为现实世界,这种转换同时意味着赋予世界以事实和价值等相关内涵。

三 本然性的扬弃与实然性的确证

现实世界因"事"而成,这种生成品格,同时表现为对存在本然性的扬弃。然而,历史地看,尽管现实世界的生成性在哲学上得到了某种肯定,但在如何理解现实世界的这种生成性或非本然性方面,却存在不同的进路。

如所周知,康德区分了现象与物自体。从本然与现实的分别看,物自体存在于人的知行过程之外,属本然的存在,现象则已进入人的认识领域,从而超越了本然性并获得了现实的品格。对康德而言,现象的呈现既以物(物自体)为源,又以人的先天直观形式(时空)作用于感性材料为前提,在后一意义上,现象本身具有被构造的性质。可以看到,在康德那里,现象已扬弃本然性而进入了广义的现实世界;现象的这种现实品格并非既成,而是由先天的认识形式所规定,这一看法无疑已从现象这一层面注意到现实世界的非本然性。然而,康德同时强调,现象的非本然性主要基于先天的认识形式,这种先天形式具有抽象的性质而不同于作为人的现实活动的"事",它对现象的规定,也有别于因"事"而成。

  黑格尔理解的世界,同样不同于本然的存在。如前所述,康德在区分现象与物自体的前提下,仅仅确认了现象的非本然性。与之不同,黑格尔以绝对精神为第一原理,并赋予这种精神以能动的力量,肯定其能通过自身的外化而生成自然及更广意义上的世界。对黑格尔而言,精神外化为自然和世界,不仅使自然和世界获得了实在的根据,而且也扬弃了世界与精神的分离。尽管黑格尔以精神为源,但其肯定自然和世界的实在性,无疑又有别于贝克莱等怀疑世界的真实性,而对世界与精神分离的扬弃,则展现了试图超越近代以来心物、天人之间彼此对峙的趋向。按其实质,黑格尔所理解的绝对精神,可以视为人的观念、精神的形而上化和思辨化,以这种精神为自然与世界之源,在某种意义上也以思辨的方式触及现实世界的生成和人的关联。不过,在黑格尔那里,作为存在根据的精神本身表现为思辨和抽象的产物,从而不同于人的现实精神,以精神的形上化、思辨化为前提的自然与世界的生成固然有别于本然的存在,但却缺乏生成于"事"的人化世界的现实性。黑格尔在肯定精神外化的同时,又强调随着自然、社会以及人的观念之展开,精神最后又回到自身。这种始于精神、终于精神的演化过程,与通过人的现实活动("事")以赞天地之化育,显然相去甚远。

前文已论及,海德格尔提出基础本体论,以个体的生存为主要关注之点。在海德格尔看来,个体并不是被规定的既成存在,而是包含着面向未来的不同可能,这种可能,为个体生存过程中的自我筹划提供了前提。个体的生存关乎广义的生活世界,将个体的存在过程理解为自我筹划或自我谋划的过程,意味着把生活世界的展开与人自身的活动联系起来。同时,海德格尔曾对"上手"作了考察,并把上手理解为操作、使用等活动,作为人之所"作",这种上手活动与"事"似乎也具有相通性。然而,在海德格尔那里,表现为"上手"的活动主要关乎个体的生存,与之相联系,"上手"虽然不同于"在手边",但仍侧重于个体与已有器物的抽象关系,以此为形式,相关行为不仅缺乏实质的创造意义,而且往往包含某种思辨和空泛的性质。从总的方面看,海德格尔所说的筹划或谋划,大致限于观念之域,这种观念性活动,与作用于对象并实际地变革对象的"事",显然有所不同。在海德格尔那里,个体的生存过程,更多地涉及以烦、畏等为形式的心理体验,如果说,筹划、谋划主要从观念的层面体现了个体存在的自主性,那么,烦、畏等体验则更多地展现了个体内在的精神世界,二者都未超出观念的领域。较之作用于对象并实际地变革对象的活动,无论是人的筹划和谋划,还是烦、畏等体验,都属广义的"心",从实质的方面看,海德格尔对人的生存过程及生活世界的理解表现出有见于"心"、无见于"事"的特点,其关注之点主要限于人的存在的意识或精神之维,而人的实际做事过程,则基本上处于其视野之外。

绝对精神的外化,首先关乎外在世界;个体的意识活动,则涉及与人的生存过程相关的生活世界,二者在限定于广义之"心"的同时,又都承诺了不同于本然的存在。现代哲学中,理解世界非本然性的另一种进路,体现于语言与世界的关系。随着所谓语言学转向的出现,从语言的层面理解世界成为另一种趋向。

在肯定"世界是事实(facts)的总和,而不是物(things)的总和"的同时,维特根斯坦又强调:"我的语言(我所理解的唯一的语言)的界限意味着我的世界的界限。"① 这里值得注意的是将语言与世界的界限联系起来。从逻辑上说,把语言规定为世界的界限,表明人所达到的世界,仅仅是语言中的存在。维特根斯坦之后的分析哲学家,往往在不同程度上沿袭了上述思路。奎因提出了本体论承诺,但同时又将"实际上什么东西存在"的问题从本体论的承诺中剔除出去,而将本体论问题仅仅限定于对"说什么存在"问题的讨论,并认为后者"差不多完全是与语言相关的问题,而什么存在则属另一个问题"。② 质言之,奎因的本体论承诺,主要涉及对存在的言说和表述。在这里,语言同样构成了世界的界限。塞拉斯也曾论及语言与世界的关系,在他看来,人可以创造自己生活于其间的环境,这种创造同时意味着使世界成为"我们的世界"(our world),后者的形成主要与语言的运用和共同的意向相联系;人创造环境的过程,也主要以此为前提。③ 这里固然注意到了人的世界("我们的世界"),但这一世界及其生成,却主要被归诸语言活动。由此,塞拉斯进一步认为,质(qualities)、关系(relation)、类(class)等,都属"语言的实体"(linguistic en-

---

① 〔奥〕维特根斯坦:《逻辑哲学论》,郭英译,商务印书馆,1985年,第79页。

② 参见 Quine, *From a Logical Point of View*, Harvard University Press, 1980, pp. 15-16。

③ Wilefrid Sellars, "Philosophy and the Scientific Image of Man", in *In the Space of Reasons: Selected Essays of Wilefrid Sellars*, edited by Kevin Scharp and Robert Brandom, Harvard University Press, 2007, pp. 406-408.

tity),也"都是语言的表述"。① 这种看法从另一方面将世界还原为语言。

与确认语言是世界的界限相联系的,是世界与语言的某种重合。戴维森在谈到语言与世界的关系时,曾指出:"我们在共有一种语言(在这是为交流所必需的任何一种涵义上)时,也就共有一幅关于世界的图景,这幅图景就其大部分特征而论必须是真的。因此,我们在显示我们的语言的大部分特征时,也就显示了实在的大部分特征。"②语言与世界的图景在这里被理解为一种合而为一的关系:拥有共同的语言,同时也就拥有共同的世界图景;正是二者的合一,决定了语言的特征可以折射实在的特征。这里所展现的内在趋向,是化世界为语言,而当语言与世界图景彼此合一时,人的全部活动便难以超出语言:他所达到的,只是语言,而不是世界本身;语言之外的世界,在某种意义上成为康德所理解的物自体:在语言成为界限的前提下,人显然难以达到"界限"之外的真实世界。

当然,作为人所把握的存在,语言中的世界已不同于本然的存在:在非本然性这一点上,语言中的世界与现实世界似乎具有相通之处。不过,与现实世界形成于"事"(人作用于对象的实际活动)有所不同,语言中的世界主要表现为语言的构造。当语言成为世界的界限时,语言同时也被赋予某种本源的形式:世界似乎主要基于"言",而非基于"事"。

现实世界是否源于并限于"言"或"名"? 在回答这一问题时,首

---

① Wilefrid Sellars,"Abstract Entities",in *In the Space of Reasons*:*Selected Essays of Wilefrid Sellars*,edited by Kevin Scharp and Robert Brandom,Harvard University Press,2007,p. 163.

② 〔美〕唐纳德·戴维森:《真理、意义与方法——戴维森哲学文选》,牟博选编,商务印书馆,2008年,第278页。

先需要考察"言"("名")与"事"的关系。从"言"或"名"本身的起源看,其作用首先在于指实,荀子所谓"制名以指实",已注意到这一点。① 以名指实,并非仅仅源于某种观念的兴趣,而是基于现实的需要。在谈到"制名以指实"的意义时,荀子便着重从"上以明贵贱,下以辨同异"的角度作了解释:"异形离心交喻,异物名实玄纽,贵贱不明,同异不别,如是,则志必有不喻之患,而事必有困废之祸。故知者为之分别制名以指实,上以明贵贱,下以辨同异。贵贱明,同异别,如是,则志无不喻之患,事无困废之祸,此所为有名也。"②"明贵贱"展开于社会领域,"别同异"则涉及更广的对象,二者都与"事"相关:"明贵贱",意味着通过社会领域的不同活动以建立一定的人伦秩序;"辨同异",则是在区分不同事物的前提下,在更广的领域作用于对象,荀子将"制名以指实"与"事无困废之祸"联系起来,并以此为"名"形成之缘由,也表明了这一点。无论是社会领域的活动,还是在更广领域中对物的作用,都表现为处事或做事的过程:前者基于人与人之间的交往,后者表现为人与物的互动,二者作为"事"的不同形式,同时为名言(语言)的发生提供了现实的推动力。诚然,在某些情况下,语言的运用与现实之"事"似乎具有某种距离,但进一步的分析则不难发现两者之间的关联。以审美判断而言,其中无疑包含语言的运用,而从形式的层面看,这种运用与"事"好像并没有直接的联系。然而,审美判断本身表现为人以审美方式感受、把握世界的过程,在艺术创作过程中,这种判断与人"从事"的创作活动难以相分,在审美鉴赏中,则涉及人的感官(眼、耳等)与审美对象的互动,在欣赏自然山水之时,审美鉴赏过程进一步与拾阶登高、移步湖畔等活动

---

① 参见《荀子·正名》。
② 同上。

相联系。以上互动和活动都关乎人之所"作",从而也与广义之"事"相涉,基于此的审美判断以及渗入于其中的语言,也相应地无法离开上述意义中的"事"。名言(语言)与做事过程的这种关联,同时表现为因"事"而有"言"。

语言关乎意义。就意义而言,语言不仅仅与指实相联系,而且涉及具体的活动过程。后期维特根斯坦提出语言游戏说,并肯定语言的意义在于使用。相对于早期对语言的理解,这一看法更多地触及了人的活动对语言意义的制约作用。人的活动的基本形式之一是做事,在日常的做事过程中,可以具体地看到语言意义与做事的关联。以施工过程而言,如果参与施工的某一劳动者高声说:"钳子"或"锤子",则同一施工过程中的其他劳动者便会递上钳子或锤子。在这里,"钳子"或"锤子"的意义不仅仅在于指称某种特定的工具,而且包含诸如"现在需要使用钳子(锤子),请递上"等涵义。以上场景以较为形象的方式,展现了语言意义与做事过程的内在关联,并具体地表明:正是做事的过程,赋予"言"以具体的内涵。

进而言之,从人之所"为"与语言的关系看,一方面,人之所"为"可以呈现符号和语言的意义:从最简单的手势,到所谓行为艺术,都体现了这一点;另一方面,"言"不仅参与做事的过程,而且其运用过程本身也可以获得"事"的意义,所谓"言语行为"(speech act),便涉及"言"的这一方面。根据奥斯汀的看法,当我在船下水时作出"我把这艘船命名为伊丽莎白女王号"这类表述时,我并不是在记述或报道某种行为,而是同时在实施这一行为(to do it),相关的句子则可称之为"施行句"(performative sentence)。[1] 日常有关允许、道歉、指责、

---

[1] J. L. Austin, *How To Do Things With Words*, Harvard University Press, 1975, pp. 5-6.

赞成、请求等表述,也包含类似的意义,这种言语行为同时被称为"以言行事"(illocutionary acts or to do things with words)①。宽泛而言,言说行为本身也可以视为广义的"做事"过程,它虽然不同于实际地变革对象的感性活动,但作为人之所"为",与上述之"事"无疑有相通之处,在引申意义上甚而可归属其中。

"言"与"事"的以上关系表明,语言并不具有本体论上的优先性,相反,从其起源、意义的获得,到"言语行为",语言都无法离开"事";在"以言行事"的情形中,言说之成为实施某种行为的方式,同样以归属广义之"事"为前提。语言的这种非本源性,也规定了它难以成为现实世界的终极构造者。分析哲学以语言为本,显然未能理解现实世界生成的真切前提。

黑格尔的思辨哲学以及海德格尔的基础本体论与分析哲学尽管展现了不同的哲学趋向,但在离开"事"而谈现实世界这一点上,却呈现某种相通性。前文曾论及,"事"在广义上本来包括对世界的把握和变革,而对世界的把握则包含知,在此意义上,以绝对精神、个体意识等形式表现出来的"心"以及被规定为存在界限的"言"并非与"事"完全悬隔。然而,以上的哲学进路却仅仅限于观念之域,而将以做事的方式作用于外部对象的现实过程置于视野之外,这就在实质上通过"事"的抽象化而消解了现实之"事"。在中国哲学史上,王阳明虽然肯定了人应"事上磨练",但从心学立场出发,又往往表现出以心释事的趋向:"虚灵不昧,众理具而万事出。心外无理,心外无事。"②"夫在物为理,处物为义,在性为善,因所指而异其名,实皆吾

---

① J. L. Austin, *How To Do Things With Words*, Harvard University Press, 1975, pp. 94-108.

② (明)王守仁:《传习录上》,《王阳明全集》,上海古籍出版社,1992年,第15页。

之心也。心外无物,心外无事,心外无理,心外无义,心外无善。"① 从以心为本引出"心外无事","事"的现实性品格无疑难以落实。就心学系统而言,以上观念体现了王阳明对"事"的理解所内含的二重性,从思想的衍化看,它又制约着尔后的中国哲学对"事"的看法,在梁漱溟那里,便不难注意到这种影响。梁漱溟首先将宇宙理解为生活,认为"宇宙是一生活,只是生活,初无宇宙"。而生活则规定为"事的相续":"生活即是在某范围内的'事的相续'。这个'事'是什么?照我们的意思,一问一答即唯识家所谓一'见分'。一'相分'——是为一'事'。一'事',一'事',又一'事'……如是涌出不已,是为'相续'。"② 这里所说"见分"和"相分"是唯识宗的概念,作为心识之域的作用者和作用对象,二者都主要与意识或观念相涉。如后文(本书第四章)将论及的,在唯识宗那里,"见分"被赋予能知之意,梁漱溟以"见分"和"相分"释"事",意味着将"事的相续"等同于意识(心)的活动。如果说,黑格尔的思辨哲学、海德格尔的基础本体论以及王阳明、梁漱溟的相关看法趋向于以"心"观之并进而化"事"为"心",那么,分析哲学的哲学取向便表现为以"言"观之并进一步化"事"为"言"。③ 这里似乎存在某种"悖论":一方面,就广义而言,以"心"观之和以"言"观之都属于人之所"为"或人之所"作",另一方面,在以上哲学视域中,相应于离"事"而定位"心"或"言",不仅"心"或"言"被赋予本源的意义,而且世界本身也被奠基于"心"或"言"之上。从

---

① (明)王守仁:《与王纯甫》,《王阳明全集》,上海古籍出版社,1992年,第156页。

② 梁漱溟:《东西文化及其哲学》,《梁漱溟全集》第1卷,山东人民出版社,1989年,第376—377页。

③ 事实上,塞拉斯便把行动理解为"语言对环境的输出"。参见 W. Sellars, "Some Reflections on Language Games", in *Science, Perception and Reality*, Routledge and Kegan Paul, 1963。

现实世界的生成看,这种哲学进路诚然注意到本然之物与现实世界的分别,但在超越本然存在的同时,将绝对精神(黑格尔)、个体意识(海德格尔)、语言形式(分析哲学)视为世界之本,无疑又趋向于疏离实然。

人存在于其间的现实世界确乎不同于本然之物,但通过人的活动("事")以扬弃存在的本然性,改变的主要是其存在方式(由自在的存在转换为人化的存在),本然之物在获得现实形态之后,其实然性并没有被消解。与"心""言"在观念领域的单向构造不同,"事"首先表现为人对外部对象的实际作用,基于"事"的现实世界也相应地在扬弃存在本然性的同时,又确证了其实然性。

第二章
人：因"事"而在

"事"既关乎现实世界的生成，又与人自身的存在相涉。何为人？这一问题虽由康德明确提出①，但从更广的视域看，在人的历史衍化中，它曾不断地被追问，直到20世纪，以上问题依然被认为是"哲学首要的、基本的问题"②。这一现象从一个方面表明，人在反思自身时无法回避"何为人"问题，而从理论上看，它对理解人自身来说确实具有本源的意义。人的存在包含多方面性，后者也规定了对以上问题理解的多方

---

① Kant, *Logic*, Dover Publications, Inc., 1988, p. 29.（参见〔德〕康德：《逻辑学讲义》，许景行译，商务印书馆，1991年，第15页）

② 〔意〕安东尼奥·葛兰西：《狱中札记》，曹雷雨、姜丽、张跣译，中国社会科学出版社，2000年，第263页。

面性,所谓人是理性的动物、人是语言的动物、人是运用符号的动物,人是制造和运用工具的动物,等等,便从不同的侧面涉及了人之为人的特点。然而,从更为本源和综合的视域看,对人的理解难以离开"事"。以人与物之间的互动和人与人之间的交往为形式,"事"从不同方面成就人,并赋予人以多重存在规定。通过做事,人形成多样的社会关系,"事"的展开既基于人与人之间的相互交往,又使人的社会关系获得现实的品格。与本然的对象不同,人的存在内含意义之维:人不仅追问世界的意义,而且也追寻自身之"在"的意义,这种意义的追寻同样与"事"难以相分:在其现实性上,"事"同时构成了意义生成之源。考察"事"与人的以上关系,可以更具体地理解人及其存在处境。

一 人之"事"与人之"在"

在实质的层面,人因事而"在"。如前文所论,这里的"事"泛指人所从事的多样活动。它既关乎日用常行,也涉及更广领域中人与物之间的互动和人与人之间的交往。这一意义上的"事"因人而有,并与人无法分离:"(作)焉有事,不作无事。举天(下)之事,自作为事"。① 人的存在伴随着人的活动,"事"则由此而生。世间本无"事","事"源于人之所"作"。人因"事"而在与"事"因人而有,构成了相互关联的两个方面。

就人与物的关系而言,本然之"物"既不同于"事",也未涉于"事",其形态主要与尚待人作用("俟用")或可能为人所作用相联

---

① 《恒先》,马承源编:《上海博物馆藏战国楚竹书》(三),上海古籍出版社,2003年,第112页。又,"(作)焉有事"中的"作"原为一重文符号,与前面"采物出于作"中的"作"为重文。参见曹峰:《〈恒先〉研读》,《国学学刊》2014年第2期。

系,唯有当人实际地作用于"物",相关之"物"才进入"事"。"事"发生于人之"作",两者的这一关联同时表现为"事"不同于"物"之所在。从外在形式着眼,自然界似乎每日每时都在发生这样那样没有人参与的"事",例如地震、各种自然灾害、日食月食以及疫情,等等,它们仿佛与"人"之所"作"没有直接的关系。如前所述,物理事件与人所"作"之事应当加以区分,自然灾害、日食月食基本属于广义的物理事件或自然现象。至于因病毒而起的疫情,则需要作更具体的分析:病毒本身是自然之物或自然现象,但病毒之感染人、并逐渐衍化为流行之疫,则与人所"作"之"事"(如与某种动物的接触、实验室的各种操作,等等)相关,不能笼统地将其归为"物"。

从人与人的关系看,当人仅仅在空间上彼此并存而没有发生现实的交往关系之时,人与人之间也就彼此无"事":离开了实际的交往行动,则无论是正面或积极意义上的"事"(好事),还是负面或否定意义上的"事"(坏事),都无从发生。因人而有之"事",同时又成为人的存在方式。卡西尔在谈到人时,曾指出:"人的突出特征,人与众不同的标志,既不是他的形而上学本性也不是他的物理本性,而是人的劳作(work)。正是这种劳作,正是这种人类活动的体系,规定和划定了'人性'的圆周。"[1]尽管卡西尔关注于人运用符号的特点,但这里所注重的,乃是以"人类活动"为内容的"劳作",后者同时可看作是广义的做事形式,将其与"人性"联系起来,则从一个方面体现了"事"之于人的意义。人与"人的活动"之间的以上关联,在葛兰西那里得到了更明确的表述:"人是一个过程,更准确地说,人是他的活动

---

[1] 〔德〕恩斯特·卡西尔:《人论》,甘阳译,上海译文出版社,2004年,第95—96页。

的过程。"①人的活动以人所"作"的多样之"事"为具体内容,以"活动"规定"人",相应地意味着从"事"的角度理解人。在相近的意义上,扬雄强调:"君子事之为尚。"②君子可以视为人的理想或当然形态,君子"以事为尚",意味着将人的当然形态与"事"联系起来。

  对上述意义中的"事"和"人",需要作动态的理解。作为人之所"作","事"并非凝固不变,仅仅以某种现成的形式存在。与人自身的存在经过一个从早年到晚年的过程一致,人所"作"之事也存在相应变化。在婴儿阶段,尽管人在某种意义上似乎没有自觉意识,但并非完全游离于"事"之外。根据儿童心理学的实证研究,儿童在尚缺乏语言能力时,已经开始从事各种活动,如抓取玩具、寻找食物,等等,这些活动,可以视为最初的做事过程,其中包含着皮亚杰所说的行动逻辑,具体表现为在抓取等活动中,行动包含先后、左右的有序结构,这种行动逻辑尔后逐渐内化为思维的逻辑。与之类似,老年人也许不像年轻人那样从事创业、劳动等活动,但依然会做力所能及的家务事,对脑力劳动者而言,可能还会进行各种形式的创作。所有这一切,都可以看作是广义的做事过程,人在不同年龄阶段的存在形态,也通过这些不同的"事"而得到确证。

  认为自然界每日每时都在发生这样那样没有人参与的"事",例如地震、各种自然灾害、日食月食以及疫情,它们皆不是因"人"之"作"而发生,如何能说"'事'源于人之'作'"? 以上问题似乎对"物"与"事"有所混淆:以"地震、各种自然灾害、日食月食"为事,实际上是将自然的变化混同于人所"作"的事。我曾提及物理事件与人所"作"之事的区别:"物理事件如果发生于人的作用之外,如因云层

---

① 〔意〕安东尼奥·葛兰西:《狱中札记》,曹雷雨、姜丽、张跣译,中国社会科学出版社,2000年,第263页。

② (汉)扬雄:《法言·吾子》。

自身互动而形成的降雨,可视为自然现象;物理事件如果发生于实验或人工条件之下,则非纯粹的自然现象,而是融入于'事'并成为与人相涉的广义事件的构成,如人工降雨,便属后一类事件。"至于病毒以及来源复杂的"疫情",则需要作更具体的分析,不能笼统地将其归为"物"或"事"。

人与物的互动和人与人的交往,展现了"事"的不同方面。以人自身的成就为指向,"事"同时关乎人与自我的关系。在人与物的互动和人与人的交往中,物与他人主要表现为对象性的存在,广义之"事"所涉及的人与自我的关系,则使自我既表现为做"事"的主体,又成为"事"所指向的对象。养生锻炼,是人在日常生活中所从"事"的活动,在这种"事"的展开过程中,自我本身成为作用的对象:以体格锻炼为内容的"事"所指向的,是自我体魄的强健。广义的"事"包括观念性的活动,以自我反省为形式、旨在达到德性完善的修养或涵养活动,便属于这类活动,从"事"这一类心性的涵养,同样既以自我为主体,又以自我为对象。宽泛而言,以上这一类"事"具体表现为成己的过程,它从一个方面彰显了"事"与人之"在"的关联。

作为人的广义活动,"事"既展开于人存在的整个过程,也内在于人存在的各个方面。凡人之所"作",均可视为"事";人之所"作"方式不同,"事"之形态也各自相异。从日常生活中的饮食起居,到制天命而用之、赞天地之化育的过程,人存在的多样方式与"事"的多重形态呈现某种一致性。这里首先涉及"事"与时间的关系。一方面,人并非随心所欲地做"事","事"的展开过程总是以一定的时间、条件为前提:所谓"当其时作其事,便是能随时"①,便表明了这一点。另一方面,"事"也对人的时间意识具有制约作用。人的存在过程中常

---

① (宋)程颢、程颐:《二程集》,中华书局,1981年,第171页。

常会面临时间资源缺乏的困境,后者具体表现为没有充分或足够的时间应对诸种问题。从本源的层面说,在人的存在过程中时间之所以会显得不足,主要便在于人参与之"事"的增加:相对于众多需做之"事",时间往往变得短缺。进一步看,"事"同时又与人自身的多方面规定相涉。相应于人的个体之维,"事"呈现为个体之所"作";与人的社会性规定相联系,"事"则展开于超越个体的社会领域。就时间之维而言,"事"的意义既可以主要呈现于当下,也可能影响未来较长的历史时期;与"朝夕之是"相关的①,主要是前一类"事","功在当代,利在千秋",则属后一类"事"。就时间之维而言,做"事"和论"事"每每可以相分:"事"由今人而"作",其意义却可由后人论说,后人虽未参与前人之"事",但却可以评价前人之"事"。质言之,今人做"事",后人论"事";"事"之是非曲折既彰显于现在,也常面临历史评说。这一事实从一个方面表明"事"展开于时间之中,其结果则往往影响未来。

从具体的形态看,"事"呈现结构性。以一定的目的为出发点,"事"既展开为一个过程,也形成一定的结果;目的的确认,过程的展开,结果的形成,表现为"事"在时间之维的基本结构。结果可以视为目的的实现,其实质的意义则在于合乎人的不同需要。过程的展开既基于相关目的,又构成了结果形成的前提,并规定着结果的实际内容。以"事"的具体展开为内容,做事的过程涉及规范、程序、方式,"达到什么"(形成何种结果),不仅关乎"事"由之出发的目的,而且与"如何做"(以何种方式做事)相联系,"事"的结果及其性质则相应地无法与做事的手段和方式相分。然而,哲学中的效果论往往未能注意做事过程与结果的关联,其关注之点常常仅仅指向结果。威廉

---

① "莫问身后事,且论朝夕是。"(唐)储光羲:《同王十三维偶然作》。

斯已指出这一点:"具有内在价值的是事态(state of affairs)而不是行动,这一主张几乎就是效果论的一个重要特征。"①这里的"事态"也就是人所"作"之"事"的结果,单纯地肯定"事态"的价值而悬置行动,意味着做"事"过程与"事"之结果的分离,威廉斯所批评的以上看法虽侧重于伦理之域,但也涉及对宽泛意义上人所"作"之"事"的理解,它对"事"的结构性以及不同方面的相互关联,显然未能给予充分注意。从现实的形态看,不仅"事态"("事"的结果)对人呈现不同的价值意义,而且做事的过程也渗入了多样的价值内涵,做事的过程及其结果从不同的方面制约着人的存在。

日常表述每每将闲适与"事"区分开来,然而,在广义的视域中,即使休闲、消遣,也难以与"事"截然相分,这不仅在于从有张有弛的角度看,休闲为做事提供了前提,而且作为人之所"作",休闲既不同于对象意义上的"物",也有别于纯粹的观念,而是可以看作"事"的特定形态,通常所说的"闲事",也从一个侧面折射了"闲"与"事"之间的关联,而"管闲事"本身则构成了"事"的一种形式。引申而言,与休闲、消遣具有相关性的艺术、体育等活动,包括艺术领域的创作与欣赏、体育方面的训练与参赛,都表现为人之所"作"意义上的"事";现代体育活动中所说的"赛事",也从一个方面体现了这一点。在否定的意义上,有所谓"无事生非",这里的"无事",指本来未发生或不应发生之事,"生非"则是引发那种本来不应发生之事。不难看到,"事"总是与人相随,即使无事,亦可生事。

就人与物的关系而言,在价值的层面,物首先可以满足人的感性需要,并往往由此表现为人的感性欲求(人欲)的对象。然而,从人的

---

① 〔澳〕J. J. C. 斯马特、〔英〕B. 威廉斯:《功利主义:赞成与反对》,牟斌译,中国社会科学出版社,1992年,第81页。

方面看,其需要和追求并不仅仅限于感性之物:这种需要和追求可以提升到更广的层面并指向更广的空间;从物的方面看,其作用并非仅仅限于满足人的感性欲求:不同之物可以与人的审美等需要相联系而成为相关观念活动的对象。荀子曾指出:"使欲必不穷乎物,物必不屈于欲,两者相持而长。"①这一看法固然首先涉及人欲的满足与物的关系,但在引申的意义上,它同时也意味着:人欲不限于物,物则不单纯地构成人欲(首先是感性之欲)的对象。人欲与物的以上关联,表现为人与物的广义互动("相持而长"),这种互动同时又指向人自身的成就。作为人成长的具体方式,人与物的以上关联总是伴随着人的价值需要和价值理想的转换:无论是"欲必不穷乎物",抑或"物必不屈于欲",都基于价值追求的提升和扩展。价值需要和价值理想的转换既非主要依赖于对象性的物,也非仅仅表现为观念活动的产物,其现实的前提在于人所"作"之"事"的展开。事实上,荀子的以上看法,即表述于对礼的形成过程("制礼义")的考察,礼的生成和依礼而行既构成了价值需要和价值理想的转换的背景,又以人所"作"之"事"为实质的内容。

在更为深层的方面,以人与物的互动为形式的"事"具体展现为人对世界的变革。荀子曾从君子与天地的关系这一角度,对此作了考察:"天地生君子,君子理天地……无君子则天地不理。"②这里的"君子"可视为人的象征,"理天地",则表现为人改变物的做事过程,这一意义上的"事"可以看作是制天命而用之、赞天地之化育的具体化。基于自身的合理需要与对象的内在法则,人从不同的方面作用于外部世界,开物而成务。在以人与物的互动为形式的这一做事过

---

① 《荀子·礼论》。
② 《荀子·王制》。

程中,一方面,人"因而建事"①,其创造活动(建事)以遵循存在法则(因)为前提;另一方面,人在赋予对象世界以人化形态的同时,也使本然的对象成为合乎人需要的存在。从以上视域看,人既通过"事"创造新的天地,也通过"事"而重塑存在,在此意义上,所谓"事在人为",具体便表现为"世在人为"——人生活于其间的现实世界,本身由人所"作"之"事"而成。

以人之所"作"为前提,"事"虽异于"物",但又与物呈现互动的关系。一方面,"事"可以改变"物",并使之进入"事";另一方面,"物"也能够存留"事",并使"事"中展现的人的本质力量及"事"中形成的意味内含于"物"。进入知行领域的对象,如人所开垦的土地、种植的树木、建造的大厦,等等,首先表现为经过人作用的"物",但它们又不仅仅是单纯的对象,而是在"事"的展开过程中与人的生活、实践形成多样的关系,并处处打上了人的印记。进而言之,这种人化之"物"不仅表征着人的本质力量,而且承载着人的情与意:人亲手所栽之树、装饰并居住过的房子,等等,对相关个体便有着独特的意味,进入"事"的这种"物"则相应地既体现人的本质力量,又蕴含人的情与意。内在于"事"的行动的印记和情意的负载既扬弃了"物"的本然性而赋予其以现实性,又使"事"获得了多样品格。

人在通过"事"而改变物的同时,也形成和发展了把握世界的能力,并由此逐渐认识对象世界。马克思曾指出:人们首先"积极地活动,通过活动来取得一定的外界物,从而满足自己的需要"。"由于这一过程的重复,这些物能使人们'满足需要'这一属性,就铭记在他们的头脑中了,人和野兽也就学会'从理论上'把能满足他们需要的外界物同一切其他的外界物区别开来。在进一步发展的一定水平上,

---

① 魏启鹏:《马王堆汉墓帛书〈黄帝书〉笺证》,中华书局,2004年,第193页。

在人们的需要和人们借以获得满足的活动形式增加了,同时又进一步发展了以后,人们就对这些根据经验已经同其他外界物区别开来的外界物,按照类别给以各个名称。……这种语言上的名称,只是作为概念反映出那种通过不断重复的活动变成经验的东西,也就是反映出,一定的外界物是为了满足已经生活在一定的社会联系中的人(这是从存在语言这一点必然得出的假设)的需要服务的。"①这里的"活动",也就是以作用于物为形式的做事过程。从最本原的方面看,这一意义上的"事"构成了人满足自身需要的前提:物不会自发地满足人,唯有通过人作用于物的做事过程,物才能成为合乎人需要的对象。在"事"(活动)的重复中,人逐渐分别地把握"物"的不同规定,将能够满足需要的对象与不能满足需要的对象区分开来,并分别以相应的名称(概念)来表示,由此形成知识经验。从这方面看,"事"既制约着本然之物向为我之物(合乎人需要的存在)的转换,也推动着知识经验的生成。

知识经验的生成,关乎人自身的成长。作为知识经验之源,"事"不仅改变对象,也影响人自身。就做事过程本身而言,其意义不仅仅在于成功完成相关之"事",而且更在于做事者内在精神的提升,所谓"唯(虽)能其事,不能其心,不贵"②,便表明了这一点。这里的"能其心",指形成和提升与"事"相关的综合素养。人之"事"与人之"心"无法相分,"心"不仅制约"事",而且其本身也在"事"的展开中丰富、深化、发展,这一过程具体表现为历事以练其心。"事"作为人之"作",可以视为人之"心"的外化形式,"心"则表现为人的内在存在规定,在做事、处事的过程中"能其心",相应地意味着提升人自身的

---

① 〔德〕马克思:《评阿·瓦格纳的"政治经济学教科书"》,《马克思恩格斯全集》第19卷,人民出版社,1963年,第405页。
② 《郭店楚墓竹简·性自命出》,文物出版社,2002年,第37页。

存在规定,而"事"本身则构成了人实现这种提升的前提。以战争中的指挥才能而言,仅仅熟读兵书、纸上谈兵,难以真正把握战争艺术,唯有同时实际地经历战事,才能使自身逐渐成功地应对和驾驭战争。

与"能其事"相关的"能其心",首先与人做事的能力相关。能力与"事"的以上关联,在日常的语言中也得到了某种体现:有能力,常常被表述为"有本事",能力强,则每每被视为"本事大"。能力之体现为"本事",既从一个方面折射了能力形成于做事过程,也表明了能力的作用乃是通过做事过程而得到确认。引申而言,能力的不同形态,也体现于不同的做事或处事过程:变革自然的能力,源于从事改造自然的活动;社会领域的交往、处事能力,来自参与多样的社会实践活动,如此等等。

当然,在现实的层面,人的能力与人所"作"之"事"又往往相互作用。一方面,人的能力既非先天而成,也非一蹴而就,其形成基于人所"作"之"事",其发展同样无法离开这一意义上的"事"。另一方面,人所"作"之"事"也受到其能力发展的内在制约:"事"的展开形态往往相应于能力的状况。广而言之,作为具有目的指向并内含"心"之引导的人之所"作","事"固然不同于自发之举而具有自觉的向度,但这种自觉形态本身也非一成不变:事实上,"事"的展开,往往便表现为一个自觉形态不断提高的过程,后者既以相关认识(包括对"事"所涉及的对象和背景的把握)的深化为前提,也以做事者自身综合能力的提升为条件。

与"事"同在的人不仅以能力为其内在规定,而且包含价值层面的品格,后者具体表现为德性。从现实的形态看,人做事的过程既关乎能力的提升,也涉及德性的养成。王阳明的《传习录》中曾记载了如下对话:"问:'静时亦觉意思好,才遇事便不同,如何?'先生(王阳明)曰:'是徒知静养而不用克己工夫也。如此临事,便要倾倒。人须在事上磨,方立得住;方能静亦定、动亦定。'"①这里首先牵涉"静"与"事"的分别,"静"在此意味着未参与"事"或与"事"无涉,以此为德性涵养的方式(所谓"静养"),相应地表现为置身"事"外。然而,这一类的涵养如同下水前学游泳,无法面对实际之"事",所谓"临事倾倒"便表明了这一点。与之相对,"事上磨"以实际的做事或处事为前提,并具体地表现为在参与"事"的过程中自我历练(包括经受各种困苦磨难),由此切实地培养自身的德性。就王阳明自身的思想系统而言,其"心"与"事"之论似乎包含二重性:一方面,如前文提及的,他的"心外无事"说表现出以"心"释"事"的趋向,另一方面,通过"事上磨"以培养德性的以上看法,又肯定了"事"对"心"的制约作用,后一意义上的以"事"成"心"同时意味着确认"能其事"可以进一步引向"成其德"。

从更普遍的层面看,"事"与"德"之间的如上关系表明,德性的涵养离不开"事"。在孟子"必有事焉"的表述中,这一点得到了比较明确的肯定。《孟子》中有如下记载:"'敢问夫子恶乎长?'曰:'我知言,我善养吾浩然之气。''敢问何谓浩然之气?'曰:'难言也。其为气也,至大至刚;以直养而无害,则塞于天地之间。其为气也,配义与道;无是,馁矣。是集义所生者,非义袭而取之也。行有不慊于心,则馁矣。我故曰:告子未尝知义,以其外之也。必有事焉,而勿正,心勿忘,勿助长也。'"②这里所说的"浩然之气"主要表现为一种内在的精神形态,作为"配义与道""集义所生"者,它同时渗入了价值的内涵,呈现为人所具有的品格和德性。对孟子而言,形成表现为"浩然之气"的精神品格,离不开"事",所谓"必有事焉"即强调了这一点。与

---

① (明)王守仁:《传习录上》,《王阳明全集》,上海古籍出版社,1992年,第12页。

② 《孟子·公孙丑上》。

"浩然之气"相关的"事",本身又有其自身的规定和法则,对这一意义上的"事"既需要加以关切(心勿忘),又不能无视其自身规定和法则而主观妄为(勿助长)。概而言之,"事"构成了成德的前提,而以"事"成德又展开为一个尊重"事"自身法则的过程。

作为精神品格的"浩然之气"之"配义与道",体现了这种品格的正面取向。宽泛而言,其中的"道"所表征的,是普遍的价值理想。与品格的形成离不开"事"("必有事焉")一致,"道"所表征的价值理想,也需要落实于"事":"圣人之道,未有不于行事见而但于言语见者也。"①中国哲学强调"道不远人"②,其中也蕴含如下涵义:离开了人的"行事"过程而仅仅停留于口耳之间,则"道"只是抽象思辨的对象,难以呈现其真切实在性。人之"行事"本身具体展开于日常的庸言庸行:"君子之道,造端乎夫妇;及其至也,察乎天地。"③在"道"见之于"行事"的过程中,一方面,"道"本身展现了其真切性;另一方面,人通过实际地践行"道"而成就德性。

进一步看,德性的具体影响,也需要通过伦理领域中人之所"作"而彰显出来:"是故圣人之记事也,虑之以大,爱之以敬,行之以礼,修之以孝养,纪之以义,终之以仁。是故古之人一举事而众皆知其德之备也。古之君子,举大事,必慎其终始,而众安得不喻焉?"④"古之人""古之君子"可以视为理想的道德人格,这里特别值得注意的是"一举事而众皆知其德之备",其中所强调的,就是道德人格所具有的示范、教化作用乃是基于所"作"之"事":正是通过"事",其德性才为人("众")所"皆知",并进而感染人。所谓"慎其终始",则是所"作"

---

① (清)阮元:《论语解》,《揅经室集》(上),中华书局,1993年,第49页。
② 《中庸·第十三章》。
③ 《中庸·第十二章》。
④ 《礼记·文王世子》。

之"事"前后一致、恒而有定,而"众安得不喻",则体现了由此达到的道德教化作用。

以"事"成其德、以"事"彰其德与以"事"能其心、以"事"变其物相互关联,从不同方面展现了"事"对于人的意义。进一步看,人不仅在做事、行事、处事等过程中改变对象、确证自身的存在,而且由此获得对存在的真切感受。这里的感受以人与物、人与人之间在"事"中的现实互动为根据,其中既涉及对象的实在性,也关乎人自身的存在体验。在以"事"成就世界的过程中,人不仅感受到对象的真切性,而且对自身的能力和德性也形成真实的感受。这里所涉及的存在感可以视为对世界和人自身实在性的最直接、最真切的确认,这种真实的存在感既非基于逻辑推断或思辨推绎,也非来自想象,其生成源于现实之"事"。如上所述,以"事"变革世界的过程不仅展示了对象的实在性,而且也使人在领略自身创造力量的同时,感受自身存在的真切性。与之相对,在疏离于"事"(无所事事)之时,人每每会有空幻或虚而不实之感,这种空虚之感既关乎对象,也涉及人自身的存在。可以说,"事"不仅赋予人的存在以实在性,而且使人真切地感受到这种实在性。

从"事"给人以存在的真实感、置身"事"外则往往将人引向精神层面的虚幻这一角度看,人无疑具有参与"事"、停止与"事"相对之"安逸"的需要。马克思在评论亚当·斯密的相关论点时,已注意到这一点。亚当·斯密曾将劳动理解为对人具有否定意义的活动,针对这一看法,马克思指出:"一个人'在通常的健康、体力、精神、技能、技巧的状况下',也有从事一份正常的劳动和停止安逸的需要,这在斯密看来是完全不能理解的。诚然,劳动尺度本身在这里是由外面提供的,是由必须达到的目的和为达到这个目的而必须由劳动来克服的那些障碍所提供的。但是克服这种障碍本身,就是自由的实现,而且进一步说,外在目的失掉了单纯外在自然必然性的外观,被看作个人自己提出的目的,因而被看作自我实现,主体的对象化,也就是实在的自由,——而这种自由见之于活动恰恰就是劳动。"①作为人的基本活动,劳动同时表现为人所"作"之"事",与劳动相对的"安逸"则处于"事"之外。从事劳动属广义的"做事",在以劳动为形式的做事过程中,人同时扬弃了关于世界和人自身的虚幻性而获得了真实的存在感;"安逸"在此意味着置身"事"外,其结果则是引向空虚。对马克思而言,正面的参与"事"与反面的"停止安逸",从不同的方面体现了人的需要。"事"与人的需要之间的以上关联,进一步在本原的层面突显了人对于"事"的依存性。作为"事"的劳动在此同时体现了人的自由:在作用于物的过程中,人通过把握必然的法则而克服自身目的实现过程中所遇到的外在障碍,由此获得自由。广而言之,通过目的之实现以扬弃外在的必然性,构成了人的自觉活动——"事"的普遍特点,在此意义上,"事"的每一次完成,都意味着人的自由在不同程度上的实现。

人的存在有其多方面性,存在所内含的不同方面之间的关联,则表现为存在的结构。海德格尔在《存在与真理》中曾指出:哲学所关切的是"我们的存在之法则与结构的问题(the question of the law and structure of our being),我们希望通过追问这些问题使哲学现实化"②。这里所说的"我们的存在"(our being),可以视为人的存在,这种存在的结构和法则,则关乎人存在的具体形态。当然,尽管海德格尔也注意到"在手边"的工具的作用,但从总的方面看,他更为关注的是人在观念层面的存在形态,包括烦、畏等精神或心理的感受。从

---

① 〔德〕马克思:《经济学手稿(1857—1858年)》,《马克思恩格斯全集》第30卷,人民出版社,1995年,第615页。

② M. Heidegger, *Being and Truth*, Indiana University Press, 2010, p4.

现实的形态看,人的存在结构与"事"的展开过程无法分离。在与"事"的现实关联中,人总是面临做什么事、为何做事、如何做事等问题,这些问题分别涉及人的存在目的、存在方式、存在形态,而人的存在结构,则由此得到真实的展现。

"事"的展开过程,涉及多重方面。从行事或处事的主体看,"事"既关乎做事主体之身(感性之体),也涉及其心(内在意识),后者包括行事或处事者的态度,所谓"事思敬""敬事而信"①,便与之相关。作为成"事"的内在条件,"敬"意味着专一而不游移飘浮、认真而不苟且随意,现在所说的"敬业",也以此为内涵。中国哲学在注重"事"的同时,也强调"事"与"敬"之间的关联:"凡百事之成也,必在敬之,其败也必在慢之。"②引申而言,"事"不仅关乎人与物之间的互动,而且与人与人之间的交往相涉,所谓行事、处事,都包含后一方面;体现于"事"之中的"敬",也相应地涉及人与人之间的交往。以人与人之间的交往为内容,"事"中之"敬"既表现为人与人之间的相互尊重,也与交往中的"真诚"或"真实"相关。在谈到人与他人之间的交往时,冯从吾便指出:"今人以敬为伪,以肆为真。即有好修者见道不明,欲敬恐人说伪,欲肆于心又不安,此所以耽搁一生,良为可惜。不知恐人说伪,只当在敬中求真,不当在肆中求真,敬中求真是真君子,肆中求真是真小人。"③在交往过程中,"事思敬"每每容易给人以一本正经、装腔作势之感,并因此被视为"伪",与之相对的"肆"(不受约束)则似乎近于率性而为,并由此呈现"真"("真诚"或"真实")的外观。处事过程中避免以敬为伪、以肆为真的前提之一,是

---

① 《论语·季氏》《论语·学而》。
② 《荀子·议兵》。
③ (明)冯从吾:《池阳语录》卷下,《冯从吾集》卷十一,西北大学出版社,2015年,第215页。

"敬"本身超越形式化、外在化,"敬中求真"所指向的,便是这一点。从由"事"而成人的角度看,"事"与"敬"的如上关系,同时关涉人格的涵养,所谓"敬中求真是真君子",便肯定了以上关系。

广而言之,从做事的主体方面看,"事"的展开既需要人的理性明觉,也离不开其情意的参与,与之相联系,在"事"的展开过程中,身与心、理性与情意、知与行彼此交融,人自身则在这种统一中走向真实、具体的存在,人的丰富性、复杂性、多方面性也由此得到实际的展现。可以看到,"事"既展开为人与物互动的具体过程,也使人自身不断走向具体化,"事"的具体性从一个方面规定了人的具体性。所谓人的存在结构,便表现为与"事"中之"在"相联系的具体存在形态。

人的具体存在形态与真实的存在形态具有一致性。与人的具体性源于"事"相应,人的真实形态也未尝离开"事"。以艺术家而言,通常所说的真正的艺术家,其特点便在于既实际地从事艺术创作,又在这种创作活动确证自身的艺术造诣,并由此体现艺术活动的内在品格。这种创作活动作为人所实际从事的活动,属广义之"事"。与具体性的规定相近,这里的真实性也具有本体论意义,而广义之"事"则构成了其内在之源。

上述意义上人的真实的存在形态,具体表现为做相关之"事"的主体。随着基因技术、人工智能等的出现,传统意义上的人禽之辨进而衍化为人机之辨,后者(人机之辨)的深层内涵,涉及对人的理解(何为人)的问题。在人机之辨的层面,可以进一步区分自然之人(natural human being)与人工之人(artificial human being)。这里的"自然"区别于人为的技术改变,"人工"则与生物技术(包括基因技术)、人工智能等因素的影响相关。作为广义技术的产物,以上视域中的"人工之人"(artificial human being)在什么意义上仍是与物分别的人?这无疑是需要反思和回应的问题。从"人"与"事"的关系看,所谓"人工之人"(artificial human being),更多地表现为"事"的产物或"事"的结果而不同于做"事"的人:后者(做"事"之人)乃是从"事"多样活动的主体或"事"的承担者。"事"的主体与"事"的结果的如上分别,同时也从一个方面为区分本来意义上的人与"人工之人"提供了重要视角。

对人而言,特定之"事"有开端也有终点,其完成同时意味着其结束,然而,作为存在方式的"事"本身则伴随着人的整个一生。只要人的生命延续着,"事"便不会终结,而人则始终需做应做之"事"。张载的如下名言,便涉及这一方面:"存,吾顺事;没,吾宁也。"[1]这里所谓"顺事"既表现为平静地面对在世过程中所遇之"事",也意味着如果一息尚存,就当从容地做应做之"事"。在人的整个存在过程中,只要他"存"而未"没",便总是有未了之"事"或需做之"事",所谓"人间万事何时了"[2],也隐喻了这一点。人与"事"的以上关联,从时间性和过程性之维,突显了"事"和人的具体性。

二 生成于"事"的交往关系

与"事"同在的人,并不仅仅以个体的形态存在。做事的过程既作用于物,也与人打交道,人与物互动的背后,是人与人之间的关系,"事"的展开,则既以人与人之间的交往为背景,又构成了人与人之间交往关系形成的现实之源。

人在自身的存在过程中,总是汇聚了多方面的社会关系,人之为人的规定,也体现于此,所谓人的本质是"社会关系的总和",便折射

---

[1] (宋)张载:《张载集》,中华书局,1985年,第63页。
[2] (宋)晏殊:《渔家傲·画鼓声中昏又晓》。

了这一点。与人之为人的根本规定相关的社会关系,并非仅仅以静态的形式存在,在其现实性上,它与人所"从事"的多样活动无法相分。社会关系与"事"的关联,既表现在其形成过程,也体现于其现实化过程。人与人之间的社会关系即使并非直接源于"事",其现实化也往往离不开人所从事的活动。以家庭成员之间的关系而言,亲子、兄弟等关系的生成首先基于多方面的家庭生活,其关系的社会性质,则与具有社会意义的为人处事相关。王阳明在论证"意之所在便是物"时,曾指出:"意之所在便是物。如意在于事亲,即事亲便是一物;意在于事君,即事君便是一物。"[1]这里的"物"主要指社会领域的存在,王阳明以心立说,将存在的意义首先与意识活动联系在一起。在他看来,对缺乏伦理、政治意识者来说,亲(父母)、君、民等只是一般对象意义上的存在,只有当心体指向这种对象时,亲、君、民等才作为伦理、政治关系上的"亲""君""民"等而呈现于主体,亦即对主体来说才获得"亲""君""民"等意义。如果不囿于其心学的立场,由"心"引向更本原层面的"事",则可注意到,亲子、兄弟等关系本来具有血缘意义上的自然性质,然而,通过事亲事兄、父慈子孝这一类家庭之域的广义之"事",自然意义上的亲子、兄弟等关系开始获得社会伦理的性质,也就是说,其间的社会伦理关系开始真正具有现实的形态。

人所处的不同社会关系以及相关的社会活动(多样之"事"),同时也制约着人的不同品格。《礼记》在谈到"人义"时,曾指出:"何谓人义?父慈、子孝、兄良、弟弟、夫义、妇听、长惠、幼顺、君仁、臣忠,十者谓之人义。"[2]所谓"人义",也就是人之为人应该具有的品格或德性,与所处社会关系的不同相联系,人应该具有的品格也各有差异。

---

[1] (明)王守仁:《传习录上》,《王阳明全集》,上海古籍出版社,1992年,第6页。

[2] 《礼记·礼运》。

值得注意的是,这里品格并不仅仅呈现为静态的规定,而是通过各尽其责的多样活动而体现出来,此处的各尽其责,具体表现为做好各自的"分内之事"。以上所提到的父之慈、子之孝、兄之良、弟之恭、长之惠、幼之顺,等等,可以视为处于不同社会关系中的个体所展现的不同品格,它们既非仅仅表现为相关个体口头的承诺,也非单纯地呈现为其内在意愿,而是通过各自具体的为人处"事"而得到现实的确证。尽管以上所提及的某些品格打上了明显的时代印记,并具有相应的历史限度,但其中无疑亦有见于人的多样品格形成并确证于多样的行"事"、处"事"(包括做分内之"事")的过程。

相应于人"在"世的多重向度,"事"也展开于社会的不同方面。在政治领域,"事"取得了"为政""治理"等形式。庄子曾指出:"书以道事"①,这里的"书"即《尚书》,"道"则指言说。作为中国早期政治文献的汇集,它所涉及的主要是早期政治领域中的不同活动,"书以道事"中的"事",便以这些多样活动为内容。大致而言,在前近代的中国,社会结构和社会关系基于礼法,并具有等级差序的特点,这种关系同时又通过"治国""治民"等政事而被赋予现实的形态。近代以来,社会的衍化则趋向于以法律、政治上的平等为社会关系建构的原则,而选举、协商等政治事务,又使人与人之间的以上政治关系得到具体的落实。广而言之,经济生活中的劳资关系、教育过程中的师生关系、健康领域的医患关系,等等,既形成于生产商贸、学校教育、医疗保健等社会活动,又在这些活动中获得现实的品格。作为人之所"作",这些活动同时表现为"事"在不同社会领域的具体展开,而不同的社会关系,则对应于多样之"事"。

社会关系包含不同的环节。从形式的层面看,这种环节构成了

---

① 《庄子·天下》。

一定的关系项;就实质的维度而言,这种环节则常常以社会角色等形式表现出来。与社会关系的多重性一致,社会角色也呈现多样形态。家庭中的亲子、兄弟关系所涉亲与子、兄与弟,传统政治领域中的君臣、现代政治生活中的官民或干群关系所涉君与臣、官与民、干部与群众,经济生活中的劳资关系所涉企业主与劳工、教育领域中的师生关系所涉教师与学生,等等,便可视为社会角色的具体形态。就个体而言,常常一人而可承担多重角色:他既可在家庭中为人之父,又可在学校中为人之师,还可以在政治领域成为选民,等等。作为社会关系中的特定环节或关系项,角色既展现了人在社会结构中的一定位置,又呈现了相应的社会功能和社会作用,这种社会作用和功能本身又通过人实际从事一定的社会活动、承担和完成相关之"事"而得到体现。角色作为一种社会身份,并不是自然生成或先天造就的,它既形成于"事"之中,又确证于"事"的展开过程。亲、子、兄、弟之间尽管在自然血缘关系上构成了不同的关系项,但他们成为社会领域中的相关角色,却离不开各自所"作"的"分内之事":正是在完成家庭中各自"分内之事"的过程中,亲、子、兄、弟之为不同的社会角色才得到现实的确证。在相近的意义上,正是以履行授业解惑的职责为具体形式,教师显示其为教育领域中的特定角色;正是在参与投票等政治活动的过程中,政治领域中的选民才获得现实的政治意义,如此等等。历史地看,"事"曾被置于"职"的视域中,所谓"事,职也"[1],便表明了这一点。这里的"职"既在广义上涉及人的作用,又在引申的意义上关乎职守、职分,后者与"分内之事"具有相通性。事实上,通常所谓"尽职",便意味着做好分内之事,在"事,职也"的界说中,这同时也构成了"事"的原初之义。

---

[1] (汉)许慎:《说文解字》。

社会角色和社会关系同时又与社会分工相关联。宽泛而言,社会分工意味着社会成员分别做不同之"事"。从社会的视域看,不同社会成员从事不同的活动,构成了担保社会有序运作的前提;对不同的社会成员或个体来说,做相异的事,又成为其特定的存在方式。社会的各行各业,通过"事"的展开而具体分化,其中的不同个体则各任其"事"。墨子曾指出了这一点:"凡天下群百工,轮车鞼匏,陶冶梓匠,使各从事其所能,曰:凡足以奉给民用,则止。"① 这里已注意到社会分工与"事"之间的关联,而体现于"事"的社会分工又关乎社会需要的满足,后者在展示分工之社会意义的同时,又突显了"事"以及与之相关的社会分工、社会关系与人的存在的关联。类似的看法亦见于荀子:"故仁人在上,则农以力尽田,贾以察尽财,百工以巧尽械器。"② 农、贾、百工既分别居于分工系统中的不同位置,又构成了社会关系中的不同角色或环节,而"以力尽田""以察尽财""以巧尽械器"则展现为多样的做事过程。引申而言,分工既使社会成员在社会结构中相互区分,又使之在各任其"事"、各司其职中彼此关联,由此进一步形成多样的社会关系。

在一定社会关系中展开的"事"同时关乎人与人之间的交往,后者既不同于物与物之间的互动,也有别于人与物之间的交相作用。从人与物的关系着眼,"事"的完成以合目的性与合法则性的统一为前提;以人与人的交往关系为关注之点,则问题往往涉及更多方面。哈贝马斯曾从语用学的层面,分析了建立合理交往关系的条件,包括运用语言而展开的交往过程中的真实性、正当性、真诚性、可理解性等。引申而言,其中的真实性意味着合乎实然和必然(事实和法则),

---

① 《墨子·节用中》。
② 《荀子·荣辱》。

正当性与合乎当然(规则)相关,真诚性和可理解性则更直接地涉及主体间的沟通。与主体间的交往过程渗入于"事"相联系,做事的过程总是离不开人与人之间的协调,这里既需要交往双方相互之间的交流和沟通,也有赖于彼此间的默契。交流和沟通主要借助于语言层面的对话、讨论,默契固然也关乎领会,但这种领会并非仅仅以语言层面的讨论、对话为前提,而是更多地以隐默的方式体现于做事过程。语言层面的交流和沟通可以引向观念层面的一致,后者往往取得自觉的理性形态;默契则以"事"的参与者之间的彼此了解和互动为条件,并相应地离不开一定共同体中的社会联系。基于语言交流的合作与超乎语言的默契、观念层面的彼此一致与现实社会关联中的相互呼应,等等,既构成了人与人之间交往的不同方面,又制约着与之相关的做事过程。

与语言层面的交流沟通和超乎语言的内在默契相联系的,是交往和做事过程中理解与感知的相互关联。这里的感知不同于狭义上的感性直观或感性知觉,而是表现为具有综合意义的主体感受。理解更多地与理性的认知、辨析、推论等相涉,它既体现了对"事"中之人和"事"中之物的自觉把握,也构成了人与人之间彼此沟通的前提。比较而言,在与人"共处"和"共事"的过程中,感知呈现情感性、直接性、统合性等特点。个体身处不同场合,有时会在积极意义上感到氛围很好或诸"事"皆顺,有时则会在消极的意义上感到气氛不对,甚或有"出事"之感,这种"感"或"感到",便是一种综合性的感知,而相关个体由此往往产生多样的情感反应,并形成与不同之"感"相应的"处事"方式:倘若所"感"与预期一致,则所"作"之"事"便可延续;一旦有"出事"之感,则须中止或转换相关之"事"。在"事"的展开过程中,如果说,与物打交道这一面更多地关联着理解之维,那么,渗入其间的人与人之间的交往则既涉及理解,也关乎上述广义的感知。"做事"过程中理解与感知的以上互动在赋予"事"以现实品格的同时,又从一个侧面展现了"事"与社会交往过程的具体关联。

三 "事"与存在意义

基于一定社会关系的人在其存在过程中,总是有着多样的价值关切并追寻不同的存在意义。这里所说的价值和意义既关乎世界,也涉及人自身。作为人所从事的活动(人之所"作"),"事"也具有价值内涵,并与意义的追寻相联系。从本源的层面看,意义本身便生成于人的做事过程,价值的实现,也难以离开人所"作"之"事"。

就对象而言,本然之物本无意义,意义的生成离不开人之所"作"。《易传》已以思辨的方式涉及这一点:"易,无思也,无为也,寂然不动,感而遂通天下之故。"①由卦象和卦爻构成之"易",同时又以卦象和卦爻的变化把握世界及其变迁,就后者而言,"易"的背后乃是世界本身。"感"本有相互作用之意,在引申的意义上,这里的"感"表现为人与物的互动,"寂然不动"则可以理解为人与物的互动展开之前的存在形态,其特点在于意义尚未呈现。在"感"(人与物的互动)尚未发生时,存在难以超越"寂然不动",正是在"感"(人与物的互动)展开的过程中,意义才展现出来,所谓"遂通天下之故",便隐喻了以上关系。在更本原(不限于观念层面的预测)的意义上,"感"(人与物的互动)同时包括以人之所"作"(人对物的作用)为形式的做事过程,而"遂通天下之故"则相应地意味着由"事"而理解世界。

人不仅由"事"理解世界,而且以"事"改变世界,后者具体表现为化"天之天"(本然的存在)为"人之天"(人化的存在),而世界则由

---

① 《易·系辞上》。

此获得多方面的价值意义。从本然之物的人化这一维度看,人所"作"之"事"首先表现为劳动。劳动既是人与自然联系的现实中介,又是人作用于世界的基本方式。从人类早期"日出而作,日落而息"的劳作,到信息时代高科技领域的生产活动,以劳动为形式的"事"扬弃了外在之物的本然性,使之成为合乎人需要的对象,而"事"本身也构成了这一领域意义生成的前提。

化本然之物(天之天)为人化的存在(人之天),与物器之辩相联系。"物"在宽泛意义上包括自然对象(天之天)与人化之物(人之天),相对于"物"的"器"则通过"开物成务"或人所"作"之"事"而形成,这一意义上的"器",在实质上也可以视为打上了人的印记的存在。① 在"物"与"器"的关系中,一方面,人的存在离不开化"物"为"器"的过程,后者表现为本然之物向人化之物的转换;另一方面,"器"的生成又以"物"的存在为前提,并需要依据于"物"之实然和必然。在"物"化而为"器"之后,"物"固然超越了存在的本然状态,但"器"之形成不仅应本乎"物",而且须进一步合于"物":如果"器"在形成之后,转而与"物"对峙,则可能使本来"并育而不相害"的自然之"物"失去其原初的和谐形态,而"器"本身也将由此引向异化的形态,所谓环境、生态问题便与之相关。"物"与"器"的以上关联和互动,以"事"为其现实的中介:化"物"为"器",乃是通过"事"而完成;在"器"的生成过程中既本于"物",又合于"物",则表现为"事"展开的合理方式,后者同时为避免"器"的异化提供了前提。进一步看,在实现由"物"到"器"转换的同时,"事"本身也受到"器"的制约,所谓

---

① 当然,"器"这一概念本身也可以在更广的意义上使用,如道器之辩中的"器",便与上述之"物"的含义有相通之处。这里所说的与"物"相对之"器",主要指基于人的作用而形成的对象。

"工欲善其事,必先利其器"①,便从一个方面体现了这一点,而"事"与"器"之间的内在关联,也由此得到了进一步的展现。

"事"的展开,涉及人对世界的认识。然而,就认识过程本身而言,其作用首先又在于解释世界,它的意义最初相应地也主要限于观念之域,而并不直接体现于对世界的变革。如果将人以概念和理论的形式对世界的把握看作是人给"自然"立法,那么,这种"法"便具有二重性:一方面,其形成有现实的根据,也就是说,以概念和理论的形式所呈现的"法",乃是以世界本身的规定为根据,而非人的单向赋予或主观强加;另一方面,这种"法"并不直接影响世界本身:世界仍按自身的规定存在和变化,并不因人以概念和理论的形式所立之"法"而改变。唯有人按"法"而作用于世界,世界才会发生相应的变化,这种依"法"(人对世界的认识)作用于世界的过程,具体表现为以人与物的互动为内容的"事"。就此而言,人所立之"法"乃是通过引导人所"作"之"事"而影响世界,而概念和理论作为对世界的观念把握,其实践意义也展现于成事的过程。

以世界的变革为指向,"事"的展开又关乎实践理性。在形式的层面,与"事"相关的实践理性主要表现为正当性原则(the principle of rightness),其内涵在于做事过程合乎一定的价值原则或实践规范。在实质的层面,实践理性则具体化为向善原则或有益原则(the principle of goodness),其要义在于做事过程合乎人的合理需要,这种需要的满足同时意味着价值(善)在实质意义上的实现。以上方面主要关乎"事"运行的目的和结果。"事"同时涉及手段与方式,从后一方面看,体现于"事"的实践理性又表现为有效性原则(the principle of

---

① 《论语·卫灵公》。

effectiveness),其内在的要求在于合乎实然(事实)与必然(存在的法则)。① 实践理性的以上原则从不同的方面赋予"事"的展开过程以统一性:如果说,正当性原则与向善原则规定了"事"演化的价值方向,那么,有效性原则所制约的则主要是"事"展开的方式、程序、途径。相应于实践理性的形式之维和实质指向,"事"同时展示了自身在理性层面的不同意义。

意义不仅涉及对象,而且关乎人自身。事实上,体现于"事"的实践理性便兼及以上两个方面。具体而言,在做"事"的过程中,人既赋予世界以意义,也关切自身之"在"的意义。海德格尔曾认为,人的基本存在处境表现为深沉的"乏味"或"无聊"(boredom)②。这里的"乏味"或"无聊"近于空虚,可以看作是一种无意义的存在形态,以此为人的基本存在处境,意味着将空虚或无意义视为人的存在的基本规定,这一看法与海德格尔从烦、畏等方面规定人的生存过程,似乎彼此呼应。如果从另一角度思考海德格尔对人的存在处境的理解,那么,以上看法也许可以转换为如下问题,即:如何超越存在的"乏味"或空虚?或者说,如何超越存在的无意义状态?

海德格尔所说的"乏味"或"无聊"作为人的基本存在处境,固然与个体在心理或意识层面的感受相联系,但又不同于单纯的个人感受。个人在心理感受层面的"乏味"或"无聊"感,或可通过心理的调节、观念的转换而发生某种变化,但作为人的基本存在处境的"乏味"或"无聊",则呈现为以无意义为内容的存在状态,改变这种无意义状态,相应地涉及存在状态的转换。从正面看,超越存在的无意义状态

---

① 关于实践理性的诸原则,可参见杨国荣:《人类行动与实践智慧》第六章,生活・读书・新知三联书店,2013年。

② M. Heidegger, *The Fundamental Concepts of Metaphysics*, Indiana University Press, 1995, p. 77.

与赋予人的存在以意义,是同一问题的两个方面。在引申的意义上,可以将存在的"乏味"与存在的既成或已然形态联系起来,而赋予人的存在以意义,则相应地意味着超越存在的既成或已然形态,这种超越的实质指向,是人自身的价值创造。仅仅限定于既成或已然的存在形态,往往容易给人以乏味之感,价值的创造,则以改变世界的既成形态或已然形态为取向。作为追求意义的存在,人无法仅仅安于已然,相反,他总是通过创造性的活动以努力获得新的存在意义。事实上,人的存在意义,首先便体现于价值创造的过程,意义的生成,最终也植根于这种创造性的活动。人的价值创造并不是无内容的空泛形式,就其现实性而言,它即展开于人做事的过程。以价值创造为指向,"事"同时内在地体现了人的本质力量:按其实质,通过"事"而赋予对象以价值意义的过程,同时也是人的本质力量对象化的过程,而"事"本身则由此成为价值创造之源。

就人自身的存在而言,"乏味"或"无聊"的形态,往往与无所事事相联系,不管是无"事"可做,还是有"事"不做,都会给人以乏味、空虚之感。海德格尔曾将人的日常生活形态描述为闲言、好奇、两可。[①] 在引申的层面,这里所说的"闲言"以人云亦云以及家长里短之类的议论为内容;"好奇"主要表现为对外在生活现象的留意,这种留意往往缺乏立足自我的根基;"两可"则是附和外在意见,缺乏自我确定的主见。这类日常的存在方式意味着面向他人或他物而远离本真之我,其根源则在于无所事事或所作所为缺乏积极的价值内涵。摆脱这种存在状态,以参与多样之"事"为前提。这里的"事",既关乎人与物或人与人的互动,又以一定的价值目的为指向。与无所事

---

① 参见〔德〕马丁·海德格尔:《存在与时间》,陈嘉映、王庆节译,生活·读书·新知三联书店,2006年,第195—203页。

事相对,"事"的展开关乎价值目标的确立、行动步骤和方式的谋划、计划的实施、结果的评价,等等,其中包含着参与者的多方面关切。"事"发端于人的多样需要,并关联着存在的不同方面,与之相应,"事"的参与和关切既使人在做事过程中趋向于充实,也使人感受到多样的存在意义。进而言之,以价值创造为内容,"事"可以造就多方面的文化成果。"事"的特定参与者固然将走向生命的终点,但"事"中所生成的文化成果却可以永存,所谓"死而不亡"①,便涉及这一点,而人的生命则由此获得了恒久的意义。正是通过赋予生命以如上价值内涵,"事"进一步引导人远离"乏味"、空虚的存在形态。

从存在的意义体现于多样的价值创造这一角度看,如何维护、发展人的创造能力并保持人的合理创造需要,显然至关重要。惟有当人既有创造的能力,又有合理的需要时,以成己与成物为实质内容、以"事"的展开为形式的价值创造才可能延续。这里同时涉及对未来科学发展的引导。随着基因技术与人工智能的发展,改变人的存在形态已经逐渐成为可能,如果一方面,一切都现成安排,人不必做"事"而仅仅只需坐享其成,另一方面,技术的改造或支配又使人失去创造的能力而只需服从某种程序,那么,人往往便会陷于无所事事之境,与之相应的是存在的意义的逐渐失去,虚无主义则将随之而来。对这种负面的可能保持充分的警醒,时时致力于维护和发展人的创造能力,并使通过"事"的展开而进行价值创造始终成为人的内在需要,无疑是未来发展应当关注的重要方面。

当然,"事"固然让人超越存在的"乏味"形态,但"事"的展开,也有让人操心、操劳、烦的一面。"事"展开于不同的社会领域,从其开始,到其终结,都离不开人的关切,这种关切同时伴随着操心。做事

---

① 《老子·第三十三章》。

过程,既需作用于物,又免不了与人打交道,操劳其间,有顺当之日,也有不如意之时,顺逆的情形与无尽的操劳交错,每每将人带入烦的境地。与之相对,无所事事则似乎往往伴随着闲适,其间无须操心,也不用操劳,更与烦保持某种离。然而,做事过程虽难以摆脱烦,但"事"又使生活得到充实,并随着价值目的的实现而给人以自我实现或满足之感,就此而言,烦中又有乐。无事诚然引向闲适,但如前文已提及的,与做事过程中张弛有度意义上的休闲不同,纯然无所事事,每每让人处于无意义之境,并在空虚中感受闲愁,①后者给人带来的往往是绵绵无尽的精神痛苦,所谓"闲愁最苦"②。

愁苦体现的是负面的价值意义,对人而言,与之相对的正面或积极的价值形态往往表现为幸福,达到这种积极的价值形态,同样基于人所"作"之"事"。亚里士多德已注意到这一点,在他看来,"体现德性的活动(virtuous activities)引向幸福,相反的活动则导致不幸"③。由此,亚里士多德进一步肯定:"我们把幸福等同于活动或其中最好的一种活动。"④尽管在亚里士多德那里,活动常常被赋予观念层面的思辨性质,但在广义的视野中,可以将人所从事的活动理解为人所"作"之"事",在此意义上,将幸福与人的活动联系起来,既意味着幸福不同于无所事事,而是来自基于德性的做事过程,也表明幸福不同

---

① 在这方面,海德格尔的思想趋向有值得注意之点。按海德格尔的理解,一方面,与做事处事过程中的操心、操劳相联系,人的存在处境表现为"烦";另一方面,存在处境又以"乏味""无聊"为特点,两者均与拒斥"事"相涉:对海德格尔而言,"事"既使人处于"烦"的境地,又使人陷于"乏味"或"无聊"的状态,这一意义上的"乏味"或"无聊",相应地非源于无所事事。不难看到,将"烦"与"乏味"在实质上都归诸"事",构成了海德格尔对相关问题理解的特点。

② (宋)辛弃疾:《摸鱼儿》。

③ Aristotle, *Nicomachean Ethics*, 1100b9-10, *The Basic Works of Aristotle*, Random House, 1941, p. 947.

④ Aristotle, *Nicomachean Ethics*, 1099a29-30, *The Basic Works of Aristotle*, Random House, 1941, p. 945.

于静态的存在形态,而是通过切实的做事过程而体现出来,后者的引申意义在于:幸福有别于现成的享受,其真实的形态离不开人的创造性活动。

作为价值形态生成的动因,"事"本身也涉及不同的价值性质。王夫之曾指出:"顺逆者,理也,理所制者,道也;可否者,事也,事所成者,势也。以其顺成其可,以其逆成其否,理成势者也。循其可则顺,用其否则逆,势成理者也。"①对应于"事"的"可否"不仅牵涉正当与否的问题,而且与适宜与否相联系;正当与否涉及"事"的价值性质,适宜与否则既关乎"事"的价值形态,也关联着"事"展开的现实条件:在价值层面,"事"之适宜意味着一般原则或普遍规范与具体情境的结合,并由此作出必要的变通;就现实条件而言,适宜则以"事"的展开合乎相关情境中的实然和必然为前提。"事"与"可"的以上关联,庄子也已有所注意,所谓"事求可"②,便言简意赅地表明了这一点,其中的"可"同样关乎广义的正当和适宜。进一步看,"事"的发展趋向构成了势,这种发展趋向又关乎理。理表现为必然与当然,合乎理为顺,违乎理则为逆,"事"合于理,则不仅与必然一致,并相应地具有适宜性,而且合乎当然,并相应地具有正当性,反之,则既不宜,也不当。所谓"以其顺成其可,以其逆成其否",便肯定了"事"之"可"与顺乎理、"事"之"否"与逆乎理之间的一致性。在顺逆之异、可否之别的背后,同时蕴含着对"事"的不同价值性质的区分。

就价值形态而言,"事"不同于"物"。对于"物",可以作出有用或无用等区分,但无从辨析其是非、对错、正当或不正当,"事"则有是非、对错、正当或不正当之别。"事"所呈现的不同价值形态,与人的

---

① (明)王夫之:《诗广传》卷三,《船山全书》第3册,岳麓书社,1996年,第421页。
② 《庄子·天地》。

存在无法相分。从终极的层面看,世界本无意义,意义因人而有。作为意义的表现形式,价值同样与人的存在和发展相联系。以实然与必然为根据,人同时又基于自身的合理需要,形成多样的价值原则和规范,后者可以视为广义的当然之则。"事"的展开既关乎必然,也涉及当然,其是非、对错、正当或不正当,则首先取决于是否合乎当然。"事"的价值意义与当然之则的如上关联一方面进一步确证了"事"乃人之所"作",另一方面又表明:"事"的展开总是在不同的层面受到价值原则和规范的制约。

进而言之,以重要性、紧要性等形式呈现的价值意义,其具体的内容乃是通过"事"而得到体现。生活中不能不应对的事务,属"事关己者";现实中的重要之事,也就是对人的存在有实质影响之事(what matters);紧要之事,则是迫切需要处理之事,如此等等。这里的价值意义,源于人自身的存在,所谓相关性、重要性、紧要性,等等,都相对于人的价值取向、存在境域和现实需要而言。王阳明早年曾提出"何为第一等事"的问题,在他看来,人生的"第一等事"并非科场得意,而是成就圣贤。这里的"事"关乎人自身的存在,确认"第一等事",在逻辑上以区分不同的"事"对人所具有的不同意义为前提,以成就圣贤为"第一等事",意味着赋予人格的完善以首要的意义,对"第一等事"的如上理解既肯定了"事"的价值意义本于人的存在,又确认了人自身的成就离不开"事"的价值引导。如果说,正当与否主要关乎"事"的不同价值性质(正面的价值意义或负面的价值意义),那么,重要与否则更多地展现了"事"与人的价值目标和存在处境的不同关联。以正当、重要等为具体的价值规定,"事"在人类生活中的意义,进一步得到了多样的彰显。

第三章

存在与生成:从"事"的视域看

从形而上的视域考察世界和人自身,难以回避关于存在和生成及其相互关系的问题。海德格尔曾认为,"'存在'(being)这个概念是不可定义的"①。不过,如果不限定于形式层面的定义,而是侧重于其实质的内涵,则仍可对其获得较为具体的理解。从后一视域看,存在(being)一方面在广义上区别于虚无(nothingness)而指实有或实际之"在"(existence),另一方面又与生成(becoming)相异而表现为人和事物相对确定

---

① 〔德〕马丁·海德格尔:《存在与时间》,陈嘉映、王庆节译,生活·读书·新知三联书店,2006年,第5页;参见 M. Heidegger, *Being and Time*, Translated by J. Stambaugh, State University of New York Press, 1996, p.2。

的形态。相形之下,生成(becoming)则以事物相对确定的存在形态为指向而展开为动态的过程。宽泛而言,上述视域中的"存在"既可表示整体意义上的实有,也可指具体的事物,与"生成"相关的"存在"更多地涉及后者。无论是实在之域中的事物,还是人自身,都既无法仅仅被视为"存在",也难以单纯地被规定为"生成",作为人与实在之域的真实形态,"存在"与"生成"相合而非相分。在现实世界中,"存在"与"生成"的这种互动和交融,离不开人自身所"作"之"事":正是在"事"的多样展开中,现实世界之"在"与现实世界的"生成"、人的"存在"与人的"生成"形成了具体的关联。

一 存在、变化与生成

在本体论的层面,可以区分本然世界(primordial world or original world)、实在世界(real world)与现实世界(actual world)。这一视域中的本然世界不同于虚幻的存在而具有实在性,在此意义上,本然世界与实在的世界呈现相通的一面。然而,就其尚未与人之所"作"相涉,从而仍处于人的知、行领域之外而言,它又有别于人生活于其间的现实世界。

本然世界首先区别于虚幻的世界而关乎存在(being)。与前述"存在"义相近,此所谓"存在",既在广义上表示本然世界自身之"在",又指本然世界中的多样对象,后一意义上的"存在"同样具体表现为相对稳定的实在。与这种相对稳定的"存在"相对的,是"变化"(change)。这里可以对狭义上的"变化"与"生成"(becoming)作一区分。狭义上的"变化"即存在的变动状态,在广义上包括位移、循环、重复等变化形式。位移首先涉及空间位置的变化,循环主要表现为周而复始的运动,重复作为同一现象的再次出现,则经历时间的流变而不同于相同或类似现象的同时并存,从而也关乎变迁。不过,位移、循环、重复虽关乎不同形式的变化,但却并不以新质或新事物的形成为内容。相对于此,"生成"意味着形成新的对象。怀特海已注意到这一点,在他看来,"'生成'(becoming)是一种向新事物(novelty)的演进"①。当然,如果将变化不仅理解为狭义的变动或变迁,而且也广义地视为以新事物的形成为内容的化生,则生成本身也可以看作是后一意义上的变化。本然世界既包含变迁或变动之维的"变化",又在引申的意义上关乎"生成";作为实在,本然世界中的存在首先与变化相涉并处于变动的过程之中。洪荒之世作为人出现之前的存在形态,可以视为本然的世界,根据古生物学、古地质学的考察,这一时期的对象,已在不同意义上展开为变动的过程。以广义的自然环境而言,海水在日照及风力的作用下,升腾为云雾和水蒸气,云雾和水蒸气在一定的条件下转化为雨水,雨水滋润土地,流入江河,并进而为生物的生长提供条件,这里既展现了对象之间的关联,也表征了相关对象本身的变动性。

在引申的意义上,本然世界的以上变化同时呈现生成的形态。以生物而言,树木由树苗到参天大树,动物从出生到成熟,都经历了多重形式的生成过程。广而言之,浩瀚宇宙的不同星球、星系,也有其形成、发展的过程。宽泛地看,存在包括曾经"在"、正在"在"和将要"在"。不同形态的存在(曾经"在"、正在"在"、将要"在"),同时也体现了存在与生成的关联。怀特海曾将"每一种'存在'(being)都是潜在的'生成'(becoming)"视为形而上学原理,并强调"每一现实的实体(actual entity)本身只能描述为有机过程",②这些看法尽管未

---

① A. N. Whitehead, *Process and Reality*, The Free press, 1978, p. 28.
② Ibid., p. 65, p. 215.

对本然与现实作具体的区分(怀特海所理解的"现实的实体"实质上仍属本然的实体),但肯定存在或实体与生成无法分离,无疑有见于两者的关联。从形而上的层面看,存在表现为变化和生成过程的承担者,生成过程则以事物的形成为指向并规定了事物的多样形态:"现实实体(actual entity)如何生成,决定了现实实体(actual entity)是什么。"①存在与生成、如何成就与"是什么"之间,始终彼此相关。

存在与生成的关联,同时涉及变与不变或中国哲学所说的变与常的关系。从时间之维看,一方面,变化以同一承担者的存在为前提,这一承担者需具有相对稳定的存在形态(所谓"常"),如果缺乏作为变化承担者的同一存在,则唯有不同对象的生灭,而谈不上相关存在的变化。以人而言,从儿童、少年、青年到中年、老年的变化,以同一个体的存在为前提,没有这一个体的存在,则以上变化也就不复发生。作为变化承担者的所谓"同一存在",无疑包含某种不变性。另一方面,谈到某一个体的变化,总是意味着相关个体经历了不同的变迁,后者同时表现为差异在时间中的持续发生。差异与同一、变与不变的如上交错,从另一个方面表明了存在与生成难以相分。

然而,从哲学史上看,哲学家们往往或者主要关注存在,或者更多地强调生成。以古希腊的巴门尼德而言,突出存在便构成了其主要的哲学取向。按其理解,"存在永远是同一的,居留在自身之内,并且永远固定在同一个地方。"②在这里,存在的自我同一与存在的固定不变,表现为同一对象的两个方面。由此出发,巴门尼德强调存在物超乎变化、生灭:"有许多标志表明:存在不是产生出来的,不会被消灭,因为它是整体,没有变动,没有终点。存在从不在过去,也不会

---

① A. N. Whitehead, *Process and Reality*, The Free press, 1978年, p.23.
② 《古希腊罗马哲学》,北京大学哲学系外国哲学史教研室编译,商务印书馆,1961年,第53页。

在未来,它总是作为整体而存在于现在。"①依此,则存在既无生成、消亡,也无变化;既无过去,也无未来,其形态始终保持同一。类似的看法也可以在汉代哲学家董仲舒那里看到。在谈到天与道的关系时,董仲舒曾指出:"道之大原出于天,天不变,道亦不变。"②这里的"天"和"道"都可以视为形上层面的存在,而不变性则被规定为其基本特点。对存在的以上理解,侧重于将其置于生成过程之外。

与肯定存在而否定变化与生成相对,另一些哲学家更多地强化了实在的变化和生成这一面。赫拉克利特曾提出如下的著名论点:"一切皆流,无物常住。"③在这种无尽的流变过程中,对象相对稳定的存在形态似乎便退隐了。庄子对实在的流变性,也给予了较多的关注。在他看来,物总是处于"方生方死,方死方生"④的变动过程,这里的"生死",可以引申为存在与非存在,"方生方死,方死方生"意味着对象在存在与非存在之间飘忽不定,缺乏确定的性质。对庄子而言,生成意味着走向毁灭,从而,"成"与"毁"之间并没有根本的分别:"其分也,成也;其成也,毁也。凡物无成与毁,复通为一。"⑤"生成"本来具有成就某物的意义,但在这里,它却仅仅流于具有否定意义的变迁,这种变迁并非成就事物,而是虚化事物。类似的看法在现代哲学中依然可见。柏格森便把绵延提到突出地位,认为"绵延的本质就是流逝"。由此,他进一步认为,"实际存在的乃是流逝(flux),

---

① 《古希腊罗马哲学》,北京大学哲学系外国哲学史教研室编译,商务印书馆,1961年,第52页;译文据英译本作了改动,参见 Kathleen Freman, *Ancilla to the Pre-Socratic Philosophers: A Complete Translation of Fragments in Diels, Fragmente der Vorsokratiker*, Harvard University Press, 1983, p.43。

② (汉)班固:《汉书·董仲舒传》。

③ 《古希腊罗马哲学》,北京大学哲学系外国哲学史教研室编译,商务印书馆,1961年,第17页。

④ 《庄子·齐物论》。

⑤ 同上。

是持续不断地转变,是变化本身"①。这种变化运动,甚而被赋予实体性,在谈到现代科学时,柏格森便指出:"现代科学,始于人们将运动性视作独立实体之际。"②以持续不断的变化、流逝、运动为实际的存在或实体,在逻辑上蕴含以变化消解存在的趋向。

在以上二重观念中,生成与存在呈现彼此对峙的形态:如果说,无物常住、方生方死的视域以"生成"遮掩了"存在",那么,将物固定于特定时空、强调天不变道亦不变则承诺"存在"而否定"生成"。上述理解的背后,交织着经验与理性的不同视域:经验对象往往被视为变易不居之物,在庄子那里,便不难看到对经验对象的这种规定;理性的对象,则常常被赋予不变而恒久的性质,柏拉图的理念世界,便呈现以上特点。在这里,对象的规定与考察对象的视域,内含着某种一致性。

从实在的形态看,存在与变化、生成事实上难以相分:变化和生成(becoming)离开了存在(being),便缺乏具体内容和现实依托,从而趋于空泛和抽象;存在(being)离开了变化和生成(becoming),则将停留于未分化的混沌形态,难以摆脱超验或思辨的形态,而具体的事物则将相应地失去自身发生的根本前提,无从呈现其现实性的品格。只有在存在和生成的统一中,对象才可能获得实在性。怀特海曾指出:"它(现实的实体)是从一个阶段到另一阶段发展的过程,每个阶段都是其后续阶段实在基础,而后续阶段本身则指向相关事物的完成。""随着现实实体(actual entity)的生成,以前在时空连续体中是潜在的东西,现在成为某种现实事物的最为真实的阶段。"③"事物的完

---

① 〔法〕亨利·柏格森:《思想与运动》,邓刚、李成季译,上海人民出版社,2015年,第8页。
② 同上书,第193页。
③ A. N. Whitehead, *Process and Reality*, The Free press, 1978, p. 215, p. 67.

成""实体的生成"即存在形态的确立,尽管其"现实实体"的提法包含某种模糊性,但认为存在经历过程并肯定生成的实质内容即事物的完成,多少也从一个层面注意到了存在与生成的统一性。哈特曼更明确地指出了存在与生成的统一,在他看来,"生成(becoming)并非与存在(being)相对,而是存在的一种形式(a form of being)"①。这一论点肯定了,存在总是处于生成的过程中,而生成则是存在的生成:以生成为存在的"一种形式",强调的便是这一点。

当然,对实在的如上理解,本身体现了人的视域。本然世界自身无所谓"存在"与"生成"的区分,唯有相对于人所从事的认识活动以及更广意义上成己与成物的践行过程,对象才呈现存在和生成的不同意义。在这里,需要对物之"是其所是"与物之"向人而示"或物之"意义呈现"作一分别。本然世界中的物之"是其所是",与人无涉,然而,物之"意义呈现",却无法离开人自身的存在及人的知行过程。本然世界中对象自身的多样规定,并非依赖于人,然而,其意义的呈现,则首先与人的认识活动相关,这种认识活动属人所"作"的广义之"事"。人类诞生之前,本然世界中的实在形态诚然尚未向人敞开,然而,通过古生物学、古地质学等研究,人可以让尚未进入人的知行之域的实在形态"向人而示"。例如,地质学和物理、化学等方面的研究表明,煤炭是植物经过生物化学作用和物理化学作用而转变成的沉积矿物,也就是说,它以远古时代植物的存在为前提,这样,由目前煤炭的勘探发现,可以推知人类出现之前树林等植物曾经存在,这种研究,便属于人"从事"的活动。就此而言,本然世界中的存在与生成虽非基于人所"作"之"事",但其以"存在""生成"等不同意义向人显现,则与广义之"事"(包括人从事的认识、研究活动)相涉。

---

① Hartmann, *New Ways Of Ontology*, Greenwood Press, 1975, p.28.

进一步看,如前所述,生成意味着新的存在形态的形成。然而,在本然世界中,对象本身无所谓"新"和"旧",当我们从"生成"的角度理解本然世界的对象时,本质上乃是以人观之。换言之,唯有从人的认识视域出发去考察相关对象,表现为新的存在形态的形成过程,才能获得"生成"的意义。黑格尔曾指出:"在自然界里真是'太阳下面没有新的东西'。""只有在'精神'领域里的那些变化之中,才有新的东西发生。"①这里所说的自然界中没有新东西,可以视为本然世界的实在本身并没有新旧之别,而"精神领域"在引申的意义上则涉及人从事的认识活动,与之相应,"只有在'精神'领域里的那些变化之中,才有新的东西发生",同时意味着:以"生成"之维的"新"规定本然世界中的实在,乃是基于人所从事的认识活动。《易传》也曾提及"日新":"日新之谓盛德,生生之谓易"②,此"德"、此"易",其意义同样因人而显,与之相涉的日新、生生,也相对于人的存在和人的认识过程而言。

本然世界的意义呈现,在古生物的把握中得到了具体展示。作为尚未进入知行之域的存在,古生物的本然形态难以直接向人显现。然而,通过古地质学、古生物学等考查和研究,人们可以判定现存古生物化石所显示的远古生物具有与现代生物相通的性质,而由现代生物的特点,则可推知相关古生物的类似规定,包括树木这类植物由种子而到大树的变化过程,等等。通过以上推知,可以从一个方面把握本然世界中的实在所体现的"存在"与"生成"的关联。无论是古地质学、古生物学的考察,还是古生物与现代生物的比较研究,都属于广义上人所"作"之"事",后者具体表现为人所"从事"的认识

---

① 〔德〕黑格尔:《历史哲学》,王造时译,上海书店出版社,1999年,第56页。
② 《易传·系辞上》。

活动。

要而言之,本然世界的存在、生成过程固然既没有人的参与,也非基于人所"作"之"事"(所"从事"的活动),然而,其意义的显现,却离不开人所"从事"的认识活动。

二　现实世界:存在与生成的交融

以上所论,大致关乎本然世界。本然世界中实在的生成性和存在规定与人所"作"之"事"的关联,主要呈现于人所从事的认识活动。由本然世界转向现实世界,"事"与存在和生成的联系展开于更为内在和深沉的层面。这一视域中的存在与生成既涉及现实世界本身,也与现实世界中的具体事物相关。作为不同于本然之物的存在形态,现实世界生成于人"赞天地之化育"的过程,后者也可以视为"事"在历史层面的展开。以人的活动或广义之"事"为背景,现实世界取得了人化形态(亦即打上了人的印记),其中的具体事物及其生成,同样离不开人所"从事"的多样活动。

现实世界首先表现为对本然存在状态的超越。海德格尔曾提出"存在的离弃",并对此作了种种思辨的论说[1],从实质的层面看,这种所谓"离弃"更多地关涉对本然存在形态的脱离。然而,在"存在的离弃"这种表述之后,不仅现实世界的价值意义未能得到肯定("离弃"更多地蕴含消极、否定的意义),而且,超越本然存在之所以可能的现实前提也被遮掩:现实世界似乎仅仅表现为存在本身思辨衍化的产物。以上看法与海德格尔的"在世界之中"之说在理论上具

---

[1] 〔德〕马丁·海德格尔:《哲学论稿(从本有而来)》,孙周兴译,商务印书馆,2012年,第124—149页。

有一致性。海德格尔以"在世界之中"为个体或"此在"的存在方式:"我居住于世界,我把世界作为如此这般熟悉之所而依寓之、逗留之。"①然而,"在世界之中"在逻辑上以世界本身的生成为前提,如前文所述,海德格尔固然注意到"在世界之中"包含"上手"活动,但却未能将这种活动与现实世界本身的生成联系起来,对他而言,"世界不是由上手事物'组成'的"②,较之上手之物,世界具有先在性:"在一切上手的东西中,世界总已在'此'。"③从而,不是上手的活动生成世界,而是世界规定上手过程:"正是世界使上手的东西由之上到手头。"④不难看到,在海德格尔那里,所谓"上手"活动主要与个体"在世界之中"的生存过程相联系,其作用缺乏建构现实世界的意义。海德格尔固然强调"此在"具有面向未来而自我筹划的特点,但却似乎赋予"此在"生存于其中的现实世界以某种既成性。

按其真实形态,化本然世界为现实世界既涉及已有存在形态的转换,也以新的存在形态的生成为指向,而以上过程的完成,则以人所"从事"的多样活动为前提。与上述过程相对,海德格尔将作为人之所"作"的谋划、科学研究、制作等活动视为"存在离弃"状态的体现,⑤这既未能把握现实世界超越本然存在的价值意义,也没有注意到现实世界的生成与人所"作"之"事"的关联。

怀特海曾指出:"现实世界(actual world)中的秩序为达到某种目的而引入调节性(adaptation),从而不同于单纯的'给定性'(given-

---

① 〔德〕马丁·海德格尔:《存在与时间》,陈嘉映、王庆节译,生活·读书·新知三联书店,2006年,第64页。
② 同上书,第88页。
③ 同上书,第97页。
④ 同上。
⑤ 〔德〕马丁·海德格尔:《哲学论稿(从本有而来)》,孙周兴译,商务印书馆,2012年,第149页。

ness)。"①如前面提及的,从总体上看,怀特海往往未能对本然世界与现实世界作严格的区分,他所说的"现实世界"既非基于人所"作"之"事",也并不以进入人的知行之域为其前提,从而与本然世界没有实质的分别。不过,在引申的意义上,可以将这里所说的"现实世界"理解为通过人的作用(事)而生成的世界,与之相对的"给定性",则可以视为"本然性"。怀特海在未区分本然世界和现实世界的前提下笼统地谈"现实世界",在理论上无疑不甚确当,但其中提到的"目的""调节性",则似乎又触及了现实世界的某些特点。从实际的形态看,较之本然世界的"给定性",现实世界确乎同时与"目的"及"调节性"相联系:以"事"成就世界,总是从一定目的出发,并对事物形成多重作用,后者可以视为广义的调节。

在现实之域,事物既呈现为实际的存在,又处于生成的过程之中,存在与生成在现实世界中的这种关联,并非自然天成,而是通过"事"建立起来。"事"的这种作用和功能,与"事"本身的品格相关。作为人之所"作","事"不仅以已然的存在为出发点,而且本身也展开为一个动态的过程,这种过程性源于时间、条件的变迁,基于"时"而展开"事",具体表现为"随时":"当其时作其事,便是能随时。"②这一视域中的"事"与事物的生成性呈现一致的趋向,而"事"的结果或"事"的产物,则呈现为新的存在形态。在"事"的展开过程中形成新的事物既体现了存在过程和存在形态的互动,也为现实世界中存在与生成的统一提供了可能。如前所述,与本然世界主要表现为自在的存在不同,现实世界的形成,离不开人的参与,中国哲学所说的"赞天地之化育",便表明了这一点。在这一意义上的现实世界中,不同

---

① A. N. Whitehead, *Process and Reality*, The Free press, 1978, p.83.
② (宋)程颢、程颐:《二程集》,中华书局,1981年,第171页。

存在形态之间的关联、新的存在形态的生成,都往往以多样的形式涉及人所"作"之"事"。以水利、水电工程中大坝的建设而言,大坝不同于自然状态下的河堤,一方面,它基于已有的存在形态,包括峡谷或其他山体、不同的建筑材料,等等;另一方面,它又离不开以施工过程(建坝活动)为形式的"事"。在这一过程中,已有存在形态(建坝前的峡谷、山体、江河、建筑材料等)与新的存在形态(大坝的形成)之间具体关联的建立,乃是基于人所"作"之"事":以施工活动为形式的"事"既展开为大坝的生成过程,也使存在的不同形态在这一过程中相互连接。

现实世界中具体事物的存在有其始,也有其终,从演化的角度看,事物的始和终同时表现为开端与终端。以过程为视域,可以进一步注意到,开端与终端本身又相互关联:变化和生成无法从"无"(非存在)开始,它总是以已有存在或存在的既成形态为开端;同时,与空洞的时间流逝不同,这种变化和生成又引向多样的结果,后者可以视为一定变化过程的终端,作为新的存在形态,这种结果又构成了后续变化过程的开端。对开端的抽象追溯,往往导致逻辑上的无穷后退并进而消解存在本身,庄子曾作过这一类的追溯:"有始也者,有未始有始也者,有未始有夫未始有始也者。有有也者,有无也者,有未始有无也者,有未始有夫未始有无也者。俄而有无矣。"①这里的"始"属与时间相关的开端,"有无"则涉及本体论层面的存在与不存在。从"始"(开端)向前不断上溯,最后达到的是终极意义上的"无",而存在本身则由此也趋于消解。在化"有"为"无"这一点上,以上思维进路与庄子突出"方生方死"、强调变异绝对性而虚化存在无疑具有一致性。另一方面,将终端(一定变化过程的结果)凝固化,则将使变

---

① 《庄子·齐物论》。

化本身失去前提和根据;终端的凝固化,意味着存在被终结于某种已然或既定的形态。从实际的演化看,开端和终端作为现实存在的相关方面,统一于以"事"为实质内容的变化过程:在现实世界中,事物的不同存在形态既以过去所"作"之"事"及其产物为开端,也通过人之所"作"而打上了新的人化印记,就后者而言,它们又表现为具体存在的某种"终端";但同时,这种作为"终端"的存在形态作为后续之"事"进一步展开的前提,又呈现为新的存在形态的开端。

开端沉淀了以往之"事",又引向未来之"事",前者(沉淀以往之"事")使之与过去关联而不同于自本自生意义上的"新东西",后者(引向未来之"事")则使之内在于发展过程而有别于"永恒"之物。海德格尔认为:"开端性的东西绝不是新东西","开端也绝不是'永恒的东西'"①,似乎也有见于开端的以上品格。不过,在海德格尔那里,开端尚未与"事"相涉,其形态更多地表现为思辨意义上的存在。以"事"的展开为背景,开端包含过去,蕴含未来,其起源(表现为过去的终点)和趋向(指向未来的结果)都同时关乎终端,不妨说,正是在"事"的前后相续中,开端和终端作为过程中所呈现的存在规定获得了具体的内容和实际的意义。

以成就世界为指向,现实之"事"同时制约着规范或变革世界的过程,后者同样关乎存在与生成在"事"之中的现实关联。对世界的规范或变革一方面以对象的既成形态为出发点,另一方面又以其中蕴含的变迁可能或变迁趋向为根据。以农耕活动而言,播种基于农作物的已有存在形态(种子),收获则以其生长和生成过程为前提,通过耕种、灌溉、田间管理这一类"农事",相关对象不再停留于原初的

---

① 〔德〕马丁·海德格尔:《哲学论稿(从本有而来)》,孙周兴译,商务印书馆,2012年,第61页。

存在形态,而是经历了诸如种子的发芽、生长、成熟的过程,这里既包含前后不同的存在形态,也展现了这些存在形态之间的转换,后者同时构成了农作物生成过程的具体内容。在此,人所"作"的农耕之"事"("农事"),构成了农作物的存在形态与它的生成过程彼此关联的条件。

当然,通过"事"作用于对象而生成新的存在形态,并非仅仅表现为以人的活动干预事物。野生或自然状态下的植物和动物经过人的培植、驯化,可以成为人的种植物和家畜,在这一过程中,一方面,对象从一种存在形态转换为另一种存在形态依然遵循生物自身的生长规律,并需要阳光、水分、空气等外部条件,同时,其物理、化学的构成也没有因此而发生根本的改变,就此而言,其演化表现为一个自然的发展过程。另一方面,这一过程又体现了人的目的和意图、包含了人的作用过程:对象在物理和生物层面的变化,如稻谷由种子而抽穗、牛羊由孕育到出生、成熟固然与"事"并不直接相涉,但在栽培、驯化的过程中,对象的不同存在形态的关联以及与之相关的生成和变化,乃是通过人的活动而连接。人所"作"之"事",同时涉及以上两个方面。如前所述,正是通过这一意义上的"事",不仅现实世界中不同存在形态之间的沟通成为可能,而且其存在形态与生成过程之间的交融也得以实现。现实世界中人所"作"的以上之"事",在某种意义上体现了黑格尔所说的"理性机巧"。在《小逻辑》中,黑格尔曾对"理性机巧"作了如下论述:"理性是有机巧的,同时也是有威力的。理性的机巧,一般讲来,表现在一种利用工具的活动里。这种理性的活动一方面让事物按照它们自己的本性,彼此互相影响,互相削弱,而它自己并不直接干预其过程,但同时却正好实现了它自己的目的。"[1]

---

① 〔德〕黑格尔:《小逻辑》,贺麟译,商务印书馆,1980年,第394页。

在这里,理性的机巧具体展现于人所"作"之"事",后者既体现了人的谋划和作用,又表现为一个合乎规律的过程:它让对象各按自己的本性相互作用,而不施以人为的干预。可以看到,人在这一过程中并非无所作为,相反,整个过程一开始便引向人自身的目的,但人又并不违背事物的固有本性,而是顺乎其自然的发展过程。

在园林的构建过程中,"事"的以上特点得到了更具体的体现。园林中可以看到奇"山"异石、小桥流水、通幽曲径、花草树木,等等,这些"山"、石、水流、花草尽管有其固有的物理、生物等属性,这种属性和规定所具有的实在性非人所能任意改变,然而,它们的造型、布局等,又体现了人的审美观念,并经过了人在不同意义上的现实"重构":渗入其中的谋划、设计、构建,无疑属人之所"作"。从后一方面看,园林以及其中的"山水""花草""曲径",可以视为因"事"而成之物。在这里,"山水""花草""曲径"的存在形态通过"事"而区别于自然状态下的相关对象并"生成"为具有艺术意义的园林。不过,作为园林生成和存在前提的"事"虽然展开为人的谋划、设计、构建过程,但又非完全脱离"山水""花草""曲径"自然的存在方式。明人计成在谈到园林时,曾以"虽由人作,宛自天开"①概括其特点,此所谓"由人作",意味着异于自然,"宛自天开",则表现为合于自然。在园林的以上构建过程中,"事"作为沟通生成与存在的现实中介,同时使自然的人化与人的自然化呈现统一的形态。

怀特海曾指出:"现实世界(actual world)是每一种新的创造的'客观内容'。"②这里的"现实世界"如果理解为与"本然世界"相对的存在形态,则以上看法似乎注意到了现实世界本身是人的创造活

---

① (明)计成:《园说》,《园冶》卷一,浙江人民美术出版社,2013年,第23页。
② A. N. Whitehead, *Process and Reality*, The Free press, 1978, p.65.

动的产物:人的创造活动及其结果,即构成了现实世界的内容。不过,在怀特海那里,上述观点仍呈现抽象的特点,这不仅在于怀特海缺乏对现实世界与本然世界的自觉区分,而且在于他离"事"而言"创造"。脱离了人所"作"之"事","所谓"创造"将或者被归之为"创世"一类的超验活动,或者流于思辨的构造。作为现实世界形成的前提,创造与人所"作"之"事"无法相分:唯有依托于"事"的创造活动及其产物,才构成现实世界的"客观内容"。

三 人的存在与人的生成:基于"事"的统一

现实世界以人为主体,"事"也以人为承担者。作为现实世界的主体和"事"的承担者,人本身同样涉及存在与生成的关系问题。与其他对象一样,人既表现为具体的存在形态,又处于生成的过程之中,两者的彼此关联,则离不开人自身所"作"之"事"。

与人相关的存在与生成,在安乐哲(Roger T. Ames)那里曾得到了较为详尽的考察。以中西比较为视域,他对"人的存在"或"作为存在的人"(human beings)与"人的生成"或"作为生成的人"(human becoming)作了区分。尽管安乐哲所谓"人的生成"或"作为生成的人"(human becoming)同时涉及人的"关系性"和"互为性"①,但becoming 这一概念本身无疑以"生成"为其逻辑的内涵。在他看来,前达尔文的西方主要关注"人的存在"或"作为存在的人"(human beings),与之相对,"儒家的人基本上被理解为一个过程",也就是说,儒家对于人所关注的是"'做'什么而不是他们'是'什么"。由此,

---

① 〔美〕安乐哲:《安乐哲比较哲学著作选》,温海明编,孔学堂书局,2018年,第284页。

安乐哲强调:"我正是在这个意义上说儒家的人是'人之生成'或'作为生成的人'(human becoming)而不是'人的存在'或'作为存在的人'(human beings)。人性就是人的行为;人之潜力是一种特别的关系性的可能性,这种可能性是在处事中出现并在处事中被完善的,而处事构成了一种人的叙述(human narrative),并且,人之潜力只有在事后才看得清楚。""从儒家的视角来看,只有公开放弃'人的存在'或'作为存在的人'而接受过程性的'人的生成'或'作为生成的人'的概念,我们才能重现健全的关于人的智慧的概念。"①

安乐哲的以上论点无疑需要辨析。首先,以"人的存在"或"作为存在的人"(human beings)与"人的生成"或"作为生成的人"(human becoming)来区分西方哲学与儒学是否确切,显然应当再作思考。human beings作为表示"人"的西方概念,并非完全排斥生成(becoming),从西方哲学的发展看,自亚里士多德到黑格尔,对人的生成之维,也并不是毫不涉及,亚里士多德从普遍的层面注意到由潜能到现实的展开过程,黑格尔的精神现象学,也以思辨的方式考察了人的精神的发展历程。同样,儒学固然注意到人的生成性(becoming)这一面,但并非完全忽略人的存在(being),孟子肯定"人之所以异于禽兽者几希"②,这一使人区别于禽兽的"几希"之"希",即表现为具体的存在规定。从更为实质的层面看,在论说儒学之时,安乐哲固然注意到"做什么"以及"处事"与人的关联,但同时又将"做什么"与"是什么"视为相互对峙的两个方面,认为在关注人"做什么"之时,无须关切人"是什么"。由此,他进而将"人的生成(human becoming)"置于"人的存在(human being)"之上,甚至主张"放弃'人的存在'而接受

---

① 〔美〕安乐哲:《安乐哲比较哲学著作选》,温海明编,孔学堂书局,2018年,第295—296页。若干术语的翻译略有改动。
② 《孟子·离娄下》。

过程性的'人的生成'的概念",这种看法似乎很难视为理解人的合理进路。如后文将进一步论及的,对人而言,"做什么"与"成为什么"无法相分,而"成为什么"总是引向"是什么"。同时,以"人的生成"或"作为生成的人"(human becoming)取代"人的存在"或"作为存在的人"(human beings),在逻辑上意味着有生成过程而无过程的承担者,它与形上层面"万物流变""方生方死"的抽象视域,呈现相近的趋向。

如前所述,在本体论上,存在(being)与生成(becoming)无法相分,作为这种相关性的延伸,两者在人之中也难以分离。一方面,人确实非既成之"在",其身和心等都处于成长、发展的过程中;另一方面,人的生成又总是从已有的存在形态出发,由此进而走向某种新的存在形态,离开了具体的存在,人的生成过程就将趋于空泛而失去实际内容。就个体而言,人刚刚来到这个世界之时,首先呈现为生物学意义上的个体,经过个体的社会化过程,人逐渐获得了多样的社会品格,成为具有社会规定的存在。这里既有以个体的社会化为内容的生成过程,也涉及人的不同存在形态。作为不同存在形态彼此关联的中介,广义的个体社会化过程展开为人的多样活动,后者同时以人所"作"之"事"为内容。从了解和把握社会的规范,并以此为人与人交往的准则,到参与对自然的作用、化"天之天"(本然的存在)为"人之天"(人化的存在),个体社会化过程中人所"从事"的活动展现为不同的形态。可以看到,正如现实世界基于人所"作"之"事"而呈现为存在与生成的统一,人自身也在做事的过程中实现个体的社会化,并不断超越既成存在而生成为新的存在形态。

从哲学史看,中国哲学对人的理解,既非仅仅执着于既成的存在,也非单纯地指向空泛的生成,而是关注存在与生成的统一。孔子在谈到人之时,已言简意赅地指出这一点:"性相近也,习相远也。"①这里的"性"可以理解为人发展的内在根据和可能,这种根据和可能同时表现为人的本然存在形态或潜在的存在形态,"性相近"表明:在本然的存在根据和可能方面,人与人之间具有相通性。"习相远"中的"习",可以理解为习行,这种习行具体表现为人在后天"从事"的不同活动,这一意义上的"习相远",意味着正是通过多样的活动过程,人形成了彼此相异的人格并"生成"为不同的存在形态,儒家所说的君子、小人,等等,便属于这一类因不同之"习"而"成"的相异之"在"。具体而言,君子是在道德上应当加以肯定的、具有正面意义的人格,与之相对的小人则表现为在道德上应该加以否定的、带有消极意义的人格形态,基于人之"性"而通过后天"习"行以成就君子这一类完美的人格,则构成了儒家的道德理想。在这里,"性"与"习"的互动,同时表现为人的存在与人的生成之统一。"性"与"习"的关联在中国哲学的尔后衍化中进一步引向"本体"与"工夫"之辩。"本体"主要被理解为人在精神层面的本然形态或原初存在,对中国哲学而言,正是这种存在形态,为人的进一步成长提供了内在的根据,作为工夫所由发生的条件,"本体"自身又在人的成长过程中,不断地生成、发展和丰富,其现实的内容则逐渐既融入理性认知,又渗入广义的价值观念。黄宗羲明确地指出了本体的这种生成性:"心无本体,工夫所至,即其本体。"②与本体相联系的工夫,主要展开为宽泛意义上的知、行过程,后者同时以"事"为其具体内容。广义的工夫既表现为"赞天地之化育",也体现于人与人之间的交往,在工夫的以上展开过程中,人不仅改变对象,而且也成就自己,在此意义上,本体与工夫

---

① 《论语·阳货》。
② (清)黄宗羲:《明儒学案·自序》,《黄宗羲全集》第7册,浙江古籍出版社,2005年,第3页。

的交互作用作为"性"与"习"互动的延续,也使人的"存在"与人的"生成"的统一取得了更具体的形式。

对人的追问,当然并不限于中国哲学,马克思在从人的视域出发理解世界的同时,也将关注之点指向何为人的问题。这里包含两个方面,其一,人与世界的关系,其二,人自身的规定。与离开人的存在以思辨的方式把握和构造世界不同,马克思首先注重世界的现实品格,世界的这种现实性在马克思看来与人自身的活动无法相分:"整个所谓世界历史不外是人通过人的劳动而诞生的过程,是自然界对人说来的生成过程。"①"人的劳动"即人所从事的基本活动,以上看法可以视为基于人的存在及其活动而考察世界。后期海德格尔曾注意到马克思的以上进路,并对此提出了种种批评。按海德格尔的看法,"对于马克思来说,一开始就确定的是,人,并且只有人(而并无别的)才是那个事情。这是从哪里得到确定的?以什么方式被确定的?凭什么权利被确定的?被哪种权威确定的?"海德格尔认为,"在这里应当注意到一种惊人的跳跃"②。根据海德格尔的理解,马克思以人为考察世界的出发点,但是,人非既成或现成的存在,他本身处于生成过程之中,并应当成为追问的对象,忽略了后一方面,便意味着思想的"跳跃"。这里的关键在于,马克思是否存在以上跳跃?

事实上,马克思对人的理解既涉及人之为人的存在规定,也关乎其生成过程。在马克思看来,"人的本质不是单个人所固有的抽象物,在其现实性上,它是一切社会关系的总和"③。这里所说的"人的本质",也就是人之为人的根本规定,其侧重之点在于人的存在形态。

---

① 〔德〕马克思:《1844年经济学哲学手稿》,人民出版社,1985年,第88页。
② 参见〔法〕F.费迪耶等辑录:《晚期海德格尔的三天讨论班纪要》,丁耘摘译,《哲学译丛》2001年第3期。
③ 〔德〕马克思:《关于费尔巴哈的提纲》,《马克思恩格斯选集》第1卷,人民出版社,2012年,第139页。

然而,在关注人的存在规定的同时,马克思并没有忽视人的生成性。前面提及,在谈到现实世界的生成时,马克思曾强调"整个所谓世界历史不外是人通过人的劳动而诞生的过程",紧接此文,马克思写道:"所以,关于他(即人——引者)通过自身而诞生、关于他的产生过程,他有直观的、无可辩驳的证明。"①在这里,现实世界的生成与人自身的生成表现为同一过程的两个方面:现实世界的生成,同时伴随着人自身的生成,二者的共同基础,则是人所"作"之"事"——劳动。

可以看到,马克思在从人出发考察世界的同时,并没有对作为出发点的人未加追问和考察,在实质的层面,马克思以人的存在和生成的统一,作为人的基本规定,并将人的生成和世界的生成置于同一基础之上,这种思想的进路,显然不同于思想的"跳跃"。

广而言之,人"成为"什么,与人"从事"什么样的活动或做什么样的"事"无法相分。在类的层面,人的"存在"形态总是相应于他们在不同历史时期所"作"之"事"。马克思所说的"劳动",可以视为人基本的"做事"方式,正是通过运用工具以"做事"(劳动),人既改变了世界,也使自身走出自然,成为自然的"他者"。作为人"做事"的基本方式,劳动形式的变化同时规定了人的不同存在形态。以石器为主要工具的劳动,构成了原始时代人类的主要"做事"方式,这一时期的人类,则相应地处于近乎自然的存在形态。与之类似,农耕或游牧这一类劳动方式,赋予人的存在以早期的文明形态;与近代机器工业相联系的劳动方式,则使人的存在方式获得了近代和现代的形态,如此等等。

同样,在个体的层面,人的存在形态也与其"做事"方式相联系:人"成为"什么,关乎人在现实生活中"做"什么。作为不同于自然对

---

① 〔德〕马克思:《1844年经济学哲学手稿》,人民出版社,1985年,第88页。

象的社会性存在,人所"作"之"事"涉及不同领域,人自身也相应地呈现多方面的规定性。在"从事"生产、贸易、金融等经济活动的过程中,人成为经济领域的企业员工、管理人员、投资者;在"从事"政治实践的过程中,人成为亚里士多德所谓"政治的动物"或政治生活的主体;在"从事"创作、表演等活动中,人成为艺术领域的主体,如此等等。以上视域中的不同主体,可以看作是人的不同"存在"形态,这种"存在"既非前定,也非既成,而是形成于人做多样之"事"的过程;取得相关"存在"形态的过程,则表现为人的多样"存在"不断"生成"的过程。在这里,人的"存在"与人的"生成"基于人所"作"之"事"而相互交融。

现实世界既表现为多样的存在形态,又展开为生成的过程,人自身之"在"也同样如此。从现实世界到人自身,"存在"与"生成"构成了同一过程的相关方面,难以彼此分离。作为世界和人的真实形态,存在与生成的统一既非逻辑推绎的产物,也非思辨构造的结果,而是基于人自身所"作"之"事"。以成己与成物为具体指向,人所"作"之"事"展开于不同的领域,"事"的多样性既规定了多重生成过程,也引向了多样的存在形态,世界之"在"与世界的生成、人的存在与人的生成交汇于人所"作"的具体之"事"。

第四章
源于"事"的心物、知行之辩

　　从世界之"在"与世界的生成、人的存在与人的生成进一步考察人与世界的互动,心物关系便构成了无法回避的方面。心物关系既与形上之维相涉,又有现实之源,后者具体呈现为人所"作"之"事"。仅仅囿于"心"或限于"物",往往难以超越思辨之域而达到对二者内在意义以及相互关系的真切理解,唯有引入"事"的视域,才能把握"心"与"物"的不同内涵并扬弃二者的分离。心物关系的衍伸,进一步引向知行关系;理解"知"与"行"以及两者的关系,同样离不开"事"。在其现实性上,"心"与"物"、"知"与"行"乃是基于"事"而达到具体的统一。

一 心与"事"

在人与世界的互动中,心物关系构成了重要的方面。与"物"相对的"心"可以从不同的角度加以理解:它既与意识活动的承担者相关,所谓"心之官则思"①中的"心",便涉及这一方面的涵义;也可从更实质和内在的层面看,后一意义上的"心"主要与意识、精神等观念性的存在形态和观念性的活动相涉,包括感知、意愿、情感、想象、思想等,其引申形态则关乎知识、理想、计划、蓝图、价值取向,等等。心物关系中的"物"则既指本然的存在,也包括人化对象,作为尚未进入人的知行之域的"物",本然的存在更多地呈现为自在的对象,而进入知行之域的人化之物则具有现实的品格。

如何理解心与物的关系?从哲学史看,在这一问题上存在不同的进路。首先可以一提的是所谓心物二元论,笛卡尔的相关论点在这方面无疑具有一定的代表性。笛卡尔关于心与物关系的看法,具体蕴含于他对身心关系的理解之中。按笛卡尔之见,心灵和身体是两种不同实体:心灵能思维,但不占有广延;身体占有广延,但不能思维。身心关系当然不能直接等同于心物关系,但"身"在有别于观念性存在的意义上,与"物"具有相通之处,就此而言,身心关系同时折射了心物关系。以"心"的实体化为前提,笛卡尔的以上论点将"心"与"身"(物)视为彼此独立的存在形态,尽管笛卡尔也肯定"心"与"身"(物)之间的相互作用,但对他而言,两者作为不同的实体首先呈现并列和分离的关系。

与心物关系上的二元论相对的,是不同形式的还原论趋向。在

---

① 《孟子·告子上》。

"存在即被感知"的断论中,心物关系的认识论意义构成了其本体论意义的前提:存在通过感知的中介而为人所把握,这一看法本来具有认识论意义,但它又蕴含着在本体论层面将存在本身还原为感知的可能。事实上,在贝克莱那里,存在与感知的等同,便同时表现为存在向感知的还原。更直接地从本体论之维体现类似还原趋向的是黑格尔:当黑格尔将自然理解为精神的外化时,他同时也把自然本身归本于精神。精神与自然的关系与广义的心物关系具有相通之处,在此意义上,以精神为自然之源,意味着将"物"还原为广义之"心"。感知与精神属"心"的不同形态,与之相关的存在之被等同于感知、自然之被视为源于精神,从不同的方面展示了还原视域下的心物关系。

对心物关系的以上规定,主要表现为"物"还原为"心",与之相反而形成的是"心"向"物"的还原,在毕希纳、福格特等庸俗唯物论中,这一点表现得比较明显。在他们看来,思想之于大脑,就如同胆汁之于肝脏或尿液之于肾脏。[①] 思想是"心"的具体表现形式之一,胆汁等则属物化的存在形态,在以上看法中,作为"心"的思想与胆汁等物化的存在形态似乎处于同一序列,后者从另一维度展现了心物关系上的还原论视域。

如果说,二元论在实质上以分离的方式理解"心"与"物",那么,还原论则从不同方面趋向于消解心物之别,二者都难以视为对心物关系的合理把握。如何扬弃心物关系上的如上视域?这里重要的无疑是引入"事"。如前所述,"事"可以视为人所从事的多样活动,后者既指人在实践层面的所"作"所"为",包括人与对象的互动、人与人之间的交往,也兼涉观念性的活动,包括科学研究、文学创作、理论

---

① 此意由福格特首先表述,毕希纳对此作了进一步阐释。参见 L. Buchner, *Force and Matter: Empirico-philosophical Studies*, *Intelligibly Rendered*, edited and translated by J. Frederick Collingwood, London: Trübner and Co. , 1864, p. 135。

建构,等等。参与后一类活动,往往被视为"从事"科学研究、"从事"文学创作、"从事"理论探索,等等,这种看法从一个方面表明,以上活动与实践性的活动一样,都属人所"作"之"事"。作为人所从事的活动,"事"既关乎"物",也涉及"心":做事的过程不仅面对"物"并与"物"打交道,而且始终受到"心"的制约,"心"与物则通过"事"而彼此关联。

在心、物、事的互动中,首先需要关注的是"事"与"心"的关系。在谈到"心"与"事"时,程颐曾指出:"夫事外无心,心外无事。"①王阳明也曾在以心立说的前提下肯定"心外无事"②。这些表述尽管带有某种思辨性和抽象性,但无疑已注意到了心与事的关联。就"事"而言,其展开过程总是受到"心"的内在制约,"心"所达到的不同深度和广度,往往规定着"事"的不同格局,张载已注意到这一点:"以有限之心,止可求有限之事;欲以致博大之事,则当以博大求之,知周乎万物而道济天下也。"③从另一方面看,"心"与"事"的关联又具体表现为"心"的生成无法离开"事"。这里应当将"心"的本然机能和"心"的现实能力作一区分。"心之官则思"意义上的"心",最初主要表现为一种本然的意识机能,后者如同目之能视、耳之能听等感知机能,非源于"事"。然而,"心"之思并非仅仅呈现为本然或先天的机能,其现实的形态更多地表现为人的具体能力。在人的现实能力这一层面,"心"的存在和发展无法离开"事"。王夫之在考察先天之"心思"与后天之"睿"的关系时曾指出:"夫天与之目力,必竭而后明焉;天与之耳力,必竭而后聪焉;天与之心思,必竭而后睿焉;天与之正气,必

---

① (宋)程颢、程颐:《二程集》,中华书局,1981年,第263页。

② (明)王守仁:《传习录上》,《王阳明全集》,上海古籍出版社,1992年,第15页。

③ (宋)张载:《张载集》,中华书局,1985年,第272页。

竭而后强以贞焉。可竭者天也,竭之者人也。"①这里区分了两个方面,即"目力""耳力""心思"等先天的禀赋与"竭"的工夫,前者属本然的机能,后者则展开为人所"作"之"事",所谓"天与之心思,必竭而后睿焉",强调的是本然的意识机能("心思"),唯有通过人努力地从事多样的工夫(包括广义的知与行),才能转换为现实的能力。在相近的意义上,《管子》认为:"一事能变曰智。"②这里的"智"与王夫之所说的"睿"在涵义上一致,"一事"意味着专注或执着于相关之事,"变"则与变通或权变相关,二者表现为做事过程的相关方面(既执着而不游移,又适时而变通),人的现实能力(智)及其提升,则基于二者的互动和统一。

与本然机能意义上的"心"和现实能力意义上的"心"之区分相联系的,是作为意识机能的"心"与作为意识内容的"心"之分别。意识能力可以视为意识机能的延伸和发展,二者都与"心"的存在形态相联系,并关乎"心"的不同存在方式。与之不同,意识内容并非仅仅本于"心"的存在形态,其形成也非单纯地取决于"心"的存在方式。就现实形态而言,意识的内容既关乎内在的精神,包括情感、意愿、感受,等等,也涉及外在的对象,无论是内在精神世界的生成,还是外部对象的把握,都离不开人从事的实际活动,后者具体表现为多样的做事、处事和行事过程。从个体意识的起源看,儿童对世界的感知,与抓取身边之物、通过发声以表达某种愿望等活动无法分离,作为指向并作用于外部对象的广义行动,这种活动同时表现为雏形的做事或行事过程:通过肢体的活动以获得某物,可以视为初始意义上展开于人与对象互动过程中的"事";通过发声向他人表达愿望,则是人与人

---

① (明)王夫之:《续春秋左氏传博议》卷下,《船山全书》第5册,岳麓书社,1996年,第617页。
② 《管子·心术下》。

之间交往这一类"事"的原初表现形态。广而言之,从日用常行,到变革世界的活动,人所"作"之"事"为"心"提供了多样的内容,也正是"心"与"事"的如上关联,使"心"无法被还原为本然的机能。

以意识、精神为存在形态,"心"具有意向性。布伦坦诺在谈到意向性(intention)时曾指出,意向的特点在于"指涉内容(reference to content)、指向对象(direction to an object)"。宽泛而言,"每一种精神现象都将某种东西作为对象包含于自身。在表述中,有某种东西被表述;在判断中,有某种东西被肯定或否定;在爱中,有被爱者;在恨中,有被恨者;在欲望中,有欲望指向的对象;如此等等"[1]。精神和意识所具有的这种意向性,既进一步表明"心"包含现实的内容而不能仅仅被还原为某种本然的机能,也突显了"心"所具有的指向性。"心"的指向性体现了"心"与对象的关联,究其所本,这种关联又根源于人所"作"之"事":以布伦坦诺所提到的意识现象而言,无论是认知意义上的判断,还是情感层面的爱与恨和意愿之维的欲望,都发端于多样之"事",后者或者表现为人与物的互动,或者以人与人的交往为形式。换言之,人对外物的敞开、人的多样情感和意欲的形成,并非无根无源,其现实根据即内在于"事"。作为"心"的指向性形成之源,"事"本身具有目的性:不经意间的肢体移动,不能被视为做"事",表现为人所"作"的"事",总是趋向于一定的目的。"事"的这种目的性与"心"的指向性之间,具有内在的相关性:"事"的目的性既涉及当然而尚未然的可能存在,也基于现实的世界,在"向着"存在形态这一方面,"心"与"事"呈现一致性。从更为本源的层面看,一方面,"心"的指向性源于"事"(包括以往之"事"和当下之"事"):无

---

[1] F. Brentano, *Psychology from an Empirical Standpoint*, Translated by C Rancurello, D. B. Terrell, and Linda. C. McAlister, Humanities Press, 1973, p. 88.

论是以"知"为内涵,还是以"情意"为形态,"心"的指向性都直接或间接地关联"事";"心"之指向相关对象可以发生于"事"前、"事"中,或"事"后,其间尽管呈现形式不同,但都与"事"难以相分,即使是似乎具有虚灵形态的沉思冥想,也往往以个体曾经历的以往之"事"或"事"中所积累的不同经验为其"所向"的背景(这里所说的"事"表现为以知行活动形式展开的广义之"为"或广义之"作")。另一方面,"事"的目的性又可以视为"心"的指向性的体现:目的具有引导意义,这种引导作用既从一个方面展现了心之所向,也表现为这种指向性的具体化。

作为人的意识,"心"并非仅仅以显性或自觉的形态呈现,在很多情况下,它往往表现为隐默或潜在的形态。就人之所"作"而言,其表层动机和深层动机与"心"的显性形态和潜在形态,存在着某种相关性。以个体与社会的关系而言,个体之接受和遵循社会的规范,其表层的动机或直接的动因,也许是为舆论所肯定、为社会所接纳,并进一步融入社会,但其深层的动机或潜在的动因,则可以是成就自己或达到完美的人格之境。在此,动机的不同形态与"心"的不同形态呈现某种对应关系。当然,在某些情况下,行为的深层动机或潜在动因也可能不一致,其"心"的显性形态和潜在形态也相应地显得不完全相合,所谓人格的分裂,便与之相关。但即使出现以上现象,动机的相异内容与"心"的不同呈现形态之间仍可能存在某种关联。如上所述,"事"具有目的性,这种目的性同时涉及"事"的承担者的动机,动机的不同形态与"心"的不同形态的以上相关性,则从一个具体方面赋予"事"与"心"的关联以内在的性质。

"心"既内含个体性的意向,也往往呈现共同的趋向。与个体性的意向本于个体的做事或处事过程相近,共同的精神取向或集体的意向形成于不同个体共同参与的公共之"事"。同样,相应于个体所

"作"之"事"的目的性,不同个体共同参与的公共之"事"也具有共同的需要并蕴含共同的目标,后者同时内在地制约着集体性意向或共同精神取向的形成。从日常的体育赛事、演艺活动,到经济领域的企业生产、商业贸易,乃至一定时期的社会运动、社会变革,都可以视为广义的共同做事过程,由不同个体共同参与的这种"事",同时有着与"事"相关的需要和目标,而集体意向与这种需要和目标则具有一致性。体育比赛中球迷为所支持的球队进球而欢呼、遭遇外敌入侵时全民族的同仇敌忾,等等,这些现象背后蕴含着某种与一定目标和期望(赢得比赛或战胜外敌)相关的集体意向或共同的精神取向。

"事"不仅制约着"心"的意向性,而且为意向的生成提供了具体的观念背景。以日常生活中人与火的关系而言,避免身体过于接近火以免为火所伤,或让易燃物与火保持一定的距离以免引起火灾,这是面对火之时通常产生的意向,这种意向本身又以人对火的认识为背景:正是基于对火的性质、功能、作用的了解,以上意向的形成才成为可能。作为以上意向产生的观念背景,相关知识的最初形成,又是以历史演化中人所"作"的钻木取火、以火驱寒、以火烹调、刀耕火种等多样之"事"为前提。如果说,"事"的目的性较为直接地对应于"心"的指向性,那么,"事"所提供的观念背景,则体现了"心"之意向与"事"之展开的间接关联。

作为"心"的具体表征,意向性不仅植根于人所"作"之"事",而且其确定性或稳定性也关乎"事"。在考察如何担保"心"之"定"时,程颐指出:"人多思虑不能自宁,只是做他心主不定。要作得心主定,惟是止于事,为人君止于仁之类。"[①]心之"定"既关乎思虑的正当充实,又不同于意识的游移性而涉及意向的稳定性,"心"的这种充实

---

① (宋)程颢、程颐:《二程集》,中华书局,1981年,第144页。

性、确定性并非源于空泛的观念活动,而是与人所"作"之"事"相关:"事"不仅展开为人与对象、人与人之间的作用过程,而且包含恒常的程序和法则,所谓"有物必有则,须是止于事"①。"事"的这种切实性和延续连贯性,在不同层面影响和制约着做事者的内在意识,包括推动其形成务实的趋向、克服游移不定,等等,由此,"事"也从一个方面为"心"的充实性、确定性提供了担保。当程颐肯定"要作得心主定,惟是止于事"之时,似乎多少也注意到了"心"与"事"的如上关系。当然,从更广的视域看,"心"与"事"的关系在这里又具有互动的性质:止于"事"引向"心"之定,"心"的恒稳而有定,也可以进一步为"事"之绵延有序的展开提供内在前提,两者的相互作用呈现为一个动态的过程。

广而言之,"心"同时关乎自我意识与对象意识的关系。从"心"与"事"的互动看,"事"的展开,包含目的指向,这种目的性常常以自我意识的形式呈现。另一方面,自我意识本身也可以成为反思的对象。如果"事"先预设的行动目的在与物打交道的具体过程中遇到挫折,变得难以实现,那么,行动者就会反过来考虑:原先的目的是否恰当。由此,自我及其意向便同时成为自我反思的对象。当然,以上视域中自我意识的对象化,是内在于意识层面的对象化,亦即观念领域中的对象化,这种对象化不同于外化为实在或人化实在意义上的对象化。在做事过程中,反思的自我与作为反思对象的自我,总是以某种方式形成内在的互动。这样的互动需要理解为基于"事"的动态过程:如果把自我及其意识静态地理解为某种凝固不变的形态,那就难以真正地把握以上转换的实际内涵。做事过程既与物打交道,也与人打交道,后者同样存在作为意识主体的自我和作为被观照或被评

---

① (宋)程颢、程颐:《二程集》,中华书局,1981年,第144页。

价对象的自我之间的分别。如萨特已注意到的,在他人的注视下,自我常常感到不自在,这种不自在的缘由之一,便是自我本身被外化为一种被观照的对象。在这里,作为自主的自我与被对象化的自我,既相互融合,又存在内在张力,这种双重关系即发生于以人与人的交往为内容的广义处"事"过程。自我意识和自我意识的对象化,更多的情况下是我们不觉其有、自然而然的过程,如果仅仅在观念的情境中去设想、固化自我的某种形态,则自我及其意识往往呈现空洞、思辨的趋向。以此为背景,引入"事"的意义在于,将意识活动置于多样的做事过程之中,使之获得现实的品格。作为意识主体的自我和作为反观对象的自我之间的关联并不仅仅是在观念或思辨的意义上设想出来的,而是发生于实实在在的做事过程,如前所述,后者既可以表现为人与物的互动,也往往展开为人与人的交往。个体的精神世界及其内容归根到底生成于现实的做事过程,作为精神活动承担者的自我,也因"事"(包括观念活动和对象性活动)而在。

从其表现形态看,"心"既关乎语言、概念及其活动,也与"身"相涉。① 在思维等意识活动层面,"心"的作用以语言、概念等为形式:无论是对世界的描述,抑或对世界的规范,都需要借助语言以及概念形式。事实上,究其本源,语言的生成本身离不开"事"。德勒兹曾指出:事件(event)使语言成为可能,若无事件,则只有噪声,没有语言。② 这一看法也有见于语言与广义之"事"的关联。比较而言,情

---

① 阿伦特将"心"(mind)与灵魂(soul)加以区分,认为"心"涉及概念和语言(包括言说),而灵魂则更多地与身(body)相联系并关乎情感(参见 H. Arendt, *The Life of Mind*, Harcourt, Brace & Jovanovich, Publishers, 1978, pp. 30-37, p. 72)。历史地看,灵魂往往被归结为某种精神性的实体,并被相应地赋予神秘的形态。从逻辑上说,将精神或意识的不同方面分别归属于"心"与"灵魂",每每容易引向精神世界的分离。更为合理的进路,或许是将意识的不同形式理解为之"心"的不同方面。

② Deleuze, *The Logic of Sense*, Columbia University Press, 1990, pp. 181-183.

绪、感受等意识活动,则首先通过"身"而得到展现:害羞常常伴随着脸红,紧张、兴奋则每每与心跳加快等反应相关,如此等等,在此,脸红、心跳等都与身相涉。然而,上述之身,也与人所"作"之"事"无法相分,而关乎身的"心"也非凭空而起:日常发生的害羞、紧张、兴奋等心理现象便与人在特定情境中的处事、行事过程以及人与人之间的交往活动难以隔绝;即使是所谓莫名的紧张、恐惧,也总是以直接参与或间接所涉之"事"为背景。这样,与描述和规范世界相关、以概念和语言为表现形式的"心",或者发生于人认识世界的过程,或者缘起于人变革世界的活动,对世界的认识和变革,则都属人所"作"之"事"。

引申而言,这里同时牵连概念以及概念与经验的关系。概念包含逻辑或形式之维,在这一方面,概念与狭义上表现为意识及其活动的"心"无疑有所不同。不过,以把握世界为指向,概念总是包含实质的内容,作为逻辑形式和认知内容的统一,概念固然有其相对独立的存在形态(波普所谓"世界3"便涉及此),但概念的现实意义,却是在进入"心"(意识过程)之后呈现的:唯有在"心"(意识及其活动)之中,概念才获得实际的认识、评价、规范等意义,或者说,概念内含的以上诸种意义才能实现。与之相涉的是概念和经验的关系。经验之中内含概念形式,麦克道威尔等哲学家已有见于此。作为认识的现实形态,经验的生成离不开概念的制约,其内容也需要通过概念的形式加以凝结和呈现,由此成为可以在一定共同体中加以讨论的对象。纯粹的个体性神秘体验也许可以离开概念形式,但现实的经验内容则并非与概念截然相分。另一方面,概念之中也蕴含经验内容,具体而言,概念不仅有意义,而且包含意味,这种意味总是与相关的经验具有内在联系。以"农具""家畜""土地"等概念而言,对于生活在乡村中的农民来说,这些概念往往承载着城里人无法体会的意味,这种意味与农民所理解的相关概念的经验内容难以相分。麦克道威尔等仅仅注意到经验之中包含概念形式,但未能进一步看到概念中所渗入的经验,由此,概念的具体内涵也难以真正进入其视野。

概念以及概念与经验的如上关系,与人所"作"之"事"同样相互关联。概念和经验都并非仅仅生成于单纯的观念活动,从本源的层面看,概念的形成基于人自身在历史过程中所参与的多方面活动("事"),"事"不仅通过说明和变革世界的多样活动为概念的生成提供了原初的推动力,而且如后文将进一步讨论的,作为概念所由发生之内在环节的意象化和意念化过程,也以"事"为源。另一方面,经验之蕴含概念形式,则与人所"作"之"事"的具体性相涉:如上所述,当经验仅仅是观念领域中纯粹个人的体验时,它与概念的普遍形式之间的联系或可悬置,但一旦进入现实的活动领域,则经验本身便既涉及对象世界的多方面关系,也关乎人与人之间的交往与沟通,对现实的这种把握以及做事、行事过程中的交往和沟通,显然离不开与概念相关的普遍之维。进一步看,经验对概念的渗入(包括概念之内含意味),与参与不同活动或做不同之"事"具有更为切近的关联。前面提到的"农具""家畜""土地"对农民所具有的特定意味,便与农民的日用常行及所从事之农具的使用和维护、土地的播种和收获、家畜的饲养和看护等活动(农事)相关。正是这类日常所"作"之"事",赋予相关概念以独特的"意味",这种"意味"又进一步通过进入人之"心"(具体的意识过程)而获得现实形态。

"心"不仅与"事"的展开过程相关,而且关乎"事"之所成。具有一定目的指向的"事"在完成之后,总是产生某种结果,尽管不能如效果论那样,仅仅关注结果而忽视过程,但作为"事"之所成,结果之于人的意义,显然无法悬置。所做之"事"的结果是否合乎预期?它对实现相关的目的是否具有积极的价值意义?这些问题涉及广义的评价,后者构成了"心"的另一重活动。作为评价的对象,"事"产生的结果同时为"心"提供了价值的内容。同时,对结果的评价,往往伴随着具体的感受,当"事"产生的结果有益于人的存在和发展并由此展现正面的价值意义时,"心"之所向每每表现为肯定和接受,反之,则将形成否定和拒斥的意向。在此,"事"所形成的结果构成了"心"的评价和感受对象,以"心"对这种结果的评价和感受为形式,"心"与"事"之间的关联也得到了进一步的彰显。

以上关系表明,"心"无法悬隔于"事"之外。然而,一些哲学家往往未能真切地注意到这一点。这里可以一提的是阿伦特。作为关注人之"心"(mind)的当代哲学家,阿伦特将"心"的机能区分为思维(thinking)、意志(will)与判断(judgment),同时又特别强调,"心"(尤其是思维和判断)的特点在于从对象和人的活动中抽身而出(withdrawal),成为旁观者(spectator),而思维显示自身的唯一中介则被归为语言。[①] 从现实的形态看,"心"(包括"思")既具有旁观性,又具有参与性。一方面,它可以作为旁观者对世界和人之所"作"(事)本身进行反思,这种旁观性对把握世界也确乎具有积极意义;通过与对象和行动过程保持某种距离,既可避免因"身在此山"而无法把握整个对象和行动过程的全貌,也可悬置价值的直接相关性,以更为客观的方式考察对象和行动。然而,另一方面,"心"(包括"思")又参与了人之所"作"("事")或行动过程:做"事"和行动中的过程总是处处渗入了"心";在"心"与"事"的关系中,"心"虽可出乎其外,但更需入乎其中。同时,"思"作为"心"的表现形式,固然可借助语言来显现自身,但同样需要通过人的实际所"作"("事")来得到确证。从根本上

---

① Hannah Arendt, *The Life of Mind*, Harcourt, Brace & Jovanovich, Publishers, 1978, pp. 75-76, pp. 92-95, p. 102.

说,"心"的旁观性,本身离不开参与性:正是以参与"事"为前提,"心"才能反"观""事"以及"事"中的对象。

不难看到,从"心"的本然机能向实际能力的转换,到"心"之具体内容(意识内容)的生成;从"心"之所向,到意向背景的形成;从评价的发生,到感受的引发,"心"的现实存在形态无法离开人所"作"的多样之"事"。"心"与"事"的以上关联,同时制约着"心"与"物"的关系。

二　心与物:由"事"而相涉与相融

"事"既构成了"心"之源,也为"心"与"物"的沟通提供了内在的根据。就存在形态而言,"物"本来外在于"心",外在于"心"的"物"如何与内在于人的"心"彼此相关?思考和解决这一类问题,同样离不开"事"的视域。

在狭义的认知层面,心与物之间似乎可以通过感觉或知觉而相互关联。不过,直接的感知本身仅仅涉及色、声、冷、热、硬、软等性质,在这种最直接的感知层面,"心"与"物"尚没有形成认识论意义上的区分,佛教所谓"现量谓无分别"[1],也有见于此。这里的"现量"与感知处于同一序列,所谓"无分别",意味着在感知阶段,"心"与"物"更多地呈现合而不分的形态。以认识论意义上的"山""水""树""房"等观念把握相关对象,首先离不开概念形式,在"山""水"等观念中,已蕴含相应的概念形式,麦克道威尔等一再强调的经验之中包含概念能力,也肯定了这一点。然而,心与物的关联,并非仅仅基于概念形式与感知内容(经验内容)的交融,从更实质的方面看,感

---

[1] 《因明入正理论》。

知的对象本身不同于本然之物,而是形成于人的知行活动,这种活动作为人之所"作",属广义的做事过程。以前面提及的"山""水"等对象而言,这里"山""水"已不同于洪荒之世的存在,而是人以实践的方式或观念的方式作用的对象,作为现实对象(不同于本然之物)所以可能的条件,实践活动或观念活动都是人之所"作"(广义之"事")的不同展开形式。这样,在出发点(所指向的"物"或对象)上,感知便与"事"无法分离,通过感知而达到"物",也相应地以"事"为前提。与之相对,仅仅将感知作为心物关系的中介,完全无视人所"作"之"事",这是狭义的认识论进路,这种进路既无法解决"心"的起源问题,也难以说明"心"与"物"何以关联。

可以看到,作为"心"的表现形式,感知并非仅仅存在于观念之域,其发生同样离不开"事"。就现实的形态而言,不仅感知的对象生成于"事",而且这种对象唯有在"事"的展开过程中才能进入人的感知之域。人所"作"之"事"涉及不同领域,感知对象则呈现于"事"的不同展开过程。日常生活所面对的,是饮食起居所需要的各种消费对象,生产过程中所感知(接触)的,则是不同的生产资料、设备。从前一方面(日常生活)来说,锅、盆等生活器皿(器物),是在烧煮、洗涤等日常之事中进入人的感知,即使不经意间对其一瞥,也与步入室内、考察或打量环境等活动(即人所"作"的广义之"事")相涉;以后一方面(生产过程)为考察之点,则机器、原材料等生产资料也是在从事操作、制造等活动中为人所知。与"事"不直接相涉的冥想、回忆、想象等当然也可将上述之物作为对象,但在不直接与"事"相涉的背景下,这种冥想、回忆、想象显然不同于指向现实之物的感知。事实上,不仅感知的对象在"事"中进入感知之域,而且正是在日常生活之中及日常生活之外的实际做"事"过程中,感知对象的不同形态和性质才得到了具体的展现。

与"物"相关的感知,往往涉及错误的问题,所谓错觉,便与之相关。对错觉的判定,无法仅仅通过思辨的方式完成,而是需要诉诸"事"。直的木棍在水中呈现弯曲形态,由此形成的感知,通常被视为"错觉",仅仅凭借直观,往往难以确切地判定相关木棍的实际形态。然而,通过将其取出水面、衡之以尺度等操作行动,以上"错觉"就能够得到纠正。在涉及对象更为复杂的性质和属性时,相关感觉的正确与否,往往需要通过科学的实验等活动来判定。无论是作用于水中之棍,抑或更为复杂的科学实验、科学考察,都是人所"作"之"事"。

在意识的层面,"心"与"物"的沟通,以对象的意象化和意念化为前提。意象和观念本身并非最原初或终极性的存在,它们是对象意象化和意念化的产物。通过对象的意象化和意念化,物理形态的对象可以取得意象和意念的形式,由此进入人的意识过程。具体而言,以对象的意象化为前提,外在时空中的对象开始转换为意识中的存在,当然,此时这种存在仍以形象的方式呈现。基于对象的意念化,进入意识之中的对象被进一步以概念等形式所把握。对象的这种意象化和意念化,与黑格尔所说的"使对象成为内在的"具有某种相关性,对黑格尔而言,这一过程同时表现为"精神的内在化":"在理智使对象从一个外在东西成为一个内在东西时,它内在化着自己本身。这两者,——使对象成为内在的和精神的内在化,是同一个东西。"①从意识的层面看,这里涉及意向性与返身性的统一:意向性的特点在于指向对象,并进一步使之化为意象和意念;返身性则表现为意识的自我明觉,所谓"精神本身的内化"似乎也关乎此。对象的这

---

① 〔德〕黑格尔:《精神哲学——哲学全书·第三部分》,杨祖陶译,人民出版社,2006年,第251页。

种意象化和意念化,同时以"物"进入"心"为其实质的内容:作为"内在化"的形式,这里的意象和意念都可以视为"心"的不同形态。外在对象向内在意象和意念的转换,既非仅仅源于"心",也不是单纯地基于"物",其实现同样离不开"事"。对象的意象和意念化当然涉及与身相关的神经系统、大脑皮层等活动和广义的心理以及意识活动过程,其中的内在机制需要从不同维度加以具体的考察和研究,然而,从其原初的层面看,对象的意象和意念化以对象与人相涉为条件,后一过程总是关联着人所"作"的多样活动,即使通过直观以接触对象,也无法完全疏离人的活动,事实上,直观本身也属广义上的人之所"作"。从现实的情形看,如所周知,同一对象,往往可以生成不同维度的意象和意念,这种不同,便与人所参与的不同之"事"相涉。以把握深山中的植物而言,在游山观景的活动中,山中的植物主要被转换为审美的意象,诸如欲放的花苞、青绿的树叶、摇曳的芳草,以及审美的意念,如景色优美、秀色可餐,等等;在植物学的考察活动中,相关的植物主要化为生物学(植物学)意义上的意象,诸如阔叶、针叶,以及生物学(植物学)的意念,如草本、木本,等等;在药物实验室中,来自山中的植物所生成的,则是药物学意义上的意象,如草药,以及药物学的意念,如解毒、免疫、抗氧化,等等。游山观景、植物学的考察、实验室的研究虽然指向不同,但都属于人所"作"之"事",相关对象被内化为不同的意象和意念,则以多样之"事"的展开为背景。

意象和意念同时涉及价值之维。本来以自然形态呈现的"物",往往可以通过隐喻等形式而被赋予某种价值意味,以水生植物荷而言,人们将其视为"高洁""脱俗"的象征(出淤泥而不染),其中"高洁""脱俗"的意象和意念形成于人与人的交往和人自身的"在"世过程,后者又与多方面的行事、处事活动相联系,而自然形态的对象之获得以上意象和意念,则不仅涉及行事、处事等人与人之间的交往活动,而且关乎人对"物"的作用以及由此形成的对自然现象的把握,如在采莲和取藕过程中逐渐了解到荷叶和荷花植根于河泥、荷与淤泥之间存在关联,等等,这一过程同时与直观、想象、移情等活动相互交融。正是在作用于对象的如上过程中,对象的特点(包括出污泥而不染)才能被具体地揭示,对象与相关意念及意象的沟通也才能实现。从终极的层面看,自然之物转换为相关意象和意念的如上过程既非仅仅表现为"物"的自发呈现,也非源于"心"的思辨想象,而是基于人的多方面活动。

从"心"与"物"之间的互动看,对象的意象化和意念化,以"物"进入"心"或"物"取得观念化的存在形态为其内容。在这里,"物"之进入"心"(对象的意念化)始终关联着"事"。正是基于人所"作"的多样之"事",一方面,"心"可以越出自身而达到"物",而非如贝克莱所断言的那样,"心"(感知)无法及于"物":做"事"的过程,就是与"物"实际打交道的过程;另一方面,"物"可以扬弃自在形态,进入人之"心",而非如康德所推论的,进入认知过程的仅仅是现象而非"物":在人所"作"之"事"中,现象与物自身呈现为统一的对象,人所实际作用的,乃是作为二者统一的"物"。

"心""物"关系中的"物"不同于本然的存在,作为进入知行领域的对象,它同时包含多方面的意义。与"心"通过"事"而达到"物"相近,"物"自身意义的呈现,也离不开"事"。以上视域中的"物"所含物理属性固然并非因"事"而有,但其意义却因人的作用过程而生成并通过"事"而呈现。篮球之为"篮球",是因为它进入打球过程,或可能进入打球过程。一旦离开打球的实际过程或可能过程,它就只是一种圆形的橡胶制品,而不具有球场上的"篮球"意义:对从未参与打球活动、完全不知打球为何"事"的人来说,"篮球"便只是以上这一类器物。皮亚杰已注意到这一点,在谈到"物体"意义时,他曾指出:"一个物体的意义就是用该物体'能做什么'","客体不是别的什么,它只是一个结合在一起的属性的集合,它的意义就是'能用它来做什么',即同化到一个动作格式中去(不管动作是物质的动作还是心理的动作)。"①这里所说的"做什么"是就广义而言,既指涉及身体的"物质的动作",也包括观念性的活动,二者尽管在运作的方式上不同,但都属人所"作"之"事"。"意义"总是相对于人而言,本然的存在不发生意义的问题,"物"或"物体"的这种意义,具体通过人的多样之事而呈现。尽管皮亚杰主要关注行动逻辑的优先性,"物体"的意义,也首先呈现于它与行动秩序之间的关系,但以上看法同时在普遍的层面涉及"物"的意义与人之所"作"的关联。在相近的意义上,杜威也指出"事物就是为我们所对待、使用、作用与运用、享受和保持的对象"②,这里突出的,同样是"物"的意义与人的作用之间的关联。

宽泛而言,"物"的意义体现于认知和评价两个方面,认知层面的意义关乎事实,评价层面的意义则涉及价值,与"事"相关的意义,兼含以上两个方面。就其现实的形态而言,"物"的意义不仅呈现于"事",而且生成于"事"。从生成的层面看,"物"的意义关乎"心""物""事"之间的互动。这里既有"物"层面上的意义呈现,也有"心"之维的意义赋予,二者都发生于人所"作"之"事"。以"物"的认知意义而言,其生成与人做事过程中的操作活动便难以相分。杜威曾指出:"在生产劳动中的有规则性、有条理的顺序,把它自己在思维面前呈现出来,成为一个控制原则。工艺是显露事物顺序互相联系的这种经验的一个典型。"③做事(劳动)不仅自身展现为一个有序

---

① 〔瑞典〕J.皮亚杰、R.加西亚:《走向一种意义的逻辑》,李其维译,华东师范大学出版社,2005年,第135、139—140页。
② 〔美〕杜威:《经验与自然》,傅统先译,江苏教育出版社,2005年,第16页。
③ 同上书,第56页。

(有条理)的过程,而且展示了"物"的内在秩序,这种秩序往往以法则或规律性的联系表现出来,因果联系即属这一类的秩序。内在于"物"之中的因果关联的彰显,同样与人所"作"之"事"相关。杜威已注意到这一点:"在说明为什么人们接受因果关系的信仰这一点上,劳动和使用工具比自然界有规则的顺序,或比理性范畴或所谓意志的事实等,是较为恰当的根据。"①质言之,因果之序既非仅仅由"物"自发呈现,也非由"心"思辨构造,而是在做事的过程中被揭示。尽管作为实用主义者,杜威常常悬置"物"的认知意义,但对"物"之条理(包括因果之序)与做事(劳动)过程内在关联的肯定,无疑有见于"事"在意义生成中的本源作用。

同样,"物"的价值意义之生成,也难以与"事"相分。以煤、石油等"物"而言,其本然的形态主要表现为某种物理、化学的结构,然而,在人类作用于对象的活动过程(劳动、做事过程)中,煤、石油不仅呈现了可燃的属性,而且被赋予能源的意义,这种意义不仅有认知层面的事实面向,而且也有评价层面的价值意味,前者主要敞开其自身的自然属性,后者则展现了它对人类生活的意义。人所"作"之"事"本身总是处于发展的过程中,生成于"事"的"物"之意义,同样非凝固不变。仍以前述煤、石油为例,作为"物",煤、石油的可燃性与能源意义的确认,基于一定历史时期人类所"作"之"事"(人类的历史活动),然而,随着这种"事"或活动的发展,煤、石油所产生的气体对环境的污染作用以及它们对人类健康的危害,也逐渐显露出来,而对环境及健康的这种消极影响则既具有认知意义,也具有负面的价值意义。相对于煤、石油之能源意义的彰显,其污染环境和危害健康之意义的呈现,无疑表明了人类认识的深化,而意义的这种不同呈现,则

---

① 〔美〕杜威:《经验与自然》,傅统先译,江苏教育出版社,2005年,第56页。

无法离开人作用于对象的做事过程。马克思曾指出:"人们实际上首先是占有外界物作为满足自己本身需要的资料,如此等等;然后人们也在语言上把它们叫做它们在实际经验中对人们来说已经是这样的东西,即满足自己需要的资料,使人们得到'满足'的物。"① 所谓"占有外界物作为满足自己需要的资料",也就是通过劳动等具体之"事"的展开使物合乎人自身的需要,"在语言上把它们叫做"合乎需要的事物,则是对相关之物价值意义的把握。这一看法所肯定的,也是"事"在对象价值意义的敞开中所具有的本源性。

从更为普遍的层面看,心物关系涉及作为对象的"物"与人心如何沟通的问题,康德提出合目的性,主要便试图解决对象的结构、秩序与人心机能之间的沟通。在康德看来,在认识的层面上,认识对象(现象)唯有被设定为具有现实性和秩序性,才能与先天的认识形式一致,这种一致呈现某种合目的性的形态,由此,对认识机能而言,自然必须按一个"目的性原理"来加以思考,而"判断力必须把目的归之于(ascribe to)自然,因为知性在这里不能对自然规定任何法则"②。从审美的角度看,对象的形式、结构与人的愉快感受(审美意识)之间同样形成某种合目的性关系,这种合目的性关系构成了形成审美判断的前提。③ 对象规定与人心机能的一致、沟通,确实是无法回避的问题,康德通过预设对象的合目的性而为两者的沟通提供根据,无疑有见于意义因人而形成:目的论实质上体现了以人观之,其中蕴含的内在涵义之一是对象的不同意义离不开人的存在。然而,这种思路同时又与他在认识主体的机能方面预设先天的直观形式和

---

① 〔德〕马克思:《评阿·瓦格纳的"政治经济学教科书"》,《马克思恩格斯全集》第 19 卷,人民出版社,1963 年,第 406 页。

② Kant, *Critique of judgement*, Translated, with an Introduction, by J. H. Bernard, Hafner Publishing Co, 1951, pp. 20-23.

③ Ibid., p. 30.

知性的范畴具有一致性,后者所体现的显然是一种先验哲学的立场。在其现实性上,这里首先应当关注的是基于"事"而展开的人与对象的相互作用。概要而言,一方面,在"从事"说明世界的活动中,人(包括人心)不断适应世界(mind to world);另一方面,在"从事"变革世界的活动中,人(包括人心)又不断地让世界适应自身(world to mind)。在人与世界由"事"而形成的以上互动中,人心机能与对象规定(包括现实性、秩序、形式结构)逐渐达到一致;存在的秩序、行动的秩序、意识的秩序(人心的秩序)之间的一致,本于人所"作"之"事"。

"物"的意义既以观念的形式生成于"事",也涉及自身的现实化问题。意义并非仅仅存在于观念的形态,它同时与化本然之"物"为人化之"物"、化理想为现实的过程相联系。本然之"物"向人化之"物"的转换,意味着外在之"物"成为合乎人的需要或合乎人的理想之实在,这一过程既基于对相关之物认知意义的揭示,也以对其价值意义的把握为前提,与之相应,从本然之"物"向人化之"物"的以上转换同时表现为意义的现实化过程。意义的以上生成和现实化过程一方面使"心"与"物"相涉:意义的生成同时也是"物"与"心"发生关联的过程;另一方面,又使"心"与本然之"物"相分:随着意义的现实化,本然之"物"已扬弃了自在的形态而取得人化之"物"的形式。作为意义现实化的产物,人化的存在同时表现为具有实在形态的意义世界,在这里,人化之"物"与意义世界彼此重合。

意义的以上现实化过程,以广义之"心"转换为理念、计划、蓝图等为前提;旨在改变本然之"物"的"事"则既受到以上理念、计划、蓝图的制约,也以这些理念、计划、蓝图的落实为指向。"事"的展开一方面伴随着意义世界的生成,另一方面又意味着"心"通过转换为理念、计划、蓝图而凝结于呈现为意义世界的人化之"物"。作为人化的对象,意义世界之中的"物",进一步以不同于本然或原始的形态进入

"心"(为"心"所把握)。不难注意到,以"事"为源,"心"与"物"彼此互动,"心"以不同的形式体现于"物"(人化之"物"),"物"则随着意义世界的生成而不断进入"心",二者在"事"的展开过程中逐渐走向融合。

可以看到,"心"生成于"事",其实质的内容也以"事"为源;"物"的意义通过"事"而呈现,由"事"而显的这种意义在进入人之"心"的同时,又现实化为意义世界,后者既是不同于本然存在的人化之"物",又呈现为有别于思辨构造的现实之"物","心"与"物"基于"事"而达到现实的统一。在这里,一方面,"事"自身包含"心"与"物"的交融:"事"的展开既关联着以目的性、理性之知、情意取向等为表现形式的广义之"心",也以"物"为具体的作用对象;另一方面,"事"的以上规定又使之在更广的层面沟通着"心"与"物"。悬置了"事",对心物关系的理解便将引向抽象的形态:从根本上说,"心"与"物"分离的根源,在于离"事"言"心"、离"事"言"物",而扬弃这种分离,则以本于"事"为前提。

三 知行之辩:以"事"为源

基于"事"的心物互动,同时涉及知与行的关系。这里的"知"与"行"是就广义而言,"知"涉及观念性活动,"行"则包括前文提及的"实践"和中国哲学传统中的"行",后者可以视为狭义上的"行"。"心"的活动和内容以不同的方式引向"知","物"之扬弃本然形态,则关乎"行"。如上所述,"心"与"物"通过"事"而彼此交融,同样,"知"与"行"的关联也本于"事"。以"事"应对世界的过程既关乎"知"("物"通过意象化和意念化而进入"心",由此形成知识经验),也关乎"行"(通过"行"而以不同于观念的方式改变"物"),"知"与

"行"由此在本源的层面得到沟通。

"知"既呈现观念的形态,也展开为认识活动,作为认识活动的"知"同时表现为人之所"作",从而与广义之"事"相通。从现实的形态看,"知"与"事"的关联存在于"知"(认识活动)的整个过程。"知"首先关乎"所知"(对象),作为"境之俟用者"①,"所知"不同于本然之物,而是与人之所"作"相联系,并在人的这种作用过程中进入认识领域。本然之物固然存在,但尚未与人相涉,因而并不构成现实的"所知"。以广义的"人之所作"为背景,"所知"的形成一开始便与人从事的多样活动相关联。以天文观察而言,在天文仪器(如射电望远镜)所及的范围之外,固然也存在未知的天体,但这种天体并不构成天文领域之"知"的现实对象,唯有为这种仪器所及的河外星系,才构成天文考察的实际对象。从现实的形态看,为天文仪器所及,也就是为人所作用,即人借助科学工具而作用于其上。这种作用过程,同时表现为广义的做事过程。在此意义上,可以说,"所知"形成于"事"。

哲学史上对"所知"的理解,每每存在不同的偏向。认识论中的直观反映论往往将认识对象视为本然或既成的存在,这种存在不同于"境之俟用者",而仅仅表现为自在之物。与之相对,康德以现象为认识的实际对象,并强调感性和知性所指向的这种现象与人的作用(包括先天时空形式的运用)无法相分,这一看法似乎已有见于"所知"与人的关联。但他同时又仅仅从观念的层面肯定认识对象因人而成,亦即将因人而成主要理解为因"心"(广义的意识或观念形式)而成,未能进一步注意到所知在实质上因"事"而成。在离"事"而言

---

① (明)王夫之:《尚书引义》卷五,《船山全书》第 2 册,岳麓书社,1996 年,第 376 页。

"所知"这一点上,以上二重趋向呈现相反而相成的特点。

与"所知"相联系的是"能知",在认识论的视域中,"能知"涉及认识主体所具有的内在条件和能力,其中既包括已有的知识积累,也关乎感知、想象、逻辑思维等方面。就能力而言,其形成一方面以本然的潜能为根据,另一方面又离不开主体在现实存在过程中的培养和发展。前文在考察人之"心"时曾提及,"心"固然包含本然的机能,但这种机能要成为现实的能力,则离不开人所从事的不同活动。"能知"既兼及"心"所内含的机能,又与其现实的发展相关。与"心"之本然机能向现实能力发展一致,"能知"也总是经历从潜能到现实能力的转换:无论是基于"身"(感官)的感知层面的能力,还是与"心"相涉的想象、逻辑思维等方面的能力,都关乎现实的发展过程,这种发展并不仅仅以抽象的观念衍化为其形式,而是实现于人所"作"的多样之"事"。前文(第一章)提及,唯识宗曾区分相分与见分。按其性质,二者均未超出意识之域,但它们同时又被分别赋予所知和能知之义。对唯识宗而言,"相分名行相,见分名事"①。这里的"事"在广义上包括基于能知而展开的认识活动,梁漱溟将"事"还原为"相分"与"见分",无疑表现出把"事"抽象化的趋向②,但在认识的意义上,唯识宗及梁漱溟将"见分"与"事"联系起来,似乎也在思辨的层面涉及能知与作为广义认识活动的"事"之间的关联。就其现实性而言,"事"不仅涉及"做什么",而且关乎"如何做",在把握对象和变革对象的过程中,人既在"做什么"的层面与世界发生关联,也在"如何做"的层面锻炼和提升自身认识世界和变革世界的能力。

"知"的发生既关乎内缘,也有现实之源。"知"之内缘包括认识

---

① (唐)玄奘译、韩廷杰校释:《成唯识论校释》,中华书局,1998年,第134页。
② 参见本书第一章。

过程自身衍化的内在逻辑,现实之源则与人作用于对象的过程相联系,这种作用过程具体展开于人与物以及人与人的互动,其实质的内容表现为人所"作"之"事"。就其内缘或直接的动因而言,"知"的过程固然每每与理智的兴趣、为知识而知识的探索精神等相联系,但在本源或终极的层面,"知"总是指向人所"作"之"事",并通过制约"事"而进一步影响人的实际存在。世界既不是按某种既定程序运行,也不会自发地满足人,存在的过程总是充满了不确定性,与之相涉的"事"在展开过程中也常常面临不同的问题,而"事"的完成则伴随着这些问题的解决。从"知"的层面看,"事"中呈现的问题,同时为认识的发生提供了开端:在哲学的视域中,问题的出现既表明对相关的对象尚处于无知的状态,又意味着对这种状态已有所知(自知对相关对象还缺乏知),作为知与无知的统一,问题总是引发和推动进一步的认识("知")活动,并由此构成"知"的现实开端。实践过程中常常面临的所谓"攻克难题",便是解决做事或行事(作用于相关对象)过程中所遇到的问题,而问题的解决,则意味着相关之"事"的顺利完成。

以"所知"为指向,"知"并非囿于意识之域:不仅其发生与"事"相涉,而且其深化也离不开"事"的展开。认识的形成既需要概念形式,也有赖于经验内容,二者都与人所"作"之"事"息息相关:从现实的层面看,概念形式并非先天具有,而是基于"事"的历史展开,形成于认识世界和变革世界过程;同样,经验内容也以人所"作"之"事"为其来源。在"事"的展开过程中,"物"不断从与人相分走向与人相关,并由此敞开自身,"物"的敞开,则为人进一步把握("知")"物"提供了可能。广而言之,"做事"同时表现为人与对象、人与人之间的互动,这种互动既构成了"事"的题中之义,也彰显了物与物、人与对象、人与人之间的不同关系。无论是"物"的敞开,还是多样关系的彰显,都为"知"的发展和深化提供了现实的内容。

作为现实的过程,"知"呈现多重维度,后者既包括不同观念活动的交错,也涉及"身"与"心"的相互作用、概念形式与经验内容的结合,以及逻辑思维与想象、直觉的彼此互渗,等等。"知"的这种多方面性与"事"所内含的多重性同样相互关联。以人与对象、人与人的交互作用为内容,"事"的展开过程既离不开基于"身"的感性力量,也处处需要"心"的引导,这里的"心"包括逻辑思维、概念能力、想象、直觉,等等,"心"之所思、所想、所觉则同时与感知活动、经验内容彼此交融。从生活之域的处事、行事,到更广领域的做事,作为人之所"作"的"事"包含或关涉不同的方面,逻辑推论、概念活动、想象、直觉则既由多样之"事"而激发,又汇集于"事"的展开过程。"事"所涉及的多方面性,往往制约着不同层面之"知"或"知"的不同形式:日常之事,与直观、感知等认识具有较为切近的关系;理论科学领域的研究活动,则更多地诉诸理性思维和逻辑推论,如此等等。在这一互动的过程中,多样之事同时为基于"事"的"知"以及"知"所内含的逻辑推论、概念活动、想象、直觉等多重展开形式提供了现实之源。

进一步看,与抽象的意识活动不同,"知"的发生和衍化,总是关乎一定的社会历史背景以及存在情境。仅仅从形式、先验层面考察人之"知",无法把握现实的认识过程,即使是似乎与社会生活无直接联系的理论科学,也总是以社会历史与思想演进的一定形态(包括逐渐沉淀的认识成果)为其背景,而特定认知过程的发生,更有其相关的存在情境。作为"知"所由发生的前提,这种社会历史背景和存在情境具有综合性、具体性的特点,其本身的形成,则与"事"的历史展开以及"事"的具体发生相联系。事实上,社会历史背景和存在情境既可以视为以往之"事"的产物,又以现实之"事"的展开为其内容。社会历史背景和存在情境与"事"的以上关联,也从一个方面表明:基于以上背景和情境的"知",与"事"难以相分。

广义的"知"包括认知意义上的"知"与评价意义上的"知",前者以事实的把握为其目标,后者则指向价值意识,中国哲学所谓"见闻之知"和"德性之知",在某种意义上也涉及以上分别。"事"与"知"的关联不仅关乎认知意义上的"知",而且与评价层面之"知"相联系。评价既与积极或消极的价值意义相关,也以正当或不正当的判定为内容,前者基于对人自身需要与对象性质的把握:对象合乎人的需要,便意味着具有积极的价值意义,反之则将被归入消极的价值之域;后者依据于行为或行为结果是否合乎一定的价值原则和规范:合乎这种原则和规范,便被视为正当,反之则将被归入非正当之列。以上视域中的"知",往往凝结于概念等形式之中。就"事"与"知"的关系而言,"事"固然受到"知"的制约,其展开过程,也每每依据于以事实认识或价值原则为内容、以概念为形式的广义之"知",所谓"事出于名"①,便表明了这一点;然而,从更为本源的层面看,对象性质的敞开,离不开人从事的多样活动,人的需要也形成于人的"在"世过程并随着人所"作"之"事"的展开而逐渐被自觉地把握。同样,对价值原则和规范的理解、认同,也无法疏离人所"作"之"事":这不仅在于价值原则和规范的意义乃是通过人所参与的多方面的"事"而呈现,而且对这种意义的把握也以参与相关之"事"为前提。引申而言,中国哲学所说的"德性之知"包含道德意识层面的自觉,这种自觉,同样难以仅仅依赖内省、玄思,而是需要基于事亲、事兄等实际活动及更广意义上的"事上磨练"。

"知"与"行"相涉,同样,"事"也既对于"知"呈现本源性,又与

---

① 《恒先》,马承源编:《上海博物馆藏战国楚竹书》(三),上海古籍出版社,2003年,第111页。

"行"彼此交融。从哲学上看,"知"与"行"都是人之所"作",亦即人所从事的活动,但"知"首先表现为观念性的过程,"行"则与"身"相涉,并表现为通过"身"而展开的具有感性之维的对象性活动。这一意义上的"行"大致可以区分为二重形态,其一,宏观层面的社会实践,其二,微观之域的日用常行,包括生活世界中的伦理行为。两种形态的"行"都既与个体相关,也有类的维度,但比较而言,以经济、政治、军事等活动为内容的社会实践更多地体现了类的维度,生活世界中展开的日用常行则与个体有着较多的关联。相对于"行"的以上分别,"事"则如上文提及的,具有综合性的品格,这种综合性表现为兼及宏观层面的社会实践和个体之维的日用常行。与之相联系,"事"既与"行"的具体形态有相互重合的一面,又具有更广的涵盖性。

在现实的形态上,"知"与"行"并非彼此分离:"知"的形成和深化关乎"行","行"的展开过程也渗入了"知"。然而,当"知"与"行"相对而言时,两者往往分别突出了认识与实践的不同方面:"知"首先呈现为观念性的活动,"行"则同时展开为与"身"相关的感性活动,并或者涉及人与对象的物质交换,或者关乎人与人的现实交往;即使是信息和网络时代的虚拟之"行"(虚拟实践),也表现为运用数字化手段并基于计算机、显示器等现实对象的具有感性意义的活动。相形之下,与"事"所具有的综合性一致,"知"与"行"各自侧重的认知之维和实践之维在"事"之中首先以彼此交融的形态呈现:"事"的展开,既关乎包括感性活动的"行",也与涉及观念性活动的"知"相联系,从而表现为亦"知"亦"行"的过程。无"行",则"事"将趋向于抽象化、思辨化;无"知",则"事"便无法摆脱自发性、盲目性。在此,"事"的完成离不开"知"与"行"的互动,"知"与"行"本身则在"事"的展开过程中确证了彼此的相关性和统一性。

从更为深层的视域看,"事"或者以成物为目标,或者以成己为内容;成物意味着化本然之物为人化存在,成己则旨在使人自身的存在达到理想的形态,二者在不同意义上都关乎实际地改变世界、改变人自身。以影响对象和人自身为指向,"事"既涉及"行"(实践)的有效性,也与"知"(认识)的真实性相关。就其现实形态而言,"行"的有效性以真切(真实)把握相关对象为前提,"知"的真实性则最后落实于有效之"行"并通过有效之"行"而得到确证。从价值的层面看,"有效性"体现的是"善","真实性"则突显了"真","事"与"善"("行"或实践的有效性)和"真"("知"或认识上的真实性)的以上关联,不仅使之具有沟通"知"与"行"的意义,而且赋予这种沟通以更为深沉的价值内涵。

要而言之,"心"的内容和"物"的意义最终生成、敞开于"事","知"与"行"同样以"事"为本。"事"为"心"与"物"、"知"与"行"的统一提供了具体的基础,心物、知行之辩也相应地源于人所"作"之"事"。心物相分,以离"事"言"心"、离"事"言"物"为前提,知行隔绝,也缘于"事"的悬置。扬弃"心"与"物"、"知"与"行"分离的现实前提,在于引入"事"的视域。

第五章
由"事"思"理"

　　心物之辩与知行的互动在不同意义上关乎"理"。"物"的内在规定及相互关系包含"理","心"对世界的把握也以得其"理"为题中之义。同样,知与行也离不开对"理"的把握和依循。与之相联系,"事"不仅通过人与对象的互动而生成"事实",而且与"理"相涉,后者("理")以"物理"(物之理)和"事理"(事之理)为具体形态。"物理"内在于事物,又因"事"而显;"事理"在广义上兼涉"物理",在狭义的层面则关乎"事"本身的展开过程,并表现为必然法则与当然之则。就"事"与"理"的关系而言,二者在人之所"作"的过程中相互制约,而人则既可"事中求理",也可"由理发现事"。

做事和处事的过程不仅与物打交道,而且展开为人与人之间的交往,前者关乎"循理",后者则涉及"讲理"。"循理"以合乎必然法则与当然之则为指向,其中蕴含"法自然"的要求;"讲理"则意味着基于必然法则与当然之则而给出"为何做""何以如此做"等理由,它既表现为形式层面的"规范态度"(理性论说),也以人与人之间承认彼此的权利和价值为内容,做事过程则由此进一步引向人和人之间的和谐共在。

一 "事"与"事实"

"事"不仅与"物"相涉,而且与"事实"相关,"事"与"事实"关系的讨论在逻辑上构成了"理""事"之辩的前提。在"事"与"事实"的关联中,"事"首先表现为人之所"作",这种"作"具体展开为人的多样活动,"事实"则可视为以上之"事"的产物。

上述视域中的"事实"不同于本然形态的"物"或"实在"。本然形态的"物"或"实在"作为处于"事"之外的对象,尚未进入人之所"作"的过程,从而不构成基于"事"的"事实"。宽泛而言,"事实"可以从本体论和认识论二重维度加以考察,二者在不同的意义上都关联"事"的展开过程。

在本体论的层面,"事实"既涉及"事物",也关乎"事件",无论是"事物",抑或"事件",作为"事实"都与人之所"作"无法相分。在人与对象的相互作用中,人通过做事而改变对象,并在对象之上打上自身的印记。这种打上了人的印记的对象,既可以视为"事实"的事物形态,也可以看作是作为事物的"事实"。这一意义上的"事实",也就是人所面对的现实存在:人非生活于洪荒之世,与人发生关联(人与之打交道)的对象,也不同于本然之物,在其现实性上,人生活于其间的世界,乃是由"事实"所构成。当维特根斯坦说"世界是事实(facts)的总和,而不是物(things)的总和"①之时,似乎也从一个方面注意到了这一点。

事物主要表现为特定的对象。"事"作为人之所"作",同时展开为一个过程,并涉及不同的人与物。在与多样的人和物打交道的过程中,不仅物被打上人的印记而成为事物,而且不同的事件也往往随之发生。宽泛而言,作为"事实"的事件可以视为因人之所"作"而在一定的时间和空间中发生或完成的现象。相对于事物的既定性,事件每每展开于一定的时间段,从而表现为或长或短的过程,作为结果的事件,则以上述过程的完成为前提。"事实"视域中的事件之更内在的特点,体现于它与"事"的关联:本然世界或洪荒之世中的自然现象,包括自然对象之间的互动引发的变迁,如火山喷发、地震、洪水,等等,不是"事实"意义上的事件,唯有在人与物或人与人的互动(广义的做事过程)中形成的现象,才呈现为具有"事实"意义的事件。②作为因"事"而生的实在,上述论域中的事件已不同于本然的存在。

与"事实"的本体论形态相关的是认识论意义上的"事实"。在本体论上,"事实"表现为人之所"作"的结果,包括打上人的印记的事物以及人的活动所造成的事件;在认识论上,"事实"则可以视为对以上事物、事件的把握,这一意义上的"事实"通常以陈述或命题来表达。在谈到事实时,金岳霖曾指出:"事实是真的特殊命题之所肯定的"③,此所谓"事实",便侧重于认识论的意义。在认识论意义上,

---

① 〔奥〕维特根斯坦:《逻辑哲学论》,郭英译,商务印书馆,1985年,第22页。参见 Wittgenstein, *Tractatus Logico-Philosophicus*, Dover Publications, Inc. 1999, p.29。

② 当然,火山喷发、地震、洪水等现象在进入人的知行过程并作为物理事件而成为人认识和作用(包括科学考察)的对象以后,也具有"事实"的意义。

③ 金岳霖:《知识论》下,商务印书馆,2011年,第787页。

"事"关乎"虚"和"实"的关系。以广义认识形态所涉及的历史书写和文学创作而言,其中的"事",便往往虚实相间。文学作品中的叙"事",常包含虚构的成分,然而,这种虚构,又需以实事为根据:文学中的人和"事",总是以现实生活中人之所"作"及其结果为原型。历史文献中的"事",通常以历史中实际发生的"事"为对象,但历史的书写,每每又渗入不同形式的历史想象,由此,史"事"的考证就变得不可或缺,而这种考证所指向的,则是历史中的实"事"。文学世界和历史世界中的以上现象从一个方面展现了认识过程所涉之"事"的虚实交错,后者同时赋予认识论意义上的"事实"以复杂的形态。

以人之所"作"的结果为对象,认识论意义上的"事实"与人的活动存在多方面的关系。金岳霖曾肯定事实有"接受成份,安排成份"①,并认为"事实是所与和意念底混合物"②,这里的"接受"和"安排",便表现为人的广义活动,这一看法无疑注意到"事实"与人的活动的关联。不过,在金岳霖那里,以上活动似乎主要与概念(意念)的运用相联系,从而仅仅限于观念层面,对于更广视域中的人之所"作",他则未能给予充分关注。

就其内容而言,认识论意义上的"事实"包括不同方面。在谈到事实时,罗素曾指出:"现存的世界是由具有许多性质和关系的许多事物组成的。对现存世界的完全描述不仅需要开列一个各种事物的目录,而且要提到这些事物的一切性质和关系。我们不仅必须知道这个东西、那个东西以及其他东西,而且必须知道哪个是红的,哪个是黄的,哪个早于哪个,哪个介于其他两个之间,等等。当我谈到一个'事实'时,我不是指世界上的一个简单的事物,而是指某物有某种

---

① 金岳霖:《知识论》下,商务印书馆,2011年,第787页。
② 同上书,第772页。

性质或某些事物有某种关系。因此,例如我不把拿破仑叫做事实,而把他有野心或他娶约瑟芬叫做'事实'。"①罗素的以上看法注意到"事实"不限于事物及其性质,而是首先指向事物之间的关系,这一理解同时侧重于"事实"的认识论意义:在认识论上,仅仅指出某一对象(如拿破仑),并不构成严格意义上的知识,唯有对相关对象作出判定(如拿破仑有野心,或拿破仑曾娶约瑟芬),才表明形成了某种知识,而这种判断又以命题的形式表达出来。与之相联系,认识论意义上的"事实"也不囿于事物及其性质,而是以命题的形式指向事物之间的关系。罗素诚然曾提及"事实属于客观世界",并以所谓"原子事实"为最基本的事实,但其研究主要乃是在逻辑的视域中展开,罗素自己明确地肯定了这一点:"在分析中取得的作为分析中的最终剩余物的原子并非物质原子而是逻辑原子。"②与之相应,原子事实内在地关乎语言:"每个原子事实中有一个成分,它自然地通过动词来表达(或者,就性质来说它可以通过一个谓词、一个形容词来表达)。"③这种与"逻辑""语言"相关的"事实",更多地呈现了认识论层面的意义。

类似的视域,亦见于哈贝马斯,从其著作《在事实与规范之间》中,便不难看到这一点。在该书中,哈贝马斯也论及"事实",尽管与罗素侧重于逻辑形式有所不同,哈贝马斯主要关注事实与规范性的关系,但在将事实与语言联系起来这一点上,两者又有相通之处。在哈贝马斯看来,"借助于名称、记号、指示性表达式,我们指称个体对象,而这些单称词项占据主词位置的句子,则总体上表达一个命题或

---

① 〔英〕罗素:《我们关于外间世界的知识》,陈启伟译,上海译文出版社,1990年,第39页。
② 〔英〕伯特兰·罗素:《逻辑与知识》,苑莉均译,商务印书馆,1996年,第215页。
③ 同上书,第239页。

报告一个事态。如果这种思想是真的,表达这个思想的句子就报告一个事实"①。名称、句子、命题以不同的形式关乎语言,与之相联系的事实,也首先涉及语言,事实上,哈贝马斯便明确地将这类事实置于"语言之中"②。"语言之中"的这种"事实",无疑可以归入广义的认识论之域。

在相近的意义上,金岳霖区分了"东西"与"事实"。"事实"以命题表示,"东西"则以名词或名字表示。③ 这一意义上的"东西",主要表现为特定的个体,"事实"则关乎事物间的关系,以植物界的"麦子"而言,"麦子"只是东西,"麦子播种了"则是事实,因为它涉及事物之间的关系,如麦子与土地、时间与空间的关联。引申而言,"东西"可以蕴含很多事实,如,"书"属于"东西",但其中却可以包含不同的"事实",如这是旧书,这是外文书,这是精装书,等等。就"书"与其他事物的关系而言,相关的"事实"还包括如下方面:书在桌上,书在电脑边,书已借出,等等。

上述视域中的事实既有自在的一面(其物理等性质不依存于人),又与人之所"作"相涉,从而不同于既成或已然的存在形态,与之相关的是发现和建构或生成的关系。发现一方面确认事实内含的自在性,另一方面又意味着"被发现"之物已存在。然而,如上所述,本然存在向事实的转换,不同于仅仅"发现"既成或已然的存在形态:把握认识论意义上的事实,包含着运用概念整理所与的过程;形成本体论上的事实,则基于以实践方式作用于对象的活动,二者均与广义的建构或生成相关。仅仅肯定事实的自在性,无法将其与本然的存在

---

① 〔德〕哈贝马斯:《在事实与规范之间:关于法律和民主法治国的商谈理论》,童世骏译,生活·读书·新知三联书店,2014年,第14页。
② 参见同上书,第12—21页。
③ 参见金岳霖:《知识论》下,商务印书馆,2011年,第773页。

区分开来,单纯强调事实的构造性,则可能将事实主观化,古德曼认为"事实明显是人为制造出来的"①,便似乎忽视了后一方面。要而言之,对事实的把握,需要注意其自在性与建构性(生成性)的统一。

就事实的呈现形态而言,尽管认识论意义上的"事实"与本体论意义上的"事实"存在着侧重于观念之域与表现为人化实在等差异,但在源于广义之"事"这一点上,又有相通之处。如前所述,以事物、事件等为对象,作为人化实在的"事实"生成于人与物、人与人的互动,同样,凝结于命题的"事实",也基于人之所"作"。后一意义上的"事"或人之所"作"涉及宽泛层面的认识活动。如金岳霖所言,以命题形式呈现的"事实"表现为"所与"和"意念"的结合,"所与"在此指客观的呈现,"意念"则与概念相通,与之相应,这里涉及二重认识活动,即直观和概念的运用。直观或观察包括日常经验活动中的自然直观、科学实验中的科学观察,等等,天文研究中用射电望远镜观察星系,即属人所从"事"的后一类科学研究活动,这种直观或观察构成了使对象以"所与"的形式进入认识之域的前提。概念的运用则涉及直观材料(所与)的凝结和关联,作为认识活动,概念的这种运用同样表现为人之所"作":广义之"事"固然不限于观念领域的活动,但同时又包含这一类活动。以上视域中的"事实"既不同于主观的构造而具有真切性,又作为人之所"作"而区别于纯粹自在的存在形态。

本体论意义上的"事实"与认识论意义上的"事实"在相互分别的同时,又彼此相关,从不同方面展现了"事"与"事实"的关联。作为人之所"作"的产物,两者(本体论意义上的"事实"与认识论意义上的"事实")同时构成了"事实"的不同形态。然而,"事实"的这种

---

① 〔美〕纳尔逊·古德曼:《构造世界的多种方式》,姬志闯译,上海译文出版社,2008年,第96页。

不同形态,在哲学领域中往往未能得到充分的关注:就总的哲学趋向而言,人们的注重之点,常常主要指向认识意义上的"事实",从罗素、金岳霖等对事实的理解中,已不难注意到这一点。刘易斯(C. I. Lewis)更明确地表明了这一点,在肯定事实为命题所陈述的同时,刘易斯又强调"客体本身则不是一种事实"。① 这里的客体,在逻辑上既指本然的存在,也包括人化的实在或本体论意义上的事实,就此而言,将客体排除在事实之外,也意味着悬置本体论意义上的事实。在如上视域之下,"事实"主要表现为以命题形式呈现的观念形态,尽管这种命题被视为"真的特殊命题",但作为认识论之域的命题,它毕竟有别于打上了人的印记之实在。如前文所提及的,作为"事"之产物的"事实",显然不限于以上形态:当人们强调从"事实"出发之时,并非仅仅着眼于真的"命题"或"陈述",而是要求基于真实的存在,这一实践取向从本源的方面展现了"事实"的本体论之维。同样,在通常所谓"事实胜于雄辩"的表述中,"事实"与"雄辩"构成了一种对照,其中的"事实"作为与"雄辩"相对者,也不同于仅仅表现为认识形态的"命题",而是呈现为现实的存在。冯契先生曾区分了本然界、事实界、可能界、价值界,以此为主干,冯契先生展开了其智慧说中的天道理论。尽管在形而上的层面,"界"表现为存在的形态,本然界、事实界、可能界、价值界的分别,相应意味着将本然、事实、可能、价值规定为彼此并立或相继而起的存在形态,其中逻辑地蕴含着事实与价值相分的可能;较之从本然世界和现实世界的分别出发进而肯定现实世界包含事实之维与价值之维的统一,本然界、事实界、可能界、价值界的以上区分,无疑内含某种理论问题。然而,就"事实"的理解

---

① 〔美〕刘易斯:《价值和事实(1969)》,《刘易斯文选》,李国山等编译,社会科学文献出版社,2007年,第308页。

和把握而言,对以上诸界的考察则不仅基于认识过程,而且内含本体论的进路。在谈到"事实"时,冯契先生便一方面将"化所与为事实"与知识经验的形成过程联系起来,另一方面又强调:"事实的'实'就是实在、现实的实。"①后一意义的"事实",无疑同时具有本体论意义。与之相联系,冯契先生区分了"事实界"与"事实命题",认为:"事实界是建立在具体化与个体化的现实的基础上的,事实命题归根到底是对具体的或个体的现实事物的陈述。"②如果说,这里所说的"事实命题"侧重于"事实"的认识论内涵,那么,以"具体化和个体化的现实"为基础的"事实界",则突出了"事实"的本体论意义。

就更本源的层面而言,肯定事实包含认识论与本体论二重内涵,以说明世界和变革世界的关联为其前提。说明世界关乎从认识之维把握世界,变革世界则涉及对世界的实际作用。认识论意义上的事实更多地与前者(说明世界)相涉,本体论上的事实则主要指向后者(变革世界)。变革世界意味着人化实在的生成,这种人化的实在,同时也具有事实的意义。如果仅仅关注认识论之维的事实,则事实与世界的变革之间的如上关联便可能被置于视野之外。以认识的形式呈现的事实与作为人化实在的事实之间的相互关联,折射着说明世界和变革世界的互动。

可以看到,作为真命题的"事实"诚然为真实地把握世界提供了前提,但它并非疏离于作为人化实在的"事实":如上所述,以真命题的形式所呈现的"事实"所涉及的,并不是本然或自在的对象,而是人化的实在。换言之,认识意义上的"事实",乃是以本体论意义上之"事实"为现实内容,在此意义上,以上二重形态的"事实"本身存在

---

① 冯契:《认识世界和认识自己》,《冯契文集(增订版)》第 1 卷,华东师范大学出版社,2016 年,第 256 页。
② 同上书,第 263 页。

内在的联系。在肯定"事实"与"事"关联的同时,需要对"事实"的不同形态及其相互关系予以必要的关注。

二 "物理"与"事理"

形成于人之所"作"的"事实"既有自身的结构,又彼此相互关联,这种结构和关联包含内在秩序,后者同时以"理"的形式呈现。宽泛而言,无论是本体论意义上的"事实",抑或认识论之维的"事实",都关乎"理"。以"事物"为形态,"事实"表现为打上了人的印记之物,内在于其中的"理"也关乎"物理"或"物之理"。与"物理"相关而又相异的是"事理"或"事之理",后者体现于"事"的不同方面。

从汉语的语境看,"理"的原始词义与玉石内部的纹路相涉。广而言之,在"物理"的层面上,"理"可以引申为事物的条理、秩序、内在的规定性、法则,等等。韩非曾对物之理作了如下界说:"理者,成物之文也。""短长、大小、方圆、坚脆、轻重、白黑之谓理。"① 这一意义上的"理",主要表现为物的内在规定,作为对立的两个方面(长短、大小等)的统一,它不同于事物偶然或外在的形态。以内在规定为形式,"理"同时关乎"条理":"井井兮,其有条理也。"② 这里"条理"主要呈现为有序的存在形态,朱熹对此作了更明晰的界说:"如阴阳五行错综不失条绪,便是理。"③ 与"条理"相涉的有序性不仅关乎具体事物,而且在宽泛的意义上涉及形上的存在。在谈到有关是非、治乱的一偏之见时,庄子曾批评:"是未明天地之理,万物之情者也。"④ 这

---

① 《韩非子·解老》。
② 《荀子·儒效》。
③ (宋)朱熹:《朱子语类》卷一。《朱子全书》第14册,上海古籍出版社、安徽教育出版社,2002年,第116页。
④ 《庄子·秋水》。

里的"天地之理",便关乎形上之序和存在的一般法则。

"物理"(物之理)作为一般法则,具有普遍性,在此意义上,"理"与"道"呈现相通性,所谓"循天下之理之谓道"①,便表明了这一点。然而,"理"同时又是使事物彼此区分的规定:"天地虽一物,理须从此分别。"②"天地虽一物"体现了存在的统一性,"理须从此分别",则肯定了存在的不同形态与"理"的相关性,后一意义上的"理"也可以视为"理之异",朱熹对此作了更为具体的阐释:"论万物之一原,则理同而气异;观万物之异体,则气犹相近而理绝不同也。气之异者,粹驳之不齐;理之异者,偏全之或异。"③"万物之一原"体现的是物之"同",对朱熹而言,物的这种"同"乃是以理之"同"为其根据,在这里,"理"主要被理解为万物的普遍本质。与"万物之一原"相对的是"万物之异体",后者涉及的是不同类的事物或事物的不同类,这种不同,决定于"理之异"。作为事物差异的规定者,"理之异"具体表现为"殊理",所谓"以其分之殊,则其理之在是者不能不异④",便指出了这一点。这一意义上的"殊理",可以视为内在于一定领域、一定物类中的"理"。

引申而言,这里同时关乎普遍与特殊、个别与一般的关系。从形而上的层面看,在本然的形态下,对象主要呈现为未始有分的整体存在,其中并没有认识论意义上普遍与特殊、一般和个别之分。然而,以"事"观之,对象则在认识活动的层面和实践活动的层面,都取得了与上述分别相关的存在形态:在人作用于对象的过程中,对象同时被

---

① (宋)张载:《张载集》,中华书局,1985年,第191页。
② 同上书,第178页。
③ (宋)朱熹:《答黄商伯》,《晦庵先生朱文公文集》卷四十六,《朱子全书》第22册,上海古籍出版社、安徽教育出版社,2002年,第2130页。
④ (宋)朱熹:《答余方叔》,《晦庵先生朱文公文集》卷五十九,《朱子全书》第23册,上海古籍出版社、安徽教育出版社,2002年,第2854页。

把握为包含特殊或个体、普遍或一般等不同规定的存在形态,后者既基于对象自身的实在性,又体现了人对事物的理解:以普遍与特殊、一般与个别之分为视域,一方面对象在类的层面相互区分,另一方面又在个体的层面上各有归属。以牛与马的把握而言,"牛"之为"牛"、"马"之为"马"的普遍规定,既使牛与马这两种不同的类彼此相分,又使其中表现为个体的众多牛、马各自得到了归属(被归入相关的类)。作为"事"中呈现的存在规定,普遍或一般既有其现实的根据,又展现为广义之"理",它们与特殊、个别的关系具体表现为:普遍或一般内在于特殊或个体,特殊或个体则归属于普遍或一般,对以上关系的把握,同时构成了人通过"事"而变革世界的前提。不过,历史地看,在特殊与普遍、个别与一般的关系上,唯名论和唯识论往往分别地主要强调了其中的一个方面;西田几多郎所谓"全般者是特殊者的场所",[1]"以全般者为基础来包含特殊者,特殊者内存于全般者",[2]同样侧重其中一个方面的关系(将特殊或个体归属于普遍或一般),对普遍与特殊、个别与一般的以上看法,显然离开了人之所"作"或现实之"事"而表现为抽象的思辨。

"理"作为"物理"(物之理)呈现多重内涵,后者包括某物之为某物的内在规定,事物之间的内在联系,同一类事物的共同本质,存在的普遍法则,等等。概要而言,它所表示的是事物的内在规定、内在联系、内在本质以及一定领域中存在的普遍法则,正是上述之"理",赋予事物以某种条理、秩序,使之不同于杂乱无序的对象而可以为人所把握。作为"物之理","理"的存在既不依赖于人,也非基于人之所"作"。然而,"理"的存在固然与人无涉,但其敞开则离不开人所

---

[1] 〔日〕西田几多郎:《西田几多郎哲学选辑》,黄文宏译,联经出版事业股份有限公司,2013年,第180页。这里所说的"全般",近于哲学意义上的"普遍"。
[2] 同上书,第225页。

"作"之"事"。无论是作为普遍法则的理,还是"殊理",其显现都以"事"的展开为前提。植物的不同之理,敞开于农耕、园艺、植物培育等多样的活动;矿石有别于一般山石的内在之理,显现于采矿、冶炼、加工制作等做事过程,如此等等。自然之理的更深沉展现,关联着不同形式的认识活动,从科学实验,到理论探索,广义的人之所"作"展开于不同的方面,而"物理"则因"事"而显。

与"物理"或物之理相关的是"事理"或事之理。刘劭曾将"理"区分为四重形态:"若夫天地气化,盈气损益,道之理也。法制正事,事之理也。礼教宜适,义之理也。人情枢机,情之理也。"[①]从其内涵看,这里的"道之理"近于物理,与法制正事相关的"事之理",则属事理。当然,刘劭把"事之理"主要限定在"法制正事",似乎又视域过狭。事实上,他所说的"义之理"与"情之理"在涉及人之所"作"这一意义上,并非完全与事理相分,而体现为物理的"道之理"同样关乎宽泛意义上的事理。就更为实质的层面而言,"事理"或事之理可以从广义和狭义两重角度加以考察。广义的"事理"或事之理关联前文提及的"物理"或"物之理":"事"的展开过程总是涉及不同的事物,事实上,也正是在"事"的展开过程中,"物"取得了人化的形式,与之相联系,广义的"事理"无法完全隔绝于"物理"。引申而言,通过"事"而形成的事物以及事物之间的联系,也有自身之理,这种"理"既与"物理"有相通之处,又作为人之所"作"的结果而有别于"物"的本然之理。

在狭义的层面,"事理"或事之理主要涉及"事"本身的展开过程:作为人之所"作","事"的展开不仅涉及时间上的先后,所谓"事

---

① (魏)刘劭:《人物志·材理》。

有终始"①,也关乎空间上的上下、左右,从而形成一定的时空结构和秩序,这种时空结构和秩序经过不断的重复、延续,进一步表现为"事"展开的内在之"理",做事的条理性,便可视为这种"事之理"的体现。从更为内在的层面看,"事"既内含必然法则,也关乎当然之则,两者构成了"事理"或事之理的不同方面。"事"的有效性、合宜性,基于合乎"事理",而合乎"事理"又以"达于事理"为前提,朱熹曾指出了这一点:"人道之所宜,近而易知也,非达于事理,则必忽而不务,而反务其所不当务者矣。"②由"达于事理"而"合于事理",构成了"人道之所宜"的相关方面。③

华严宗也曾论及"事"与"理"的关系,但其理事观念包含多重性。从内涵上看,华严宗所言之"事"主要指现象界,其中不仅包括作为对象的"物",而且兼及与人相关之"事","理"则既指关乎真如、实相的自在之性,也与宽泛意义上的内在存在规定相涉。与之相联系,在华严宗那里,"事""理"之辩同时涉及"物"与"理"的关系。不过,华严宗同时又区分"事"与"物":"事非别事,物具理而为事。"④依此,则唯有包含"理"之物,才构成"事"。这一理解在逻辑上蕴含"物"与"理"相分的预设:物似乎可以"具理",也可以"不具理","具理"之物为"事","不具理"之物则非"事"。对"物"与"理"关系的如上看法,无疑存在理论上的问题,不过,就其以此区分"事"与一般之"物"而

---

① 《大学》。
② (宋)朱熹:《论语或问》,《朱子全书》第 6 册,上海古籍出版社、安徽教育出版社,2002 年,第 729 页。
③ 梁漱溟曾区分"情理"与"物理",以"前者为人情上的理","后者为物观上的理",并认为:"情理,离却主观好恶即无从认识;物理,则不离主观好恶即无从认识。"(梁漱溟:《中国文化要义》,《梁漱溟全集》第 3 卷,山东人民出版社,1990 年,第 127—128 页)其中的"物理"与这里所说的"物理"有相近之处,但其所言"情理"则主要限于意识和观念层面,从而不同于这里所说的"事理"。
④ (唐)法藏:《华严策林·明理事》。

言,又表现出试图把握"事"的独特品格之趋向。基于以上看法,华严宗对"理"与"事"的关系做了不同界定。一方面,二者呈现"不相即"的关系:"理事不相即,以理静非动故。""事理不相即,以事动非静故。"①根据这一理解,"事"以动为特点,"理"则具有静的品格,这种差异使两者相分而不相即。另一方面,华严宗又肯定"理事不二"②,并认为:"理不碍事,纯恒杂也;事恒全理,杂恒纯也。由理事自在,纯杂无碍也。"③"理事不二"或"理事无碍"体现了华严宗理事圆融的观念,其中同时又包含着对"理"与"事"的统一的某种肯定。不过,在华严宗那里,理与事的统一以缘起说为形上前提,这一视域中的"理"与"事",更多地被赋予思辨的性质而缺乏现实的规定。

从现实的形态看,"事"虽为人之所"作",但又包含"事理"之必然。这里需要关注人所"作"之"事"与"事理"关系的两重维度。一方面,与"物理"内在于对象之中、其形成和存在并非基于人所"作"之"事"有所不同,"事理"的形成离不开人的活动。当相关之事尚未发生时,内在于其中的"事理"也无从形成。历史地看,在以农耕活动为主的自然经济条件下,便不会有工业化时代大机器生产所涉及的事理。另一方面,"事理"又非源于人在观念层面的设定。按其实质,"事"的展开固然离不开人的参与,但其展开过程又蕴含着不以人的意志为转移的必然法则,后者具体便表现为"事理"之必然。从经济的发展,到政治的运行、科学的研究,等等,都内含必然之事理。以经济的发展而言,在市场经济的条件下,如果完全无视市场经济和生产过程的自身法则,盲目追求速度、规模,常常容易导致经济过热等负面结果。同样,在现代金融领域,信贷规模的过度扩张,往往会引向

---

① (唐)法藏:《玄义章·二谛无碍门》。
② (唐)法藏:《华严经义海百门》。
③ 同上。

金融的危机。经济生活中出现的经济过热、金融危机等现象,归根到底源于悖离经济发展的内在法则,经济发展的这种内在法则,可以看作是"事理"之必然在经济领域的具体体现。

在"事"的展开过程中,"事理"不仅表现为必然法则,而且以当然之则的形式呈现,后者具体表现为关于如何做的规范系统。荀子曾指出:"仁者爱人,义者循理。"①义即宜,引申为当然,与"义"相涉的"理",相应地表现为当然之则。朱熹在谈到至善时,也认为:"至善,则事理当然之极也。"②这里更明确地将"事理"与"当然"联系起来。如前所述,"物理"主要表现为"必然"(必然法则),而与"当然"无涉:物作为被作用的对象,本身不涉及"应当如何做"的问题。与之不同,"事理"则既关乎必然法则,又内含当然之则:唯有在"事"的展开过程中,才发生"应当"与否的问题,也正是后者,使之区别于"物理"。在当然之则这一层面,"事理"蕴含着关于"做什么"以及"如何做"的要求,"做什么"主要从目标或方向上指引所做之"事","如何做"则更多地从行为方式上引导"事"的具体展开。与引导相反而相成的是限定或限制。引导从正面告诉人们"应该"做什么或"应该"如何做,限定或限制则从反面规定"不应该"做某事或"不应该"以某种方式去做。哈贝马斯曾强调规范与价值的差异,并认为"规范和价值的区别首先在于它们所指向的行动一个是义务性的,一个是目的性的"③,按其理解,这里的规范涉及"命令做什么",价值则关乎"建议做什么"④,前者表现为较强的行为规定,后者则呈现相对较弱的

---

① 《荀子·议兵》。
② (宋)朱熹:《大学章句》,《朱子全书》第 6 册,上海古籍出版社、安徽教育出版社,2002 年,第 16 页。
③ 〔德〕哈贝马斯:《在事实与规范之间:关于法律和民主法治国的商谈理论》,童世骏译,生活·读书·新知三联书店,2014 年,第 316 页。
④ 同上。

行为要求。在以"事理"的形式呈现的当然之则中,上述意义的规范和价值或义务性与目的性,并非截然相分。

就"理"的层面而言,与"物理"之间的彼此分别相近,"事理"也有相异的一面。"事"若不同,则"理"亦相异。荀子曾指出了这一点:"有法者,以法行,无法者,以类举。以其本知其末,以其左知其右,凡百事异理而相守也。"①此所谓"百事异理",既指出了"事"的多样性,也肯定了"事"中之理(蕴含于"事"之"理")的差异性。朱熹同样注意到这一点:"盖理以事别,性以人殊,命则天道之全,而性之所以为性,理之所以为理者也。"②"理以事别"在确认"理"与"事"具有相关性的同时,也强调了不同之"事"有不同之"理"。

具体地看,"事"展开于不同的实践领域,从人与物的互动,到人与人的交往,从变革对象,到日用常行,"事"呈现多样的形态。不同领域以及不同形态的"事"既在"理"之必然上呈现差异,也在"理"之当然上彼此相分。就"事理"之必然而言,经济领域的法则不同于政治领域的法则,政治领域的法则又有别于文化领域的法则;从"事理"之当然看,生产领域的操作规范,不同于艺术活动中的创作或表演规则,艺术活动中的创作或表演规则,又有别于体育运动中的游戏规则,如此等等。

在人所"作"之"事"的展开过程中,"事"与"理"呈现互动的关系。从"类"的历史演化这一层面看,在人之所"作"的展开过程中,做"事"的模式、结构、条理不断重复和持续,逐渐形成某种思维的定势。随着语言的形成,做"事"的模式、结构、条理往往获得了脱离具体时空关系而在形式的层面凝结和传承的可能,而在人类文明的演

---

① 《荀子·大略》。
② (宋)朱熹:《论语或问》,《朱子全书》第6册,上海古籍出版社、安徽教育出版社,2002年,第641页。

进过程中,这种模式又经过沉淀、形式化,进一步凝化为思维的规范。康德将思维的结构视为先天的形式,其根源在于离"事"(人之所"作"的历史展开)而言"理"(思维的逻辑)。

引申而言,没有人所从事的经济活动,经济领域便无从形成,其中之必然法则和当然之则也相应地难以生成;没有人从事的学术活动,学术领域和其中的学术规范,便无法诞生;在人与之间的交往活动发生之前,也不存在内在于其中的交往原则和礼仪规范,如此等等。在论述"六经皆史"之说时,章学诚曾肯定"古人未尝离事而言理"①,这一看法既关乎"经"与"史"之辩,也涉及"理"与"事"的以上关联。相对于"物理"之因"事"而显,"事理"乃是生成于"事",并在"事"中被把握。朱熹曾指出:"今以事言者,固以为有是理而后有是事;彼以理言者,亦非以为无是事而徒有是理也。但其言之不备,有以启后学之疑,不若直以事言,而理在其中之为尽耳。"②这里所说的"以事言而理在其中",也从一个方面注意到"事"相对于事中之理("事理")具有本体论上的优先性。王夫之对"理"与"事"的上述关系作了更言简意赅的表述:"有即事以穷理,无立理以限事。"③就"事理"而言,"理"缘于"事",故可即"事"而穷"理",但不能以先天或抽象之"理"来限定"事"。

当然,"事理"在生成于"事"的同时,又对"事"具有多方面的制约作用。具体而言,凝结于"事"的"理"(包括思维逻辑),在为人所把握之后,可以进一步规范人之所"作"。"事"的有效展开,以把握

---

① (清)章学诚:《文史通义·易教上》。
② (宋)朱熹:《中庸或问上》,《朱子全书》第6册,上海古籍出版社;安徽教育出版社,2002年,第560页。
③ (明)王夫之:《续春秋左氏传博议》卷下,《船山全书》第5册,岳麓书社,1996年,第586页。

"事理"并进一步通过"事理"引导"事"为前提,所谓"事无礼则不成"①,也涉及以上关系:这里的"礼",可以看作是作为当然之则的"理",事实上,"礼"与"理"本身便具有相关性:"礼也者,理之不可易者也。"②"事"无法离开礼,缘于"理"对"事"的规范。唯有循乎"事理",相关之"事"才能达到完美之境:"事"之完美与"事"之合乎常理,具有一致性。朱熹曾认为:"所谓平常,亦曰事理之当然而无所诡异云尔。"③这里的"平常"意味着不同于反常,这一意义上的"平常"与常理具有一致性,而其源则在于合乎"事理之当然"。进一步看,作为规范的"事理"不仅具有引导性,而且内含建构意义:科学研究的规范,在相当程度上推进了基于这种学术规范的科学研究活动;不同的行业规范,造就了相关的行业活动方式;多样的游戏规则,引入了打球、下棋等多样的竞技或娱乐活动,如此等等。可以看到,"事"之"理"在源于"事"的同时,又从多重维度制约着"事"。

从认识的维度看,"事"与"理"的相互作用既表现在"事中求理",也体现于"从理中发现事"。④所谓"事中求理",也就是在"事"的展开过程中,把握蕴含于其中的"理"(事中之"理")。"事理"(包括作为人化存在的事物之理)形成于多样之"事",人也可以通过做"事"以及考察和反思"事"而把握这种"事理"。"理中发现事"或"理中求事",则是由已把握的"事理",进一步推测、预见可能或将要发生的现象或事物。根据天文计算,推测某一行星或恒星的存在,通过后续天文观测,进一步发现此星,这一过程便属"理中求事"。朱熹

---

① 《荀子·修身》。
② 《礼记·乐记》。
③ (宋)朱熹:《中庸或问上》,《朱子全书》第 6 册,上海古籍出版社、安徽教育出版社,2002 年,第 549 页。
④ 参见金岳霖:《知识论》下,商务印书馆,2011 年,第 811 页。

所著《中庸或问》中有如下记载:"曰:诚之为义,其详可得而闻乎?曰:难言也。姑以其名义言之,则真实无妄之云也,若事理之得此名,则亦随其所指之大小,而皆有取乎真实无妄之意耳。"①这里讨论的主题是"诚"的涵义,但同时亦兼及理与事的关系:如果事物具有"诚"之理,则可推知与之相关的存在形态都将具有"真实无妄"的性质。从内在的方面考察,"理"总是包含普遍性之维:即使在"百事异理"的形态下,"理"仍表现为同类事物中的普遍规定,"理"内含的这种普遍品格,为"理中求事"提供了前提。"种瓜得瓜,种豆得豆",这是人们在农耕活动(农事)中把握的植物之理,由此"理"可以推知,播下某种物种,将会收获相应的果实。同样,"多行不义必自毙",这是社会领域的普遍之"理",由此"理"可以推知,如果某一个体或共同体持续不断地行不义之举,则必然将为正义的人们所唾弃。不难注意到,"事中求理"与"理中求事"的互动,从不同的方面展现了"事"与"理"的相关性。

就"理""事"与人的关系而言,"理"内含普遍性,依"理"而行,赋予人的行为以前后一贯性;"事"和"事实"存在于特定的时间和空间,具有特殊、多样的品格,相应于"事"和"事实"的特殊性和多样性,做事的过程,也展现了人的存在之不同面向。进一步看,"理"的普遍性,同时也使受"理"制约的生活呈现统一性,这种统一在社会领域常常以人伦秩序的形式展现,所谓"伦类以为理②";"事"的多样性,则使"事"中展开的生活具有多姿多彩的形态。与之相联系,"事"与"理"的统一既表征着人的存在之前后绵延,也赋予人的生活以多重向度。

---

① (宋)朱熹:《中庸或问下》,《朱子全书》第 6 册,上海古籍出版社、安徽教育出版社,2002 年,第 591 页。
② 《荀子·臣道》。

三 "事"中之"理":"循理"与"讲理"

"物理"因事而敞开,"事理"则在生成于"事"的同时又由"事"而显,二者均与人之所"作"相涉。人之所"作"既表现为与物打交道的过程,也展开于人与人之间的交往,二者都关乎广义的"做事""处事"或"行事","理"对"事"的制约,由此也呈现不同的形态。

以人与物的互动为内容,"做事"的过程展开于多重方面。就通过劳动以变革自然的过程而言,从人类早期的狩猎、采集,到农耕、游牧,从近代以来的工业生产,到晚近的信息产业,人之所"作"呈现多重形式。这一意义上的"做事"主要以物为对象,其具体的指向则是化"天之天"(本然的存在)为"人之天"(人化的存在)。"物"内含自身之"理",在与物打交道的过程中,"事"的展开既敞开了物之"理",也需要基于物之"理",后者表现为"循理"或依理而行。由"事"而作用于"物"的活动诚然包含人的目的和意向,但这一过程不能悖离"物"自身的法则("理"),"事"的成效,也以合乎"物"自身的法则("理")为前提。道家提出"道法自然"和"无为"的原则,这里的"法自然"和"无为"并非无所作为或无所事事,而是一种特定的"为",即"为无为"①,所谓"为无为",也就是以"无为"的方式去"为",这里的"无为",可以理解为避免以"合目的性"消解"合法则性",与之相关的"为",则以顺乎"理"为特点。

通过"事"作用于对象,同时也赋予对象以多样的形态,这种形态既表现为对象由"事"而得到安顿和整治,并形成内在之序或条理,也意味着其合乎人的目的和理想。王阳明在谈到格物致知时,曾指出:

---

① 《老子·第三章》。

"若鄙人所谓致知格物者,致吾心之良知于事事物物也。吾心之良知,即所谓天理也。致吾心良知之天理于事事物物,则事事物物皆得其理矣。"[1]这里的"致"有推行之意,致吾心之良知于事事物物,属广义的人之所"作"。作为"天理"的良知,可以视为已为人所把握的普遍之"理",与之相关的人之所"作",展现为具体的道德行为。正是由道德实践中的人之所"作",人伦关系逐渐变得合乎理性的规范,人与人的交往也由"野"而"文",亦即由前文明的形式趋向于合理化:所谓事事物物皆得其理,首先便意味着形成理性化的道德秩序。尽管以上看法带有抽象和思辨的性质,但其中无疑也有见于人不仅可以由"事"而求"理",而且能够通过人之所"作",赋物(对象)以"理"。广而言之,在化"天之天"为"人之天"的过程中,赋物以"理"体现于变革世界的多重方面,而打上了人的印记的事物,则在某种意义上因"事"(人之所"作")而"皆得其理"。

进一步看,与物打交道的做事过程不仅关乎物之"理",而且内含自身之序:不同领域中"事"的展开,都涉及行动的先后,步骤的顺序,进度的快慢,以及上下、左右边界的幅度,等等。先后、顺序具有时间意义,上下、左右则涉及空间性,这些时间顺序、空间定位构成了"事"之条理,生产活动中的操作规程、不同工程中人力和物力的合理配置,等等,可以视为以上条理的多样体现。做事过程中的"循理"或依理而行,在广义上也包括合乎"事"之条理,后者固然涉及"物理",但其内容更多地与人之所"作"相联系。

人之所"作"不仅与物打交道,而且关乎人与人之间的交往,后者展开于"做事""行事"和"处事"的多样过程,并以不同的方式与

---

[1] (明)王守仁:《传习录中》,《王阳明全集》,上海古籍出版社,1992年,第45页。

"理"相涉。这里首先可以对"合理"(rational)与"有理"或"在理"(reasonable)作一区分。合理主要表现为合乎必然法则或当然之则：合乎体现价值意义上的当然之则，做事和处事过程便具有正当性；合乎"物"与"事"蕴含的必然法则，则相关之"事"便将获得有效性。相对于以上论域中的"合理"，"有理"或"在理"体现于为人处事、所作所为有普遍认可和接受的根据或理由，这种根据或理由可以表现为具体的法则或规范，也可以表现为形而上层面的天理、良心。"有理"或"在理"意味着所作所为、言行举止有道理、有根据。"合理"相对于"不合理"而言，通常涉及计划、施工方案等是否合乎事物的法则或技术性的规则；"有理"或"在理"则与"无理"相对，其特点往往表现为通情达理、合乎情理。朱熹曾对"心性"与"事理"作了沟通："性即理也。在心唤做性，在事唤做理。"①心性既涉及理性的内涵，又关乎内在的情意，在朱熹看来，理以事言，性以心言；事中之理，犹心中之性。与心性相关联的这种事理，无疑同时包含情理之意，它从形而上之维，为"有理"或"在理"之指向通情达理提供了某种根据。比较而言，所谓"有理走遍天下，无理寸步难行"，则从日常思维的层面表明：在人与人的交往过程中，言行如果"有理"或"在理"，则将得到普遍的认可，反之，则难以被接受。

从动态的角度看，"有理"或"在理"同时表现为"讲理"，后者相对于"不讲理"而言。布兰顿曾区分了规范状态(normative statuses)与规范态度(normative attitude)②，宽泛而言，"讲理"也具有规范性，而在引申的意义上，它又有别于与"理"一致的状态，而更多地表现为

---

① （宋）朱熹：《朱子语类》卷五，《朱子全书》第 14 册，上海古籍出版社、安徽教育出版社，2002 年，第 216 页。

② Robert Brandom, *Making It Explicit-Reasoning, Representing, and Discursive Commitment*, Harvard University Press, 1994, p. 33.

基于"理"的处事态度。这一视域中的"讲理"首先意味着给出理由,拒绝无理相争和无理而为。一般而言,"理由"可以区分为规范性和解释性二重形态,就"事"与理由的关系而言,解释性理由主要表现为对已发生或已完成之"事"的说明,规范性理由则更多地与尚未发生或正在进行的"事"相关,并具有引导性的意义。与规范性态度相关的"讲理",主要涉及后一意义的理由。作为"讲理"的内在规定,"给出理由"不仅关乎理性的讨论,而且构成了行动和处事的内在要求,布兰顿已注意到这一点,在他看来,"理性的事业即追问理由并提供理由的实践,它是讨论行动的核心"[①]。"理由"中的"理"既可以是必然法则,也可以是当然之则。在公园的草坪中,有时会出现"养草期间,请勿入内"的提醒告示。此时,当有人试图入内践踏,便需要加以劝阻,如果他仍执意入内,就应当与之讲理,这里的"理",既关乎当然之则:"养草其间,请勿入内"这一告示,同时具有规范的意义;又与必然法则相涉:从植物自身的法则看,此时草地如遭践踏,便无法正常生长。以上境域中的所谓"讲理",同时以上述规范和法则为其依据,并蕴含着依循当然之则与必然法则的要求。

如前所述,"理"又与事实相联系,相应于此,"讲理"的含义之一是以事实为依据,与此相对的"不讲理"则是完全罔顾事实,甚或指鹿为马。从形式的层面看,"讲理"之"讲",既具有推论、解释之义,也展开为一个言说、讨论、辩护的过程,而无论是推论,抑或言说、讨论、辩护,都应当依据"事实"。"讲理"在另一意义上常常是指推论或言说过程合乎规范,这里的合乎规范可以是指言说过程或隐含在言说中的思考过程合乎逻辑,与之相对的"不讲理",则意味着"强词夺

[①] R. Brando, "Reason, Expression, and the Philosophical Enterprise", in *What is Philosophy*, Edited C. P Ragland and S. Heidt, Yale University Press, 2001, p. 77.

理"、无视推论规则或论辩不合乎逻辑。

进一步看,"讲理"不仅仅指其中的推论具有逻辑性、言说有事实的根据,而且也指所言合情合理,能打动人,并使人心悦诚服、乐于接受。在此意义上,"讲理"与"合乎情理"彼此相通。从"情理"的内在含义来看,其中至少包括两个方面:其一,合乎真相。"情"字在古代哲学中有"实情"之意,并常常和"真"或实在相联系;庄子在谈到"道"时,便认为:"夫道,有情有信"①,这里的"情"即与真实性或实在性一致。与之相应,"合情理"近于合真相。其二,"情理"的"情"同时又和"情意"相联系。在后一意义上,"讲理"不仅仅体现理性化、逻辑化的要求,而且也兼及理性和情意之间的关系,与后者相涉的"合乎情理"则意味着符合人的内在意愿,而非单纯地反映外在的必然趋向。

哈贝马斯曾对主体间的交往关系作了比较系统的考察,并由此分析了建立合理交往关系的条件,后者包括真理性、合法性、可理解性和真诚性。这里的"真理性"关乎实然和必然:尽管关于真理存在不同的理解,但从实质的层面看,真理性所指向的是与实然和必然的一致。"合法性"涉及当然:唯有合乎一定社会认可的当然之则,交往关系才具有合法或正当的性质。"可理解性"首先与表达的外在方式相联系,相对于此,"真诚性"更多地涉及内在的情意。哈贝马斯在肯定真理性、合法性的同时,又以真诚性为交往合理展开的条件,无疑既注意到了实然、必然和当然与交往过程的关联,也有见于交往过程中的内在情意之维。不过,哈贝马斯主要着眼于交往过程本身,而未进一步将这一过程置于"事"及其展开的具体视野中。就其现实性而言,交往过程发生于做事和处事的过程,与之相关的"讲理"与内在情

---

① 《庄子·大宗师》。

意的以上联系,则既使"讲理"本身不限于狭义的技术理性而展现为广义的理性化过程,也使"事"所指向的合理性具有更为丰富的内涵。

"讲理"所涉的以上维度包含着实质意义上的价值内涵。从更为内在的层面考察,这种价值内涵表现为人与人之间彼此承认各自的权利和存在价值,后者使"讲理"不同于作为单纯逻辑推论的"说理":逻辑推论视域中的"说理"主要侧重于形式层面的推绎和论证,"讲理"则同时包含实质之维的价值关切。在以上论域中,是否"讲理",同时涉及人与物之辩:与物打交道,不存在彼此沟通的问题,因而只需要循其理而无需讲理;与人相处,则需要通过讲理而达到相互理解。如果不以讲理的方式对待人,便意味着无视人与物之别、以对待物的方式对待人。做事和处事的过程都关乎人与人之间的交往,"讲理"既表现为主体间交往的文明方式(区别于粗野蛮横),也以主体间的相互尊重和沟通(与强加于人相对)为实质内容。就肯定的方面而言,"讲理"旨在达到人与人之间的相互理解、彼此协调;从否定的方面看,"讲理"则趋向于避免人与人之间的隔阂、化解彼此之间可能的紧张,二者从不同的层面构成了人所"作"之"事"成功有效的条件。

具体而言,从"做事"或"处事"的过程看,"讲理"既涉及"为何做",也关乎"如何做"。"为何做"所关联的是相关之"事"的选择:为什么应该做"此事"? 选择做"此事"的根据何在? 解决以上问题需要给出理由,后者构成了做事过程"讲理"的具体内容。这里的"理由"不仅与必然法则相关,而且关乎当然之则(包括价值原则)。根据必然法则选择相关之"事",以有效性的考虑为前提;按照当然之则(包括价值原则)作出相关选择,则旨在赋予相关之"事"以正当性。相对而言,"如何做"的追问所指向的是做事的方式:相关之"事"何以应该这样做? 如此做的根据是什么? 回答以上问题,同样需要给出理由,而"事"中"讲理"则体现于以上给出理由的过程之中。从实质的方面看,这里也既涉及循乎必然之理,又与合乎当然之则相联系;前者要求根据理之必然来选择做事的相关途径和方式,由此担保"事"之有效,后者则意味着做事过程应依照一定的价值规范,避免"不择手段"。以"讲理"的方式回应"为何做"和"如何做"的问题,不同于主观独断,也有别于以势压人,它以说服、引导为形式,旨在由此协调一定共同体的行为,并进而将做事的过程与人与人之间的和谐共在统一起来。这里不仅包含以有效性为指向的认知意义上的理性①,而且渗入了以肯定人是目的为实质内容的价值层面的理性。此处同时涉及想法、讲法和做法之间的关系:基于人之所"作",人逐渐形成与"事"相关的想法,这种想法在人与人之间的互动中,又转换为彼此沟通或相互说服的讲法,在"事"的展开过程中,"想法"和"讲法"又具体化为"做法",这里的"想法""讲法"和"做法"在源于"事"的同时,又展现了"讲理"过程所涉的相关方面。可以看到,"讲理"既是做事和处事的方式,又以人与人之间的交往为内涵,它以独特的方式展示了"理"与"事"之间的内在联系。② 当然,"讲理"与做事和处事的以上关联,并不意味着做事和处事过程时刻依赖于"讲理",事实上,正如个人的行动过程常常以默会为形式,共同体中展开的做事过程,也每每关乎主体间的默契,其间既渗入了所谓不言之教,也包

---

① 自韦伯之后,人们往往习惯于将价值理性与工具理性加以区分,但以"工具"和"价值"区分理性,事实上并不十分确切,因为"工具"本身也具有价值意义。更为合适的区分是价值理性和认知理性。相对于价值理性之关乎人的价值取向、价值追求,认知理性以如其所是地把握对象、合乎对象的法则为指向,所谓以最有效的方式实现目的,也基于后一意义上的理性。

② 布兰顿已注意到说出理由或要求别人说出理由的过程涉及个人之间的关系,不过,他未能同时将其与人的做事、处事过程联系起来。(参见 Robert Brandom, *Articulating Reason: An Introduction to Inferentialism*, Harvard University Press, 2000, p.166)

含无言的领会。不过,从更广的视域看,做事或处事过程中这种默契,并非一开始就存在,而是基于主体间一定时期的互动、磨合,在这一过程中,以给出理由为实质内涵的"讲理",同样不可或缺。

"循理"和"讲理"都以把握"理"为前提。如前所述,"理"因事而显并制约着"事",然而,对"理"的把握,本身又需要在"事"中得到确证。"理"可由"事"而知,同样,"理"也需由"事"而证。"事"如果有效地达到预期目标,便既表明了"事"合乎作为必然法则的"理",也相应地确证了对"理"的把握与"理"本身的内涵具有一致性;"事"及其结果若得到社会的认可,则既表明了"事"所依据的"理"所内含的当然之则具有积极的价值意义,也确证了对这种当然之则把握的恰当性。在"事"的展开过程中,"事"中求"理"与以"事"证"理"彼此互动,赋予"理"和"事"的相关性以实质的内涵。

"理"所内含的当然之则和必然法则,都具有普遍的品格,相对而言,"事"展开于特定的时间和空间之中,其背景表现为特定的时空境域。成事的过程,无疑离不开普遍之"理"的制约,但如果对与"事"相关的特定情境缺乏必要的把握,则所"作"之"事"同样难以达到预期目标。这里涉及做事过程中普遍之理与特定情境之间的关系,而"事"的展开则不仅应"合理",而且需要"合宜":"合理"以合乎必然法则和当然之则为内容,"合宜"则以普遍之理与特定情境的结合为指向。"理"固然具有普遍性,但无法穷尽所有的特定情境,如何将普遍之理引用于特定情境,使之扬弃对于情境的外在性,这是做事和处事过程无法回避的问题。无论是与物打交道过程中的"循理",抑或人与人交往过程中的"讲理",都关乎普遍之理和特定情境的交融,后者具体表现为"合其宜"或"因乎宜":"故礼出乎义,义出乎理。理,因乎宜者也。"①"义"表现为当然之则,它本身则以"理"为根据,"因

---

① 《管子·心术上》。

乎宜",意味着以适宜、适当为有效作用的前提。在更一般的意义上,作为"理"之当然的"义"在作用于事物的过程中,也使对象"合乎宜":"义,宜也,裁制事物使合宜也。"①要而言之,作为一定情境中的人之所"作","事"的展开需要"得其宜"并进而"合其宜":"宗原应变,曲得其宜,"②唯有当普遍原则的制约与一定情境的分析彼此交融,"事"才具有合宜的性质,这里的合宜,既指"事"在价值性质上的正当性,也指做事方式上的有效性。

要而言之,作为时空中展开的活动,"事"具有过程性;以当然之则和必然法则为形态,"理"内含秩序性。"理"与"事"的关联,一方面使"理"内在于现实的过程,另一方面也使"事"呈现秩序性。从人之所"作"的具体内容看,其展开过程既与物打交道,也关乎人与人之间的交往,与之相联系的是"循理"和"讲理"。"循理"以合乎必然法则与当然之则为指向,"讲理"则意味着基于必然法则与当然之则而给出"为何做""何以如此做"的理由。就其现实性而言,做事和处事过程所循之"理"、所讲之"理",都不仅与物相涉,而且表现为"事"中之"理","循理"和"讲理"则相应的从动态的层面,展现了"事"与"理"的融合。以人与对象的相互作用为背景,"循理"既展现了对必然法则的尊重,也蕴含着对当然之则的认同,与之相涉的"事"则展开为"法自然"和"为无为"的过程。以人与人的交往为背景,"讲理"将"事"与人的"共在"连接起来,并通过形式层面的晓之以理与实质层面的价值关切,彰显了"事"和"理"背后人的存在这一主题。以上两个方面在确证"理"与"事"相互关联的同时,也展现了其中内含的认识论、本体论、价值论等多重意蕴。

---

① (汉)刘熙:《释名》,中华书局,1985年,第52页。
② 《荀子·非十二子》。

第六章
"事"与"史"

  由"事理"进一步考察人内在于其中的社会领域，便涉及社会本身的历史演进。"人事有代谢，往来成古今。"①这里的"人事"，可以引申为广义上人所"作"之"事"及其结果，"古今"则展开为历史的变迁过程：司马迁所谓"通古今之变"，便以把握历史衍化过程为指向。由"人事代谢"而论"古今往来"，无疑有见于"事"与"史"之间的关联。作为历史变迁的具体内容，人事的代谢体现于不同方面，从经济、政治、军事领域，到文化领域，等等，人所"作"之"事"展开为多样的过程。离"事"而言"古今"（"史"），则"古今"（"史"）仅仅展

---

① （唐）孟浩然:《与诸子登岘山》。

现为空幻的时间之流,所谓"今古何处尽？千岁随风飘"①,便隐喻了这一点。正是人所"作"之"事",赋予历史的衍化以具体的内容。

一 "事"以成"史"

历史与人的活动无法相分。从生成过程和生成方式看,历史世界与本然形态的物理世界之异,便在于历史世界源于人的创造活动,本然形态的物理世界则自然形成,其间并无人的参与。人的活动也就是人之所"作",其内容具体展开为多样之"事",所谓"史,记事者也"②,也从一个方面注意到"史"与"事"之间的关联。宽泛而言,作为人之所"作","事"既表现为个体性的活动,也展开于类的领域。在个体的层面,个人所"作"之"事"的延续,构成其人生过程;在类的层面,人"事"的代谢,则呈现为前后赓续的历史演进过程。马克思曾指出:"历史不过是追求着自己目的的人的活动而已。"③类似的看法也见于柯林武德,在后者看来,历史学所考察的,也就是"人类在过去的所作所为"④。这里所说的"人的活动"或人的"所作所为",也就是类的层面人所"作"之"事",历史则生成于其中。

作为人之所"作"的两种形态,个体领域之"事"与类的领域之"事"并非截然相分。一方面,个体不仅可以参与类的层面之"事",而且个体所从事的活动或个体之"事"也内在于更广领域的类之"事";另一方面,类的层面展开之"事",往往在不同意义上构成了个

---

① (唐)李贺:《古悠悠行》。
② (汉)许慎:《说文解字》。
③ 〔德〕马克思、恩格斯:《神圣家族,或对批判的批判所做的批判》,《马克思恩格斯文集》第 1 卷,人民出版社,2009 年,第 295 页。
④ 〔英〕柯林武德:《历史的观念》,何兆武、张文杰译,商务印书馆,1997 年,第 10 页。

体从事多样活动(做不同之"事")的背景。然而,对个体领域之"事"与类的领域之间的关联,一些哲学家往往未能给予必要的关注。海德格尔在谈到"此在"时,便认为:"这个在其存在中对自己的存在有所作为的存在者把自己的存在作为它最本己的可能性来对之有所作为。此在总作为它的可能性来存在它不仅只是把它的可能性作为现成的属性来'具有'它的可能性。因为此在本质上总是它的可能性,所以这个存在者可以在它的存在中'选择'自己本身、获得自己本身;它也可能失去自身,或者说绝非获得自身而只是'貌似'获得自身。"①这里所说的"此在"主要指个体存在,"有所作为",则在宽泛意义上涉及个体的活动,海德格尔将"有所作为"主要与此在实现自身可能性的过程联系起来,不仅延续了前述化"事"为心的总体进路,而且进一步将与之相关的活动主要限定于个体的生存之域。这一看法似乎在忽略"此在"与"类"(共在)之间现实联系的同时,也未能充分注意现实之"事"的社会内涵。

从时间之维看,历史发生于过去,但又存在于现在,克罗齐所谓"一切真历史都是当代史"②,也涉及这一点。已往历史与当代史、过去与现在之间的关联,既有认识的意蕴,也有实践的意义。就认识的层面而言,对过去历史的理解总是受到当代处境的制约,历史事件和历史活动的意义也只有在当代的背景中才能得到具体的显现;从实践的角度考察,过去或历史中发生之"事",往往制约着现在或当代所"作"之"事"。哥伦布发现美洲大陆,发生于15世纪,这一探索同时将世界在地理上置于全球的视域,而今天人们在经济等领域所"从

---

① 〔德〕马丁·海德格尔:《存在与时间》,陈嘉映、王庆节译,生活·读书·新知三联书店,2006年,第50页。
② 〔意〕贝奈戴托·克罗齐:《历史学的理论与实际》,傅任敢译,商务印书馆,1982,第2页。

事"的全球化活动,则与之相关。作为一种历史事件,地理大发现的认识意义与实践意义与人们在当代所"作"之"事"无疑难以分离。

历史过程的展开,以从事多样活动的人为主体,完成不同活动的过程,也是人做"事"的过程。与之相联系,作为从事多样活动的人,历史的主体同时表现为"事"的参与者。离开了"事"的多样展开,历史将流于抽象和空洞,脱离了具体的"事",历史主体也将虚幻化。人之创造历史,首先表现为参与多样之"事"或从事多样的活动,正是在完成具体之"事"的过程中,人成为历史的主体。"事"的多样性,规定了历史主体的多样性。制造和使用工具的活动,或以工具做"事"的过程,使人从最原初的意义上走出了自然界,成为历史的开创者。在从事生产、政治、经济、军事、艺术等不同的活动中,人既做不同之"事",也成为与不同之"事"相关的历史过程的主体。"事"赋予历史过程以具体内容,"做事"则使历史主体获得了现实、具体的品格。

由"事"成史,与"事"本身的发生、展开、完成过程相联系。从"事"的发生看,人之做"事",总是基于一定的需要。以生产活动而言,作为人所"作"之"事",生产活动以满足人的生存和多样发展的需要为前提,可以说,正是这种需要,为生产活动提供了内在动力。一旦社会对某种产品的需要减弱或甚至不再需要这种产品,则生产该产品的生产规模便会相应缩减或甚而其整个生产活动将被停止。引申而言,在政治、军事、文化等领域,人所"作"之"事"都源于人的不同需要:现代的政治竞选活动,基于获取权力、争取民意等不同的政治需要;以各种名义发动的战争,最终源于相关国家或集团维护政治、经济具体利益的需要;不同形式的艺术创作,则以满足一定时代的文化审美需要为其历史缘由,如此等等。从以上方面看,需要构成了"事"所以发生的前提,并使"事"的发生成为必要。然而,必要性本身并不能保证"事"的完成,有效而成功地做"事",同时基于做

"事"者自身所具有的能力,正如"需要"为"事"的发生提供了必要的前提,"能力"从行为者的方面赋予"事"的完成以内在的可能。历史过程以多样之"事"的展开为内容,人的需要与人的能力在使"事"的发生和完成成为必要和可能的同时,也使历史的衍化获得了内在的推动力,而历史由人创造,则由此从一个方面得到了确证。

以凝而成"史"为现实趋向,"事"展开于不同的社会领域。前面提到的多重需要,也已涉及"事"的不同方面。从历史领域的具体过程看,生产劳动无疑是人做"事"的本源形态或基本方式。作为人赖以生存的条件,生产劳动既展开为天人(人与自然对象)的相互作用,又构成了天人相分的前提:正是通过变革自然对象的劳动,人走出自然,成为自然的"他者"。以"制天命而用之"为形式,劳动改变了自然;在成就人之"事"的过程中,劳动同时创造着历史。广而言之,劳动不仅涉及天人(人与自然)的关系,而且关乎人与人之间的交往,所谓生产关系,便既包含人们对生产资料的不同占有关系,也渗入了人们在生产和劳动过程中的相互关联和彼此互动。与之相联系,劳动既变革自然,也影响社会;既从天人关系的衍化这一层面制约历史,也通过人与人之间的交往过程而给历史打上不同印记,与劳动相涉的历史演进过程,则同时包含以上两方面的内容。

在政治领域,无论是中国早期基于礼法的为政治国或古希腊城邦的议政和决策,抑或近代以来的政党相竞、民意代表选举、科层操作,都可以视为政治"事"务的不同形式。政治"事"务通常被视为所谓"政事",主管这一类事务,则被称为"主事",而政治领域的超脱逍遥或无所作为,则往往被看作是"置身事外"。从历史的层面考察,还可进一步注意到,政治上具有反叛性质的活动,每每被理解为"举事",历史上农民的揭竿而起,首先便以"举事"为形式;政治上的重大事件,则常常表现为历史"事变"。以上这些涉及"事"的表述,不仅仅是一个名言运用的过程,它同时也在实质的层面折射了政治活动与"事"的相关性。如果说,政治领域中日常的政事在某种意义上体现了历史过程的延续性,那么,以"举事""事变"等为形式的政治变迁,则往往展现了历史常规进程的某种间断,二者从不同方面体现了作为人之所"作"("事")形式之一的政治活动与历史过程的内在关联。

与政治活动相关的是军事活动。军事本身可以视为政治的继续,在与"事"相涉这一点上,"军事"与"政事"同样具有内在的一致性。作为人之所"作","军事"活动往往以更多样的形式展现了人做事的创造性。用兵过程,既应遵循兵家的常道,所谓"正";也需要在一定条件下不拘常道,所谓"奇"。奇正相倚,赋予军事活动以丰富绚丽的形态。把握此种用兵之道并进而展开各种军事活动,构成了人之所"作"("事")的重要内容。历史上曾发生各种大大小小的战争,这种战争同时又以不同的形式制约着历史过程。以东晋时期的淝水之战而言,作为影响中国历史的重要战"事",此战体现了晋军善于把握战机、以少胜多的战争艺术,并相应地突显了谢安、谢石、谢玄等人(从事军事活动的主体)在相关战"事"中的作用。这一战"事"的直接历史结果,是东晋王朝阻止了北方少数民族的南侵,而其更长远的历史影响,则表现在南北对峙格局的形成以及中国已有经济、文化传统在南方的延续和发展。第二次世界大战期间,斯大林格勒保卫战同样是一著名的战"事",面对德军的猛烈攻势,苏军经过惨烈苦战,最终粉碎了德军试图夺取斯大林格勒的战略图谋。此战的历史影响不仅在于苏军成功地抵御了德军对一座城市的进攻,而且表现在整个第二次世界大战由此走向转折点。可以看到,作为人之所"作",战"事"或军"事"活动不仅本身展现为历史衍化过程的一个方面,而且影响着更广意义上历史演进的具体进程。

表现为"人事代谢"的人之所"为",同时展开于观念的领域。在考察观念(心灵、意识)与历史的关联时,柯林武德曾指出:"心灵就是心灵所做的事,而人性(如果它是任何真实事物的一个名字的话)就只是人类活动的一个名字;所以获得完成特定行动的能力也就是获得特定的人性。"[①]心灵与广义的意识或观念相联系,从动态的层面看,意识、观念或心灵以活动为其呈现方式,这种活动也就是观念领域之"事",当柯林武德指出"心灵就是心灵所做的事"之时,似乎也有见于此。"心灵所做的事",当然并非纯粹关乎意念之维,作为观念性的活动,心灵所做之"事"既与意念相涉,也兼及人之"身",心灵(意识活动)并非空泛的意识之流,而是以思想或观念为其内容,作为心灵(意识活动)结果的思想或观念唯有通过语言或言语的表达,才能影响他人和社会,并由此融入历史,而不管是语言的书面运用(书写),或者言语的口头表达(言说),都与"身"相关。如果离开了以上过程而仅仅停留于个体意念,则蕴含于意识的观念和思想便难以呈现于社会并对历史产生实际的影响。意识活动以及与之相关的运用语言以凝结和传递思想,由此进一步影响历史,都属广义的人之所"作",它们同时构成了历史视域中"心灵所做之事"的一般特点。

从更为深沉的历史层面看,以意识活动为形式而展开的"事"(所谓"心灵所做的事"),具体融入于思想和文化的创造过程。如前所述,意识非空泛之流,就个体而言,意识活动是生成不同观念的内在条件,以社会或类为视域,则意识活动渗入于艺术、科学、文学、哲学、宗教等领域,其作用体现于不同思想观念和文化成果的形成过程。人之所"作"既涉及自然对象和社会实在的变革,也关乎观念层

---

① 〔英〕柯林武德:《历史的观念》,何兆武、张文杰译,商务印书馆,1997年,第317页。

面的活动,前者体现于自然的人化和社会实在的建构,或可视为广义的"人化"过程,后者则可以看作是狭义上的"文化"创造过程,以"人文化成"①为具体内容的历史变迁则同时包括以上两个方面。就文化创造而言,艺术作品来自艺术的创作,思想系统表现为观念建构的产物,科学理论源于观察、实验和探索、思考,如此等等,无论是艺术的创作,抑或思想的建构或科学的探索,都是人所从事的活动或人所"作"之"事",作为人所"作"之"事"的产物,艺术、科学、思想的成果同时在观念之维构成了历史的重要内容。

可以看到,人所"作"之"事"包含多重方面,从生产劳动、政治运作、军事征战,到与观念活动相联系的文化创造,"事"展开于不同的社会领域,并赋予历史的衍化以具体、多样的内容。历史由人创造,基于"事"由人"作";"事"的多重性,则规定了历史演进的多方面性。关于历史与人的关联,一些哲学家也有所注意,但其关注之点往往更多地指向史与心或史与精神的关系。黑格尔便认为,世界历史是"精神"在时间里的发展,正如同自然是观念在空间里发展一样。② 这里固然试图以时、空区分历史与自然,但同时又主要将历史与精神联系起来,此所谓"精神"虽不同于个体意识,但亦属广义之"心",将世界历史视为"精神"的发展,则相应的突出了史与心的关联。相对于化史为心,以"事"成史无疑从更为本源的层面展现了历史的真实形态。

历史领域中宏观意义上的"事",最后总是落实到个体所从事的多样活动,个人在历史上的作用,则与个人所"作"之"事"息息相关。具有雄才大略的历史人物,通过文韬武略的具体运用,可以成就不世之伟业,历史上的秦皇、汉武、唐宗、宋祖,便从不同方面表明了这一

---

① 《易传·贲卦·彖传》:"观乎人文,以化成天下。"
② 参见〔德〕黑格尔:《历史哲学》,王造时译,上海书店出版社,1999年,第75页。

点。个体的作用不仅与政治领域相涉,而且体现于更广的文化之域。以科学研究而言,牛顿的经典物理学理论、爱因斯坦的相对论,都从不同意义上推进了人类对自然的认识和变革,对自然的这种认识和变革又从一个方面影响甚至改变了人类本身的历史。以上理论的提出,与相关科学家所从事的科学研究活动无法相分,这种研究活动本身,则当归属于个体所"作"之"事"。科学理论与历史变迁的如上关系在展现科学研究之历史意义的同时,也彰显了从事科学研究的个体在历史中的作用。当然,历史人物所"主"之"事",离不开更广意义上人们的共同参与,政治领域中各种大小历史事件的出现和完成便体现了这一点,科学研究及其历史意义的实现,同样也不例外。从科学活动及其意义看,不仅科学发现基于科学研究的前后延续,而且科学理论之实际地影响社会生活,也以技术、生产等领域的不同主体所从事的设计、制造等社会活动为中介。历史的画卷,总是通过历史人物的引领和不同层面人们的参与而共同完成。在这里,个体(历史人物)所"作"之"事"与人们共同参与之"事"彼此合流,融入于同一历史过程。

进一步看,人所"作"之"事"同时发生于日常世界,与之相联系,所谓历史因"事"而成既关乎宏观意义上的政治、经济、军事、文化等领域的变迁,也涉及日用常行的展开。日常生活往往潜移默化地影响和改变历史,社会风尚(包括时尚)的变化,生活方式的转换,每每不同程度地给历史过程打上自己的印记。以历史向信息时代的趋近而言,这一过程既以计算机、网络、大数据等领域的技术发展为前提,也离不开人在日常生活中的相关行为。从网络支付、微信交流,到网上订票、手机打车,等等,人们以不同的方式参与信息化的生活。离开了上述日常生活中所"作"之"事",向信息时代的演化便至少缺失了一个方面的历史内容。

基于人所"作"之"事",历史的演化过程往往不断获得新的内容。在其《历史哲学》中,黑格尔曾对自然界和精神领域作了比较,并认为:"在自然界里真是'太阳下面没有新的东西'。""只有在'精神'领域里的那些变化之中,才有新的东西发生。"[1]如上所述,在黑格尔看来,世界历史也就是"精神"在时间里的发展,与之相应,这里所说的"精神领域",也就是他所理解的历史领域或历史过程。黑格尔将历史归结为"精神领域",固然体现了其思辨的趋向,但肯定历史过程不同于自然界,则似乎不无所见。历史领域与自然界都关乎时间,从而都涉及变迁过程,不过,在自然界,时间仅仅与对象(物)自身的变化相关,在历史领域,时间则与人之所"作"——人的做事过程相联系。作为人之所"作","事"不仅仅涉及时间的流逝,而且其展开过程在内容和方式上也都渗入了新的内涵。自然界或物理世界虽有变迁,但不存在创造意义上的"新",人所"作"之"事"则同时展现为人的创造性活动。从这一方面看,尽管黑格尔有见于历史与自然界之别在于前者包含"新东西的发生",但却未能进一步注意到这种"新东西"与人所"作"之"事"的关联。事实上,正是人所"从事"的创造性活动,赋予历史过程以新的内容。不妨说,历史因"事"而常新。

从"类"的层面看,"事"既有间断性,也有延续性。当特定之"事"在一定时间段完成后,此"事"也就走向终结,就"人事之代谢"而言,以上现象所体现的是"事"的间断性。与之相对的则是"事"的延续性。以文化创造活动而论,经典的诠释构成了人们在思想层面所"作"之"事"。在时间的不断推移中,一方面,每一时代的个体都是在一定的思想背景和理论视野中,对以往的经典作出自己的诠释,这种诠释所体现的是一定历史阶段人们对经典的理解。另一方面,

---

[1] 〔德〕黑格尔:《历史哲学》,王造时译,上海书店出版社,1999年,第56页。

前代的诠释活动与后代的进一步诠释绵绵交替,思想和学术的传统则由此逐渐形成。文化思想层面的如上活动既展示了人们所"作"之"事"的间断性(不同诠释的时代性),也蕴含了其延续性(由诠释的传承而形成思想的传统)。"事"的这种间断性和延续性,赋予历史过程以间断和延续双重品格。法国哲学家阿隆(R. Aron)在谈到历史时,曾提及历史过程包含两个方面,即变化(change)与演进(evolution),前者(变化)意味着中断(discontinuity),后者(演进)则指向前行(movement)。[①] 这里所说的变化(中断)与演进(前行),在实质的层面也关乎历史发展过程中的延续性与间断性,而历史的这一特性,则源于"事"的展开过程。

二 "事""史""势"

以上所述表明,"史"因"事"而成。由"事"成"史"的过程既展现了"事"的能动性,也赋予"史"以创造的品格。然而,"事"与"史"并非仅仅基于人的作用,在其展开过程中,同时交织着"事""史"与"理""势"之间的互动,而"事"与"史"本身则由此展现了其多重向度。

"事"作为人之所"作",首先呈现自觉的品格。无论以人与物之间的互动为形式,抑或展开为人与人之间的交往,"事"(做事、处事、行事,等等)既与人的意图、意向相联系,又处处包含理性的引导。这种有意而为之的自觉趋向,使"做事""处事"过程既不同于物(物理对象)的自然变动,也有别于偶然、随意的自发之举。然而,"事"又有自身的内在法则,"做事""处事"并非仅仅基于人的意图,而是需要

---

① R. Aron, *Introduction to the Philosophy of History*, Beacon Press, 1961, p.39.

依循渗入于"事"的法则。同时,"做事"总是基于一定的条件,"事"本身也展开于一定的情境之中,这种条件和情境对"事"而言具有已然或既定的性质,"事"则在不同意义上受其制约。

"事"所处的情境或"做事"过程所涉及的条件,与宽泛意义上的"势"相联系。"势"既表现为一种发展趋向,也构成了人之所"作"("事")的具体背景。作为发展趋向和存在背景,"势"同时具有与人相对或非人能够完全左右的一面。以战"事"而言,其中便涉及"人"与"势"的关系:"故善战者求之于势,不责于人,故能择人而任势。"① 这里的"势"即战"事"发生时的具体态势和背景,所谓"求之于势,不责之于人",也就是在用兵、谋划之时,首先关注既成之"势","任势"的前提即是把握这种"势"。同样,在政治实践中,"事"(治理活动)的展开,也以外在之"势"为前提,这种"势"同时关联着政治系统中的规范系统(包括广义之法)和政治关系(包括个体在社会结构中所处的不同地位),韩非曾对此作了概述:"世之治者不绝于中,吾所以为言势者,中也。中者,上不及尧舜,而下亦不为桀纣,抱法处势则治,背法去势则乱。今废势背法而待尧舜,尧舜至乃治,是千世乱而一治也;抱法处势而待桀纣,桀纣至乃乱,是千世治而一乱也。"② 在治之"势"与治之"人"二者之中,前者构成了为更为本源的方面:政治领域人之所"作",最终受到"势"的制约。广而言之,人所"作"之"事",总是无法脱离外在之"势",不管是治水,抑或农耕,都是如此:"禹决江疏河以为天下兴利,而不能使水西流,稷辟土垦草以为百姓力农,然不能使禾冬生。岂其人事不至哉?其势不可也。"③ 政治领域的"势"关乎人与人之间的关系,此处之"势"则以人与自然的关系

---

① 《孙子·兵势》。
② 《韩非子·难势》。
③ 《淮南子·主术训》。

为指向:悖离自然之"势",则"人事"难以有所成。在这一意义上,"势"胜于"人":"夫地利胜天时,巧举胜地利,势胜人。"①相对于"天时""地利","势"表现为更为综合的条件,"人事"(巧举)诚然可以克服某种特定条件(地利)的限制,但它归根到底无法摆脱更广意义上的"势"之制约。

当然,"事"受制于"势",体现的是"事"与"势"关系的一个方面。在以"势"为背景的同时,"事"也能够影响"势":人可以通过自己之所"作",以"事"成"势"。韩非子在肯定"势"制约人之"事"(治理活动)的同时,又对"必于自然"与"人之所设"作了区分,并肯定"势"可以由人而"设":"势必于自然,则无为言于势矣。吾所为言势者,言人之所设也。"②"必于自然",也就是被动地依循于"势",以人"设"势,则是因"事"成"势"。"事"所成之"势"本身可以有不同形式。从社会体制与人之所"作"的关系看,一定时期从事政治实践的主体可以创造条件,形成基于社会结构或社会体制的背景或场域,由此对个体行为造成某种约束。商鞅所说的"势不能为奸"③,便涉及这一方面:所谓"势不能为奸",也就是通过形成一定的行动背景,使个体无法为非作歹:不论相关个体愿意与否,既成之"势"规定了他难以作恶。在王夫之那里,"事"与"势"等关系得到了更为深入的阐释:"顺逆者,理也,理所制者,道也;可否者,事也,事所成者,势也。以其顺成其可,以其逆成其否,理成势者也。循其可则顺,用其否则逆,势成理者也。"④按王夫之的理解,"事"作为人的活动,其展开既受到作为普遍法则的"理"和"道"的制约,也以综合性的"势"为背景。然而,"事"

---

① 《淮南子·兵略训》。
② 《韩非子·难势》。
③ 《商君书·画策》。
④ (明)王夫之:《诗广传》卷三,《船山全书》第3册,岳麓书社,1996年,第421页。

又可成"势":所谓"事所成者,势也",便表明了这一点。以"事"成"势",也就是通过人之所"作",为"事"的展开创造比较合宜的背景,这一过程本身又基于"理"和"道",从而不同于随意之举。

与"事"相关的历史过程,同样呈现以上特点。从一个方面看,相应于"事"的自觉之维,人创造历史的过程也具有自觉的品格:"在社会历史领域内进行活动的,是具有意识的、经过思虑或凭激情行动的、追求某种目的的人;任何事情的发生都不是没有自觉的意图,没有预期的目的的。"①人总是自觉地从事各种活动,在历史领域,"任何事情的发生"也是如此。但是,另一方面,正如"事"的展开基于已有情境或"势",人创造历史的过程也以既成的条件为前提:"人们自己创造自己的历史,但是他们并不是随心所欲地创造,并不是在他们自己选定的条件下创造,而是在直接碰到的、既定的、从过去承继下来的条件下创造。"②这种既定的条件以"势"为其综合的形态:正如"事"基于"势",历史过程的展开也无法离开"势"。以中国历史而言,"汤武之贤,而犹藉知乎势,又况不及汤武者乎?"③汤武被视为历史上的圣王,但其为政过程所主之"事"同样受到历史之"势"的制约。作为历史活动现实背景的"势"不仅仅涉及客观的条件,而且包括观念形态的精神氛围、集体意向或社会心理。从历史过程看,既应该了解外在的社会需要,也需要理解历史活动参与者的动机:"如果要去探究那些隐藏在——自觉地或不自觉地,而且往往是不自觉地——历史人物的动机背后并且构成历史的真正的最后动力的动力,那么问题涉及的,与其说是个别人物,即使是非常杰出的人物的

---

① 〔德〕恩格斯:《路德维希·费尔巴哈和德国古典哲学的终结》,《马克思恩格斯选集》第4卷,人民出版社,2012年,第253页。
② 〔德〕马克思:《路易·波拿巴的雾月十八日》,《马克思恩格斯选集》第1卷,人民出版社,2012年,第669页。
③ 《吕氏春秋·慎势》。

动机,不如说是使广大群众、使整个整个的民族,并且在每一民族中间又是使整个整个阶级行动起来的动机;而且也不是短暂的爆发和转瞬即逝的火光,而是持久的、引起重大历史变迁的行动。"①这里所说的"广大群众"的动机,便可以视为一定时代集体意向或社会心理层面的"势",这种观念形态的"势"体现了一定时代的精神趋向和价值共识,并从观念和意识的层面构成了历史活动展开的具体背景。可以看到,在个体的意图与广义之"势"这两者之中,作为历史过程内在趋向和既成背景的"势"呈现更为本源的作用。

在谈到"封建制"的形成时,柳宗元从历史的层面对此作了具体的分析:"彼封建者,更古圣王尧舜禹汤文武而莫能去之,盖非不欲去之也,势不可也。""故封建非圣人意也,势也。"②作为一种特定的分封体制,"封建"的形成,并不取决于个人的意愿,而是历史演进的趋势使然。在文化领域中,文字语音的变迁过程,同样包含内在之势:"时有古今,地有南北,字有更革,音有转移,亦势所必至。"③语音文字作为一种文明演化的成果,与人的文化创造活动息息相关并经历了历史变迁的过程,而在它的变化之后,则隐含着历史的发展趋向(势)。可以看到,人创造着历史,但这种历史创造又始终受到既定条件和已有之"势"的制约。

"势"与"事"、"势"与"史"的如上关系,既展现了"事""势""史"之间的关联,也敞开了人所从事的多样活动与既定存在境域、历史创造过程中的自觉意图与历史演化中的内在法则之间的关系。"事"所内含的自觉意图体现了其合目的性,"事"之基于存在法则和

---

① 〔德〕恩格斯:《路德维希·费尔巴哈和德国古典哲学的终结》,《马克思恩格斯选集》第4卷,人民出版社,2012年,第255—256页。
② (唐)柳宗元:《封建论》。
③ (明)陈第:《毛诗古音考·自序》。

存在情境,则赋予其以合法则性,"事"的展开过程由此在总体上既内含合目的性,也具有合法则性。同样,人的历史创造活动呈现自觉的品格,但历史过程本身与历史过程所以发生的条件,又包含内在的法则,较之人的自觉意识,这种法则更多地呈现自然的性质,而历史过程之无法离开社会的内在法则和既定条件,则赋予历史过程以某种自然的形态。马克思曾从经济的社会形态的发展这一层面肯定了这一点:"我的观点是把经济的社会形态的发展理解为一种自然史的过程。不管个人在主观上怎样超脱各种关系,他在社会意义上总是这些关系的产物。"①"经济的社会形态的发展"在历史过程中具有本源的意义,这一发展形态的自然性质,既体现了历史过程的合法则性,也从本源性的方面展现了其自然之维。

肯定历史过程具有合法则性,往往被视为所谓"历史决定论",一些哲学家曾对此提出了种种质疑。在这方面,波普尔似乎有一定的代表性。以"历史决定论的贫困"为总的论题,波普尔指出:"我说的'历史决定论'是探讨社会科学的一种方法,它假定历史预测是社会科学的主要目的,并且假定可以通过发现隐藏在历史演变下面的'节律'或'模式'、'规律'或'倾向'来达到这个目的。"②依照这一理解,则所谓"历史决定论"的特点主要在于预设历史规律,并据此进行历史预测。波普尔以逻辑推绎的方式,对他所理解的"历史决定论"提出如下责难:(1) 人类历史的进程受人类知识增长的强烈影响。(2) 我们不可能用合理的或科学的方法来预测人们的科学知识的增长。(3) 所以,我们不能预测人类历史的未来进程。(4) 这就是说,

---

① 〔德〕马克思:《〈资本论〉第一卷(节选)》,《马克思恩格斯选集》第 2 卷,人民出版社,2012 年,第 84 页。
② 〔英〕卡尔·波普尔:《历史决定论的贫困》,杜汝楫、邱仁宗译,上海人民出版社,2009 年,第 2 页。

我们必须摈弃与理论物理学相当的历史社会科学的可能性。没有一种科学的历史发展理论能作为预测历史的根据。(5) 所以,历史决定论方法的基本目的是错误的;历史决定论不能成立。① 综合起来,波普尔对历史决定论的责难,主要表现为对历史过程存在内在规律(法则)和历史可以预测的质疑。

波普尔视域中的历史决定论,既类似物理领域中的因果决定论,又具有某种宿命或命定的性质,两者均有狭隘决定论的性质。有关历史过程中的合法则性与物理领域中的因果决定论的分别,可留待后文分析,这里首先需要指出,肯定社会历史过程存在内在规律或法则,并不意味着走向宿命意义上的决定论或命定论。从前文提及的历史过程中的"势"与"理"的关系看,"理"更多地体现了"势"之中包含的必然法则,这种法则固然内在于"势",但并非与"势"完全重合。王夫之在谈到"势"与"理"的关系时,曾指出:"在势之必然处见理""势既然而不得不然,则即此为理矣。"②"理"展现了"势"之中"不得不然"这一面,而"势"本身除了这一规定之外,还包括其他向度。事实上,"势"作为"事"与"史"的综合背景,并非仅仅以必然之理为内容,它同时包含各种偶然因素。在论及理与势的关系时,金岳霖曾指出:"理有固然,势无必至。"③根据"理有必然"的原理,"无论个体如何变如何动,我们总可以理解(事实成功与否当然是另一问题)";但就"势无必至"而言,则"无论我们如何理解,我们也不能完全控制个体底变动"。④ 金岳霖的这一看法既突出了存在领域中个体的独特

---

① 参见〔英〕卡尔·波普尔:《历史决定论的贫困》,杜汝楫、邱仁宗译,上海人民出版社,2009年,第1—2页。
② (明)王夫之:《读四书大全说》卷九,《船山全书》第6册,岳麓书社1996年,第992、990页。
③ 金岳霖:《论道》,商务印书馆,1987年,第201页。
④ 同上书,第167页。

性,也注意到了偶然性的作用:个体变动的现实历程总是有"非决定"的因素。以历史过程而论,一方面,历史发展过程内含必然的趋向(所谓大势所趋、理有必然),另一方面,这一发展过程又有变化和曲折。作为"事"与"史"的背景,"势"的如上内涵表明,历史发展过程并非以纯粹的必然性为其内容。马克思更明确地指出这一点:"如果'偶然性'不起任何作用的话,那么世界历史就会带有非常神秘的性质。这些偶然性本身自然纳入总的发展过程中,并且为其他偶然性所补偿。但是,发展的加速和延缓在很大程度上是取决于这些'偶然性'的,其中也包括一开始就站在运动最前面的那些人物的性格这样一种'偶然情况'。"①可以看到,以"势"为背景的历史过程表现为必然与偶然的交融,折射这一过程的历史决定论则不能简单地等同于命定论。

进一步看,历史过程中的"势"与"理"有自身的存在形态,不能将其化约为物理世界的规定。在物理世界中,以因果必然的形式出现的"理"或法则乃是自然生成、自发作用;在社会领域和历史过程中,"势"与"理"则与人的活动相联系,并通过这种活动而表现出来。以宽泛意义上的"事"而言,人因"事"而成"势","势"又在人从事的多样活动中成为"事"进一步展开的现实背景;就历史过程而言,"历史是这样创造的:最终的结果总是从许多单个的意志的相互冲突中产生出来的……这样就有无数互相交错的力量,有无数个力的平行四边形,由此就产生出一个合力,即历史结果,而这个结果又可以看做一个作为整体的、不自觉地和不自主地起着作用的力量的产

---

① 〔德〕马克思:《马克思致路德维希·库格曼(1871年4月17日)》,《马克思恩格斯文集》第10卷,人民出版社,2009年,第354页。

物。"①"许多单个的意志的相互冲突",可以视为从不同目的出发展开的活动,尽管它们彼此并不一致,但就每一种意志的活动而言,又呈现为人的自觉活动,而历史过程中的"势"与"理"则由此而呈现。柯林武德曾提出了"原因的相关性或相对性"(the relativity of causes)②,这里的"相关",强调的便是因果性与人的活动之间的关联,在柯林武德看来,"对于纯粹的旁观者来说,不存在什么原因"③。从历史之域看,其中的因果性确乎生成并体现于人之所"作"或人从事的多样活动。按其实质,因果性表现为一种必然之理或必然法则,社会领域中因果性与人的活动之间的以上关联,不仅使历史过程中的必然法则不同于物理世界中具有机械性质的因果必然性,而且为前文提及的历史偶然性的作用提供了前提。如果说,历史过程中蕴含的合法则性使之区别于意志的任意之举而包含某种"决定性",那么,这一意义上的所谓"历史决定",则有别于自然领域的机械决定。波普尔将"历史决定论"与"理论物理学"等量齐观,似乎未能对不同意义上的"决定论"加以区分,这种笼而统之的断论,至少失之抽象。

在质疑历史过程包含内在法则(规律)的同时,波普尔又强调了历史的不可预测,前述波普尔对历史决定论的责难,其核心就在于否定历史的可预测性。这里的关键之点,首先在于区分特定历史事变的预测与历史趋向的展望或预见。确实,某种特定历史事件将在什么时候、以何种方式发生,人们往往难以明确地加以预测,如法国大革命何时爆发、蒸汽机在何时何地由何人发明、人类何时能上火星,

---

① 〔德〕恩格斯:《恩格斯致约瑟夫·布洛赫(1890年9月21—22日)》,《马克思恩格斯选集》第4卷,人民出版社,2012年,第605页。

② R. G. Collingwood, *An Essay on Metaphysics*, Oxford, Clarendon Press, 1940, p. 304.

③ Ibid., p. 307.

等等,便无法事先确切预测。然而,从历史的发展看,近代欧洲或迟或早将发生不同形式的资产阶级革命、随着生产力和市场经济的发展,蒸汽机这一类机械的发明将逐渐提上日程、在航天技术的不断进步中,人类终将在某一历史时刻登上火星,这些趋向却是可以展望和预见的。

这里同时需要分别缺乏历史依据的思辨推绎与基于历史实际进程的现实推论。"五德终始"以及"五百年必有王者兴"之类的所谓历史推断,显然具有思辨和抽象的性质,其认知和规范意义也确实应当加以质疑,但基于历史发展的现实过程而作出的推论,则无疑可以扬弃这种思辨性和抽象性。事实上,在进入大数据时代之后,历史已进一步为具有现实内涵的推论提供了广阔的空间:大数据时代人们所掌握的丰富而可靠的材料,将使历史过程中的推论获得越来越具有实证意义的根据。波普尔无条件地否定历史的可预测性,无疑既忽视了特定历史事变的预测与历史趋向的展望之间的区分,也未能注意思辨的推绎与现实推论的分野。以上看法在某种意义上也折射了20世纪以来强调理性有限性的思想潮流,海耶克(Hayek)、波兰尼(Polanyi)等便通过质疑社会领域中理性设计、肯定自发的秩序,突出了理性的限度。波普尔对历史可预测性的批评,显然体现了类似的思想取向。对理性限度的确认,当然有助于避免过度强化人的理性意图而无视现实的存在境域,然而,由此在普遍层面怀疑人理解和展望历史发展趋向的可能性,则容易走向另一极端。比较而言,在历史预测的问题上,中国哲学的相关看法似乎更值得关注。早在先秦,当谈到夏商周及尔后的历史衍化过程时,孔子便已指出:"殷因于夏礼,所损益,可知也;周因于殷礼,所损益,可知也。其或继周者,虽百世可知也。"①这里的"损益"体现的是历史中的变革,其中同时蕴含阿隆所说的历史的间断性;"因"则展示了历史演化过程的前后相继,其中更多地体现了历史的延续性。对孔子而言,"损益"基于"因"、变革中蕴含延续,正是"损益"与"因"、变革与延续的以上关联,赋予历史以可展望性或可预见性("虽百世可知也")。就历史过程而言,其前后衍化蕴含稳定的联系而非杂乱无章、无从把握;从历史的主体看,在从事现实社会活动的过程中,其认识世界、理解历史的能力也可以不断地得到提升,二者从不同的方面赋予一定条件下的历史预测以可能性。

相应于"事"由人"作",因"事"成"史"同时表现为人创造历史的过程。然而,"事"发生于已有的条件之下,"史"同样展开于既定的背景之中,"事"和"史"所涉及的既成前提,具体表现为"势"和"理",作为"事"和"史"综合背景的"势"与"势"所蕴含的内在法则("理"),为扬弃"事"和"史"的任意性而使之具有现实的形态提供了本体论的前提。源于人的参与和基于既成的"势"和"理",构成了"事"和"史"的二重向度。

三 "事"的变迁与"史"的走向

"事"表现为人的多样活动,"史"展开于社会的变迁过程。如前文一再论及的,"事"的变动,"史"的衍化,都非仅仅呈现为空洞的时间流逝,而是包含实质的价值内容。"事"的发生源于现实的需要和人的目的,这种需要和目的在不同的意义上涉及人自身的发展,"史"的衍化则关乎人与社会发展的方向。

---

① 《论语·为政》。

"做事"不同于"无所事事","无所事事"意味着缺乏目的或漫无目标,"做事"则基于不同的需要,无论是生活中洒扫除尘等日用常行,抑或工作中处理各种相关事务,都关联着人的多样需要,人所"作"之"事"则相应地具有较为明确的目的指向性:完成所"作"之"事"以满足相关需要。"事"的前后相继,从不同方面构成了历史衍化的内容。历史固然并非仅仅体现某一或某一类人的目的,但与"事"的目的性相涉,历史过程在总体上呈现方向性。质言之,"事"有目的,"史"有方向。历史的这种方向性并非超验的预设,而是基于人自身的存在规定及发展趋向。

谈到与人自身发展相涉的历史方向,总是无法回避历史是否向前演进或进步的问题。在历史领域,随着后现代思潮的兴起,"进步"一再受到种种质疑,甚而成为一种似乎具有"原罪"意义的表述。历史的进步相对于一定的历史目的而言,所谓"进步",往往被视为趋向于或接近于某种目的。如果这种目的被预设为超验或思辨的存在形态,则与之相涉的"进步"无疑也将呈现类似性质。然而,在其现实性上,历史的发展方向与人自身的存在无法相分。人是历史的主体,这不仅在于历史由人创造,而且体现在历史本身基于人的存在过程。与自然对象不同,人既变革世界,又成就自身,并不断走向完美或理想的存在形态,后者最终以人的自由为指向。从根本上说,所谓人性或人的本质(人区别于其他对象的内在规定),既在于其社会的品格,也体现于自由的追求,事实上,人的社会性品格乃是通过自由的不断实现而得到具体的落实,当马克思将"自由人联合体"[①]作为人的理想存在形态时,也从一个方面表明了这一点。以是否合乎人性或人的本质为视域,对历史的发展或历史的进步无疑可以获得比较具体

---

① 参见〔德〕马克思:《资本论》第1卷,人民出版社,2004年,第96页。

的理解。

  日常生活是对人具有原初意义的存在之域。在日常生活方式这一层面,以果腹或消除饥渴为内容的饮食,是人赖以生存的基本条件,但在如何消除饥渴这一方面,不同的历史演化阶段却存在重要的差异。在较早的历史时期,人主要以手、指甲和牙齿啃生肉作为果腹或解除饥饿的手段,这种饮食方式与动物的撕咬吞噬实质上并没有根本的不同。然而,当人学会使用火来烧烤熟食,并开始以刀、叉、筷等作为饮食的手段时,人的日常生活方式便相应地发生了无法忽视的变化,诚如马克思所言:"饥饿总是饥饿,但是用刀叉吃熟肉来解除的饥饿不同于用手、指甲和牙齿啃生肉来解除的饥饿。"[1]类似的变迁,还包括从穴居野处,到筑室而居;从用树叶、毛皮等自然之物蔽体,到编织而衣,等等。以上方面首先意味着"做事"方式的变化:用牙齿啃生肉与烧烤和食用熟食、居住岩洞和筑室而居、以自然之物蔽体与编织而衣,表现为不同的"做事"方式。与此同时,相关衍化又展现了历史的演进:就实质的方面而言,由茹毛饮血而烧烤熟食、从穴居野处到筑室而居、从用自然之物蔽体到编织而衣,做"事"方式的这些变化,促进了人在体力和智力上的发展并使人获得更稳定的生存条件;就形式的层面而言,其中又蕴含"文"(文明)"野"(前文明)之别;通过啃生肉来解除饥饿以及穴居野处、用自然之物蔽体,尚近于动物的生存方式,而烧烤熟食、筑室而居、编织而衣等等则从饮食、居住、服饰等方式上使人区别于动物。无论是实质的层面,抑或形式之维,饮食、居住、服饰方式的如上改变都体现了合乎人性(不同于动物)的趋向,在这一意义上,它也从一个方面展现了历史(文明)的

---

[1] 〔德〕马克思:《经济学手稿(1857—1858)》,《马克思恩格斯全集》第30卷,人民出版社,1995年,第33页。

发展。

　　人类演化的历史,同时伴随着"以器做事"的过程。"工欲善其事,必先利其器"①,这里的"器"即器具或工具,"以器做事",关乎"做事"(劳动)的不同方式,而用不同之器"做事",则标志着人类文明的不同形态。以历史在前现代时期的衍化而言,在旧石器时代,人类使用的主要是打制的石器,与之相关联的生产方式则主要表现为采集和狩猎。进入新石器时代,磨制的石器逐渐取代相对粗糙的打制石器,早期农业、陶器制作也开始出现。到了青铜时代,青铜器的制作以及使用逐渐普遍化,农业和手工业的水平也相应提高。随着铁器时代的到来,铁的冶炼和铁器的制作运用开始出现,后者多方面地影响着农业、手工业、军事领域的活动。近代以来与机器使用相联系的工业化、晚近所趋向的基于计算机及网络技术不断完善的信息化,等等,则以更广、更深刻的形式,展现了人类历史的演进过程。劳动工具的制作和使用方式的以上变迁,首先表现为人"做事"方式(由"事"制器、以器"做事")的变动:从旧石器时代、新石器时代到青铜时代、铁器时代,乃至工业化、信息化时代,人们做事的背景、过程、效果,都在发生变化,较之前述生活方式的变化,这种变化在更为内在的层面构成了人类文明历史演变的具体内容。借用阿隆的概念,在这里,变化(change)与演进(evolution)呈现内在的一致性。作为人的创造性活动,由"事"制器、以器"做事"既从本源的方面影响着人的存在(劳动方式和生活方式的改变,最终本于此),又确证了人的本质力量,而"做事"方式的以上演进,则使人的这种力量在不同层面得到了展现:相对于先行历史阶段中人的"做事"方式,后起历史时期人所"作"之"事",无疑赋予人的本质力量以更深沉的内涵。就此而言,

---

①　《论语·卫灵公》。

由"事"制器、以器"做事"的前后变动不仅表现为历史的变迁,而且表征了人类自身的发展。

　　生活方式与做事方式的如上衍化,从不同方面展现了历史演进的方向性。从茹毛饮血、穴居野处、用自然之物蔽体到烧烤熟食、筑室而居、编织而衣,从使用简陋粗糙的石器,到机器、计算机的运用,人既不断地成就世界,也不断地成就自己,由此逐渐实现从前文明形态向文明形态、从文明的初始阶段向文明的更高阶段的发展。这种发展并非基于超验的目的,也非趋向某种思辨的终极目标,而是以人自身本质力量在不同层面的确证为内容,而世界和人本身则由此愈来愈趋向于合乎人性的存在。这一意义上的历史变迁,无疑同时表现为历史的进步。当然,如后文将进一步讨论的,确认历史的进步,并不意味着将历史的演进仅仅理解为线性的发展。事实上,历史的变迁过程往往充满曲折,前进中出现某种倒退,也是时常可见的现象,在承认历史向前发展的同时,需要扬弃肤浅的乐观主义。不过,从总的趋向看,历史中的曲折、后退,并不是历史发展过程的终极形态,历史的进一步发展总是将逐渐超越以上回流。同时,以"合乎人性"为衡量历史演进的尺度,并不表明引向抽象的心性之域。在其现实性上,人性既不同于本然的感性趋向(inclination),也有别于强加于人的外在规定:在受制于内在和外在限定的前提下,人难以达到真实和当然的存在形态;唯有扬弃内在和外在的限制而走向自由,人性才能真正得到体现。康德曾认为,当人受制于感性趋向(inclination)之时,人尚属于现象界,并受因果规律的支配[①]。在此种存在形态中,人事实上并未真正超越自然对象。对康德而言,唯有超越感性趋向(inclination)的意志自律,才构成了人性尊严(the dignity of human na-

---

[①] Kant, *Critique of Practical Reason*, Cambridge University Press, 1997, p. 75.

ture)的基础①,这一看法也从一个方面注意到以上事实。人性的以上规定,并非仅仅停留于精神或观念之维,在劳动这一人所"从事"的基本活动中,人性的现实内涵便得到了更为具体的体现,尽管在相当长的历史时期中,劳动难以完全摆脱必然的制约,但它同时又不断以人的本质力量对象化的方式,展现人的自由本性。与人性的以上内涵相一致,"合乎人性"以自由在不同历史阶段的实现为其具体内容。进而言之,对历史发展的肯定,并不必然导致设定某种乌托邦并将其作为历史的未来目标。理性的僭越诚然容易引向各种思辨的预设,但历史的实际发展过程总是一再昭示这类预设的虚幻性。真切地把握历史的演进,同时也为扬弃理性的过度僭越提供了理论前提。

以上所论同时表明,"事"与"史"既关乎事实,也涉及价值。人类在一定时期以何种方式果腹、居住、蔽体,运用何种工具做事,等等,首先呈现为相关领域中的事实,但这种柯林武德视野中的"所作所为"或活动同时又内含价值的意义,前文的分析便同时指向相关历史事实的不同价值意义。更具体地看,在价值的层面,"事"往往展现多样的性质,通常所谓"好事"或"坏事",便关乎价值视域中的不同意义。一般来说,"好事"呈现积极或正面的价值趋向,"坏事"则具有消极或负面的内涵。这一意义上的"坏事"或"好事"往往相对于某一目的而言。以隧道建设来说,施工过程中可能会发生塌方,这里"塌方"并非自然变化,而是"做事"过程中衍生的现象,此种"事"对完成隧道这一目的而言,主要便呈现负面或否定的意义,可以归为广义的"坏事"。"坏事"也可以是在道德论域中具有"恶"的意义之事,如抢劫、偷盗等等,便属人所"作"的这一类"坏事"。与"事"具有不

---

① 参见 Kant, *Grounding for the Metaphysics of Morals*, Hackett Publishing Company, Inc. 1993, p. 41.

同的价值性质相联系,历史的衍化也既关乎事实之维,又涉及不同的价值意义。就道德的层面而言,善恶之间,常常相互交错,而道德上的恶,则每每构成了推动文明发展的动力。黑格尔已有见于此,在他看来,"假如没有热情,世界上一切伟大的事业都不会成功。"这里所说的"热情",包括私欲等各种负面的意识:"我现在所想表示的热情这个名词,意思是指从私人的利益,特殊的目的,或者简直可以说是利己的企图而产生的人类活动,——是人类全神贯注,以求这类目的的实现,人类为了这类目的,居然肯牺牲其他本身也可以成为目的的东西,或者简直可以说其他一切的东西。"①根据以上理解,私欲这种在道德上呈现否定意义的情欲,对历史活动的展开却具有推动作用。恩格斯从更广的层面,对黑格尔关于恶与历史过程的关系做了阐释:"在黑格尔那里,恶是历史发展的动力的表现形式。这里有双重意思,一方面,每一种新的进步都必然表现为对某一神圣事物的亵渎,表现为对陈旧的、日渐衰亡的、但为习惯所崇奉的秩序的叛逆;另一方面,自从阶级对立产生以来,正是人的恶劣的情欲——贪欲和权势欲成了历史发展的杠杆。"②恶与历史变迁的如上关系,既体现了作为具体存在的历史主体的多面性,也展现了历史过程本身的复杂性。从历史意义的理解和把握这一角度看,它意味着道德评判和历史评价难以简单地彼此等同。

进而言之,在历史的演进中,具有正面意义的文明衍化与负面的历史现象往往相互并存。《老子》已注意到这一点,并由此对文明发展过程及与之相关的文化形态提出了种种批评:"大道废,有仁义。

---

① 〔德〕黑格尔:《历史哲学》,王造时译,上海书店出版社,1999年,第24页。
② 〔德〕恩格斯:《路德维希·费尔巴哈和德国古典哲学的终结》,《马克思恩格斯选集》第4卷,人民出版社,2012年,第244页。

慧智出,有大伪。"①对《老子》而言,作为超乎文明衍化的形上原理,"道"既包含普遍性,又具有本源的性质,"仁义"则代表了文明形态出现以后的社会规范。同样,"慧智"表现为历史发展过程中形成的认识能力,"大伪"则与伪善、欺诈等行为相联系而呈现为道德上的负面现象。由"大道"到"仁义",意味着从前文明的形态向文明形态的衍化,在《老子》看来,这一过程既形成了认识能力的提升等具有正面意义的结果,又伴随着"大伪"等负面意义的历史现象。卢梭从另一层面上注意到了类似的历史张力:"自然状态下的人与人之间的差别,比社会状态下的人与人之间的差别小得多。""自然的不平等将因人的教育程度的不平等而扩大。"②从自然状态到社会状态的衍化,展现为文明的历史演进,然而,它同时又导致了人与人之间不平等的扩大。章太炎在更普遍的意义上,对历史衍化中的以上情形作了概括。在《俱分进化论》一文中,章太炎认为,社会的进化,"若以道德言,则善亦进化,恶亦进化;若以生计言,则乐亦进化,苦亦进化。双方并进,如影之随形,如罔两之逐影。"③质言之,善与恶、苦与乐在历史中俱分进化。从《老子》、卢梭到章太炎,以上诸种看法或多或少都有见于历史衍化过程中的二律背反。然而,由此,他们往往又从不同角度,对历史衍化过程本身持否定的态度,《老子》强调"绝圣弃智,民利百倍;绝仁弃义,民复孝慈;绝巧弃利,盗贼无有"④、卢梭肯定自然状态下没有奴役和统治,并认为冶金和农耕这两种技术使人类走向

---

① 《老子·第十八章》。
② 〔法〕卢梭:《论人与人之间不平等的起因和基础》,李平沤译,商务印书馆,2007年,第80页。
③ 章太炎:《俱分进化论》,《章太炎全集》(四),上海人民出版社,1985年,第386页。
④ 《老子·第十九章》。

堕落①、章太炎则对社会进化一再加以质疑,等等,都表现了这一趋向。

　　由历史衍化过程中存在二律背反的现象而责难历史演进过程本身,显然是非历史的。从现实的形态看,与"事"有不同的价值意义相应,"史"也非线性演化、单一进展,而是包含多重性。前面提及的"恶"对历史的推动,便从一个方面体现了这一点。历史内涵的这种多方面性,使历史过程不同于抽象的形态而呈现具体的品格。进一步看,历史衍化中出现的负面现象固然具有消极的意义,但这种负面现象唯有通过历史本身的演进才能逐渐消除。以天人关系或人与自然的关系而言,在从前现代走向现代的过程中,人作用于自然的能力不断得到提升,这无疑体现了历史发展的正面意义,但由此往往也引发了人对自然的过度利用和征服,天人失衡等生态问题则随之出现,后者无疑属负面的现象,然而,不能因此而简单地否定天人关系的以上发展过程。负面意义的生态问题发生于历史过程之中,也可以基于人自己的历史活动来逐渐解决。具体而言,从原始形态的天人合一,到近代以来的天人相分甚至天人对峙,这无疑体现了天人关系的历史变迁,而天人相分所导致的生态危机,则唯有通过不断在历史的演进中重建天人之间的统一才能逐渐克服,这种重建过程始终离不开历史本身的衍化和发展。事实上,通过历史本身的演进来解决历史演化中的问题,同时从更深沉的方面体现了历史发展的意义。

　　历史的衍化趋向何方？20世纪末,随着世界历史的剧变,历史领域中开始出现所谓"历史终结论"。根据这一论点的主张者福山的看法,历史终结"是指构成历史的最基本的原则和制度可能不再进步

---

① 〔法〕卢梭:《论人与人之间不平等的起因和基础》,李平沤译,商务印书馆,2007年,第81—82、94页。

了,原因在于所有真正的大问题都已经得到了解决"①。对福山而言,西方现代的政治体制即人类社会发展的终点,达到这种社会形态后,历史便不再继续发展。然而,根据一定历史时期的某些社会变迁(诸如苏联的解体和东欧的转向)而断言历史的终结,无疑过于轻率。福山所推崇的西方现代的政治体制以所谓民主制为基本内容,这种民主政体本身也是历史演进的产物,以代议制和程序化为形式,其核心首先体现于通过选举以解决政治权力的归属和更替。然而,如何保证选举本身不被金钱、媒体等操控而具有实质的公正性?政治权力确立之后人民如何切实地参与权力的运作?怎样避免选举之后人民便在事实上"离场"?如何克服不同个体和阶层在获得政治资源和实现政治影响力方面的不平等?怎样协调自发的民意与公共理性?等等。这些事关"民主"的最一般层面的问题,在西方现代民主政体中并没有真正得到解决。当"民主"事实上主要限于形式层面的"选举"(试图一票定乾坤)、其本身还面临诸多问题之时,将这种体制加以理想化无疑显得苍白空洞。不难注意到,仅仅就以上方面而言,以西方现代民主政体为历史的终极形态,便缺乏现实的根据。从更广的层面看,历史已一再昭示:社会在一定阶段所发生的变化,从来没有成为历史的最后形态;在经历某种形态的变化之后,历史总是继续演进。当克罗齐肯定"历史是活的编年史"②时,似乎也有见于历史变迁的持续性。当然,历史的这种演进并非仅仅表现为时间(年代)的无尽流逝,就现实的过程而言,"史"无终点,归根到底在于成就历史的"事"日新不已:"史"因"事"而成,人类存在,则"事"即随之,人

---

① 〔美〕弗朗西斯·福山:《历史的终结及最后之人》,黄胜强、许铭原译,中国社会科学出版社,2003年,第3页。
② 〔意〕贝奈戴托·克罗齐:《历史学的理论和实际》,傅任敢译,商务印书馆,1982年,第8页。

类不消亡，人所"作"之"事"便不会止息。与之相应的是"史"的绵延："事"无止境，故"史"难终结。这里所说的"事"包括人在政治领域所"从事"的活动，其前后延续，决定了福山所说的"构成历史的最基本的原则和制度"无法走向终极的形态。

以价值之维为视域，历史之难以终结，与人类对自由的追求相联系。黑格尔曾指出："'世界历史'不过是'自由的概念'的发展。"①前文已论及，人不同于其他存在的本质规定，即体现于不断在把握必然的同时又摆脱必然的限制而走向自由。就历史的一般趋向而言，文明的每一进步，都意味着走向不同层面的自由之境；以具体的人与事为关注之点，则人所"作"之"事"的每一次完成，都既指向相关需要的满足，也意味着自由在一定条件下的实现：作为人的自觉活动，"事"的展开既意味着不断克服感性的冲动，也以把握并驾驭外在的必然为前提，二者从不同方面使人区别于仅仅受因果法则支配的自然对象并赋予人的"做事"过程以自由的品格。可以看到，人类的历史发展在总体上表现为基于所"作"之"事"而不断走向多样的自由形态。这是一个永无止境的过程。

---

① 〔德〕黑格尔：《历史哲学》，王造时译，上海书店出版社，1999年，第468页。

第七章
走向具体的存在

"事"中展开的历史过程,包含着价值的指向,从形而上的层面看,这一指向关联着具体的存在。以人之"在"为视域,历史的变迁以走向具体的存在为其内在旨趣。这里所说的走向具体存在,包括两个核心的概念,即"走向"与"具体存在","走向"既意味着在认识论层面敞开世界、认识世界,也兼有规范意义;认识侧重于说明和解释世界,规范更多地表现为对世界的作用。当然,宽泛而言,认识过程中也可以包含规范性的面向,但当认识与规范相对之时,认识主要以说明或解释世界为旨趣,规范则首先与变革世界相关。认识与规范所指向的"具体存在"不同于观念性对象,也不同于虚幻、抽象的存在。这一意义上的"具体"与"现实"、"真实"等概念相通,与之相应,"具体存在"也就是"真实世界"或"现实世界"。

一 现实世界与具体存在

从内涵上看,"具体存在"至少包含如下特点:其一,形上与形下之间的统一。以中国哲学为视域,形上常常与"体用"中"体"、"本末"中"本"一致,属本源性存在;形下则关乎"用"和"末",后者更多地涉及经验现象或对象的多重呈现方式。在具体存在中,形而上的本源和形而下的现象呈现相互统一的形态。其二,不同方面规定或属性的综合,这一意义上的具体存在不同于仅仅涉及某一规定、某一属性的片面存在:真实世界本身是多方面的综合。其三,既成和未成的统一,它表明具体存在处于生成的过程之中,是过程性的存在:一方面,具体存在不同于本然的对象,本然对象处于人的知行过程之外,具体存在则是通过人的作用而形成,就此而言,它表现为既成的存在;另一方面,它又向未来敞开而非仅仅凝固于过去;既成和未成的以上统一,展开为一个历史过程。

这里或可提及现在比较流行的"元宇宙"概念。从一个方面来说,"元宇宙"与"具体存在"有相通之处,二者都不同于本然的存在,而是表现为人的活动或作用的结果。但是,用"元"来规定宇宙,又显然不甚确切。"元"是 meta 的中译,meta 既有"元"的意思,也表示"后",metaphysics 的直接涵义,即物理学之后。"元"的汉语意思是"在什么之前",其中含有本源、原初等义。以"元"作为修饰词而形成的"元宇宙"概念,似乎被用以表示本源或原初的存在。事实上,"元宇宙"的实际所指,是虚拟世界和真实世界的沟通或融合,可以表述为"虚实之境",它所体现的虚拟世界和真实世界的沟通和融合,乃是形成于人的技术活动,后者涉及云计算、人工智能、区块链等领域。作为人的活动的产物,它已不同于原初意义上的本然存在,而以"元"来表示这种存在形态,则无法突出其生成于人的活动这一事实。也就是说,在"元宇宙"的表述下,"虚实之境"作为人化存在的真实意义无法确切地被把握。同时,"宇宙"的表述本身已经非常宏大,在其之上再加一个"元",更给人以其大无外的玄远之感,相关对象的真切实在性则多少遮没于这种空玄的表述中。当然,从另一方面来说,语言本来是约定俗成的,选择何种语言符号,有一定的自由度,就此而言,以"元宇宙"表述虚拟实在与现实世界的统一,也未尝不可。但是追究其本来意义,以"元"来规定和表述以上存在,无疑容易模糊其非原初的性质。从"具体存在"着眼,应当关注的首先是这种存在的非本源性或非本然性。要而言之,从其形成于人的活动看,所谓"元宇宙"近于"具体存在",但以具有原初意义的"元"规定"宇宙",又显然偏离了"具体存在"的过程性质。

走向具体存在,首先基于对世界的认识;认识过程及其结果,可以视为成就世界、达到具体存在的前提。就认识活动本身而言,其过程大致包括两个方面,一是事实的把握,通常所说的"知其然",便以切入事实为内容。认识的原初的意义,是通过了解事实以知其实然(敞开对象的真实状况)。当然,人并不仅仅满足于"知其然",而是进一步要求"知其所以然","知其所以然"意味着把握事实之间的联系,后者具体以"理"的形式呈现。"事"与"理"相对而言,事实之间并非毫不相关,"所以然"即以事实之间的联系为实质内容,这一意义上的"理",同时表现为事物的内在的法则或内在规定。可以看到,"知其然"(对事实把握)和"知其所以然"(了解事实之间的联系、把握事物内在的法则和规定)构成了认识活动的相关方面。

作为现实的存在,具体存在不同于本然对象,其特点在于形成或建构于人的不同作用。马克思曾指出:"整体,当它在头脑中作为思想整体而出现时,是思维着的头脑的产物,这个头脑用它所专有的方式掌握世界。"①这里说的"整体",可以视为观念形态的现实世界或具体存在,"思维"则是人的观念活动,作为"思维着的头脑的产物",现实世界或具体存在虽呈现观念形态,但又是基于人的建构,而有别于本然的存在。

具体存在的以上建构不仅关乎认识,而且涉及规范。如前所言,认识本身在一定层面也包含规范问题,后者包括认识活动应如何展开、认识成果应怎样确认,等等。但"规范"还具有更广的意义,较之认识之域的规范,广义的规范关乎如何实际地变革对象,并相应地具有实践的指向:在理解、把握现实之后,人又能进一步规范现实、变革对象。以自然的季节变化而言,春、夏、秋、冬的依次演变,属现实形态;中国传统文化以立春、立冬、立夏、立秋的形式设定节气,则体现了人对自然的规范,这种规范又进一步制约着以往历史中人自身的农耕活动。对现实的认识和把握(如对四季更替的了解),体现了"后天而奉天时";基于现实而规范现实(包括基于节气而展开农事生产),则表现为"先天而天弗违"。② 规范本来包括"应该做什么""应该如何做"等规定,通过以上要求来影响人的行动,并进而成就一个具体的存在,是广义"规范"的题中之义。

二 理想及其意义

变革对象、走向具体的存在,无法凭空而行。这里,需要关注一

---

① 〔德〕马克思:《〈政治经济学批判〉导言》,《马克思恩格斯选集》第2卷,人民出版社,2012年,第701页。
② 《周易·文言》。

定的理想蓝图,后者包括计划、方案、设想,等等,成就具体的存在,首先基于相关的谋划,并以理想的蓝图为其初始的前提。从实际的内容看,作为建构具体存在的前提,理想蓝图以前述认识和规范为其内容;谈到理想,相应地既应注意其认识世界的内容,也不能忽视其中的规范性问题。具体地说,理想的往往包含如下特点。首先是未来的指向性:理想总是目前尚未完成,其实现有待人的后续努力。进一步看,理想既难以包括人的所有意向,也无法穷尽现实的一切方面,这就使之具有某种不完全性。从其内容来看,理想又包含价值目的与事实认知的统一,前者关乎善的追求,后者则涉及对相关现实的把握。在选择过程中,理想同时表现为自愿的意向与自觉的选择之统一:以水患的应对而言,为了治理洪涝之灾,有时不能不淹没若干良田,作此选择固然出于不得已,但又是基于理性的自觉;另一方面,通过淹没若干良田以保护更广大地区,则体现了人的自愿的意向,在处理相关事宜时,二者常常相互交错。

在中国传统文化或传统哲学思想中,可以看到多样的理想设定。以天道而言,其意义之一体现为形而上层面的理想秩序:中国文化中的"道"具有多重含义,世界或宇宙万物层面的普遍秩序,便构成了天道的内在意义之一。从建构或造就具体存在来说,这一意义中的天道的作用,即是为现实生活中的人间秩序(包括传统的礼制)提供超越的或形而上的根据。中国文化常常讲天道和人道的统一,其中的人道涉及的主要是以礼制为形式的现实的社会秩序,对中国文化而言,天道和人道相互沟通,难以截然相分,这种沟通的具体意义之一,是确认形而下的人间秩序以形而上之道为本源。

以社会本身为视域,传统思想中则包含大同世界以及唐虞、三代等历史层面的理想之境:在传统思想的理解中,唐虞社会或三代之世即构成了完美的存在形态。就社会层面而言,这种社会理想的意义之一是为人间的理想秩序提供历史的依据,由此,传统思想常常把理想看作是属于过去的存在形态,所谓理想在过去,构成了进化论传入之前中国文化的一般观念。这一理解的具体涵义,当然可以从不同方面加以分梳,肯定现实的人间秩序本于历史中的理想之境,则是其中蕴含的内在意向。同样,在现代社会,常常也会谈到科学理想,以通信方式而言,如何以一种快捷、保密的方式实现远距离的沟通,是人们一直追求的理想,这种理想对实践的规范和引导,逐渐引发了量子通信的诞生:尽管量子通信本身也许仍有很长的路要走,但其初步的成果则可以视为实现以上科学理想的具体产物。

与人和具体存在的相关,使理想具有应然而未然的特点:一方面,理想是人所追求并希望实现的目标,因而包含当然(应该实现)的要求;另一方面,如前面所言,以未来为指向,理想又尚未成为现实。从应然而未然这一维度看,理想属于可能世界或可能的存在形态,这种世界可能会实现,也可能仅仅停留在观念的状态。与之相关的理想固然应然而未然,但又需基于现实:任何理想都不能凭空产生,而是需要以现实存在为具体依据。如上所述,现实性、真实性与具体性彼此相通,现实世界也就是具体存在。前文提及的"事实认知"也已表明了这一点。一方面,包含具体存在内涵的理想形态源于现实,另一方面,这种存在形态又需要经历一个现实化的过程。黑格尔曾强调普遍思想形式的现实化(actuality)过程,在引申的意义上,这里的"普遍思想形式"可以包括理想形态,而现实化则构成了其具体的指向。[1] 与可能的形态相联系,具体存在同时展开为一个过程,其特点在于既成和未成的统一。从既成和未成的关联着眼,这里又存在着动态的互动:一方面,具体、现实的世界是在人自身的作用中形成的,

---

[1] Hegel, *Phenomenology of Spirit*, Oxford University Press, 1977, pp. 298-299.

具有生成性;另一方面,具体的存在在形成之后,不仅包含面向未来的开放性,而且为变革世界的理想提供了现实根据,前文论及的季节与节气的关系,也从一个方面体现了这一点。所谓理想以现实为依据,首先即基于这样的现实世界。

作为指向未来的蓝图,理想又为具体存在提出了进一步发展、演化的目标。这里展现了另一重意义上的相互作用:具体的存在为未来的理想提供了现实依据,未来的理想则为具体存在规定了进一步发展的前景。理想的蓝图是变革世界所不可或缺的,但理想只有基于现实并以现实作为依据,才可能对世界作有效的规范。一旦游离于现实,理想便难以对现实存在产生实际作用。从总体上说,理想与现实世界的关系表现为:理想既基于现实,又还治现实。这里的"治"即广义的治理,包括引导、规范。一方面,理想来自并植根于现实,如果脱离现实,理想便失去了内在生命力;另一方面,理想又可以还治现实,亦即为现实世界的演进、为未来世界的形成提供依据。正是在理想和现实的以上互动中,两者不断达到历史层面的统一。

历史地看,理想一旦与现实脱节,便会产生不同的消极后果,为了比较具体地了解这一点,可以简略地回顾近代思想的变迁过程。近代以来,西方的启蒙思想家形成了不少理想的勾画,然而,其中一些观念往往缺乏现实的根据。这里,可以考察近代思想家关于权利或人权的看法。近代思想家的理想之一,是每一个体都能够享有自身的权利,这既是近代思想家推崇的价值原则,也表现为他们向往的价值理想。如何理解这种人权?天赋权利观念的预设在这里扮演了重要的角色:对卢梭、洛克、霍布斯等近代思想家而言,作为社会理想的人权或权利,主要便源于所谓"天赋"。这里固然包含了社会领域中理想的期望,即每一个人都应拥有自身的权利,但当这种理想被归诸天赋时,其内容便远离历史的现实。事实上,权利(包括人权)并不是来自于"天赋"或自然意义上的本然存在,而首先表现为"社会的赋予","天赋"与"社会赋予"的根本不同,在于前者("天赋")是抽象、主观的设定,后者("社会赋予")则表现为基于社会历史演进的现实形态。作为社会的规定,权利既非自然的现象,也非"天"之所"赋"。只有在一定社会的过程中,个体才会拥有或享有某种权利,人权,包括个体权利,本质上都是社会赋予。① 作为多样权利形成的现实土壤,社会同时构成了权利的基本依托,离开了社会,则权利便什么也不是。从历史的角度看,不同时期的社会共同体,同时也为人的权利规定了相关的范围和限定。以生命权利或生存权利而言,按以上人权理论,这种权利似乎是"天赋"而神圣不可侵犯的,但事实上,根据人类学的研究,在生活资源非常有限的人类社会早期,那些丧失劳动能力的老人常常遭到遗弃,其生命权利并没有被视为天赋的人权而获得肯定和保障。这一事实表明,在历史发展的一定时期,被视为"天赋"的基本人权并没有得到普遍认可。

作为理想的设定,天赋人权论希望为个体的权利提供依据,这种观念无疑体现了一定时期人们的愿望,但与现实状况的脱离,却使之引向各种负面的归宿。首先是个体权利的虚无化、抽象化。一方面,个体固然都被认为应享有诸种权利,另一方面,在政治、经济、教育、文化等领域,实际的社会状况又往往是严重的不平等,个体之间的存在状况(包括拥有权利的状况)往往天差地别。表面上似乎人人都享有同样权利,但现实的社会图景却完全没有体现这一点。其次,则是权利失去约束。这里需要区分权力(power)与权利(rights),对权力的约束一般比较认可,所谓三权分立、舆论监督,等等,都可以看作是对权力(power)的制约。但权利(rights)同样也需要约束,而这种约

---

① 参见杨国荣:《我的权利,你的义务》,《哲学研究》2015年第4期。

束往往未能得到充分关注。在天赋人权的观念之下,对个体权利的约束往往很难得到正视。尽管也可以看到"认真对待权利"这一类表述,但其内涵却存在单一化的偏向。按其本义,"认真对待权利"应该包括两个方面,一是对个体权利的维护,即保障个体的正当权利,二是对个体权利的约束。但在"认真对待权利"的提法中,每每只是片面地强调对个体权利的维护。引申而言,权利意识的过度膨胀,常常导致个体间的紧张,难以建立和谐的社会关系。天赋人权说与历史事实之间的以上张力表明,理想如果失去现实依托,便容易引发各种危害;理想的设定和现实的关切之间,需要统一。

三 作为"理"与"事"体现的形式与实质

从哲学的层面来说,前文提到的理想具有形式的意义,与形式相对的,则是实质的方面。相对于理想,现实常常构成了实质之维;理想和现实之间的差异,与哲学意义上的形式和实质之间的区分,往往有着某种对应关联。走向具体存在的过程既关乎前述理想和现实之间的互动,也涉及形式和实质之间的关系。形式具有普遍性:作为略去了具体的或实质性内容的规定,形式具有普遍的、无人格的特点,但如果仅仅限定于这一方面,则这种普遍的形式常常呈现抽象性。实质关乎内容:形式既和内容相联系,也与实质相对应。与形式相对的实质,每每引向具体的事物以及具体事物的存在方式。

按其内在涵义,形式表现为"理"的外在形式或理的外在显现;实质的意义则主要体现于实际之"事"或实际对象以及它们的多样规定。就现代哲学而言,关于形式和现实的关系,不同的哲学流派往往各有所重。如所周知,自20世纪初以来,现代西方哲学的主要流派是现象学和分析哲学,在哲学趋向上,两者所注重的分别是形式和实质中的一个方面。分析哲学主要侧重于对语言形式的逻辑分析,其关注之点在于语言中的世界;在某种程度上,分析哲学甚至趋向于以语言分析取代对整个世界的理解,语言之外的实质对象,则常常未能进入其视域。与之不同,现象学则不限于语言而涉及实际对象,胡塞尔甚而提出"面向事物本身"的口号,不过,现象学同时又表现出化现实为意识的取向。作为20世纪的显学,现象学的理想之一是使哲学成为严格科学,从早期的胡塞尔开始,便明确表达了这一点。怎样使哲学成为严格科学?现象学的进路是不断向意识回归。按照胡塞尔的理解,通过本质的还原、先验的还原,最后可以达到"纯粹的意识",对现象学而言,这种"纯粹意识"也就是所谓"纯粹自我",其特点之一是具有直接性而无任何中介、难以再继续分解,在此意义上,这种"纯粹的意识"表现为终极层面的存在,它同时又为建构可靠的存在大厦提供了原初的基础。与之相对,作为现实存在,具体存在既不是分析哲学所追求的语言中的对象或形式化的世界,也不是现象学所指向的意识中的存在或建立在纯粹意识之上的世界。

理想和现实之辩涉及对世界的认识和变革,与之相关,形式和实质既与世界本身的一定方面相联系,也关乎人的活动的不同环节。然而,在哲学上,除了以上学派的各执一端之外,还有伦理学领域中的形式主义和注重实质的所谓价值伦理学的不同取向。康德通常被认为形式主义的代表,其道德理论常常被理解为偏重形式的伦理学。对他来说,只要依照普遍的规范行事,所作所为合乎普遍形式或一般规范,相关行为便具有正当性质而无须考察行为的结果。在这里,形式层面的规范成为道德实践的主要方面。从伦理学上说,康德理论的特点之一是以形式因为动力因:在他看来,一旦把握了形式层面的普遍法则,行动者便必然会按照这种法则行事。作为具有形式主义趋向的哲学家,康德在伦理学上并不关注具有实质指向的价值问题,阿多诺曾言简意赅地指出了这一点:"价值这个概念在康德那里是没有地盘的。"①与康德的伦理学倾向有所不同,在现代的现象学系统中,舍勒对康德的形式主义伦理学作了种种批评,并提出了非形式的价值伦理学。较之康德,舍勒更为注重实质层面的价值理性。在伦理学上,对实质的关注往往引向价值的关切,舍勒将实质伦理学和价值联系在一起,也体现了这一趋向。不难看到,形式主义的伦理学与实质的价值伦理学在此呈现相互对峙的格局,其中内含着形式与实质的悖离。

按其实质,正如理想与现实无法相分一样,形式与实质也需要走向统一。在这方面,值得注意的是中国的传统思想。中国传统思想(包括儒学),对形式与实质这两个方面给予了多重关注,尽管"形式"与"实质"这两个概念具有现代形态,但就内在的意义来看,中国传统文化中的相关观念和讨论也涉及这一方面,这不仅在于传统意义上的"文"与"质"之辩,包括所谓"质胜文则野,文胜质则史,文质彬彬,然后君子"②,已渗入了近于形式("文")与实质(质)的内涵,而且在具体的观念中,也可以看到相关的意蕴。如所周知,儒学肯定仁和礼、仁和义的统一,在"仁"与"义"和"仁"与"礼"之中,"仁"更多地体现了实质的内容:"仁"的核心意义在于承认每一个人都有自身的内在价值,这种价值的确认具有实质的意义。《论语》中有一为人熟知的记载,马厩失火,孔子退朝回来,便马上急切地了解:"'伤人乎'?不问马。"③在此,人的价值被置于马之上:对孔子而言,在马和人两者中,马只是为人所用的工具,人才是目的性的存在。这里体现

---

① 〔德〕T. W. 阿多诺:《道德哲学的问题》,谢地坤、王彤译,人民出版社,2007年,第138页。
② 《论语·雍也》。
③ 《论语·乡党》。

的是肯定人的内在价值的仁道观念。比较而言,"礼"和"义"更多地表现为规范系统,"礼"是呈现于外的规范系统,"义"则可以视为内在的规范意识,在中国哲学包括儒学看来,仁和义、仁和礼并非彼此分离,其间蕴含内在的统一性:仅仅肯定礼义的形式是不够的,行为的展开还需要基于内在之仁所体现的价值意向,后者具有实质的意义。孔子曾有如下名言:"人而不仁,如礼何?"①单纯讲"礼""义"的规范而缺乏与"仁"相关的内在价值意识,规范("礼")本身便没什么实际的意义。在"仁"与"礼""义"相互统一的观念背后,可以看到对实质的价值意识与形式的行为规范的双重肯定。此外,儒家比较注重社会人伦,强调家庭责任;社会人伦与家庭责任也体现了社会生活中的实质之维,对这些方面的注重同样有别于仅仅倡导抽象的形式化原则,其意义更多地表现为对实质规定的关切。

形式与实质同时有其更广的社会意义。如果仅仅关注形式的规定,那么在观念层面上往往会流于话语游戏,亦即满足于话语之维的思辨论说。实质的关切则往往指向具体问题的解决:形式层面单纯的话语游戏与实质意义上的解决问题,既形成了形式与实质之辩的另一面向,也体现了不同的思想境界。在现代政治生活中,反对形式主义已成为基本的要求,形式主义的特点在于仅仅满足于形式层面的矫饰而不注重实际问题的解决。从人类历史的演化来看,走向具体存在,同时意味着走向普遍形式和实质内容之间的统一。这里既存在一般意义上哲学问题,包括前文所述分析哲学和现象学、伦理学上康德的形式主义和舍勒的实质伦理学在哲学进路上蕴含的偏向,也体现了内在价值观念方面的不同内蕴。从具体存在以及现实的社会面向来看,形式与实质这两个方面无疑都需要加以关注。

---

① 《论语·八佾》。

四　做"事"和参与

　　前文所述的理想化、形式化同时与人的存在方式相涉。从后一方面看,如果仅仅停留于理想化、形式化这一层面,便容易流于单纯的旁观或静观:理想的设定、形式层面的逻辑分析(包括语言的逻辑分析),等等,都以面向对象的旁观或静观为特点。现实的关切,包括对实质性规定和内容的注重,则进一步引向人与对象、人与人之间的互动,这种互动实质上表现为一种参与的过程。这里需要注意旁观或静观和参与的区分。前文提及的分析哲学主要注重形式层面的逻辑分析,而语言意义的把握,则是其内在的指向。以语言为考察对象,这种把握方式同时呈现旁观或静观的性质。在某种意义上,早期维特根斯坦的著作《逻辑哲学论》,便体现以上趋向,其特点在于把语言作为考察对象进行分析。比较而言,现象学呈现更为复杂的特点,一方面,现象学注重所谓自明性,让对象自己显示自身,并要求考察这种自我显现的对象,这一趋向包含不同形式的旁观或静观。另一方面,现象学又比较关注意义的赋予。对胡塞尔而言,意义的赋予离不开主体,对意义的把握,同样基于主体:对象本来没有意义,对象获得意义与人赋予对象以意义,是同一过程的两个方面。现象学视域中的赋予既有先验的特点,又涉及人的参与过程,从而呈现二重性。从某些方面看,赋予意义的过程实际上也是人参与意义生成的过程,在主张以先验的方式把握对象的同时,现象学又肯定了研究者自身的参与作用。

　　正如早期维特根斯坦的《逻辑哲学论》体现了分析哲学的旁观性,稍后海德格尔的《存在与时间》展现了现象学的以上两重特点:一方面以存在的自我显现承诺旁观性,另一方面又以此在的筹划过程突出了存在过程的参与意义。当然,现象学虽然肯定了人的参与,但这种参与并没有完全超越意识层面。在海德格尔的《存在与时间》中,也依然可以注意到这一点。海德格尔在考察社会之中人的不同存在现象之时,一再提出所谓"烦"和"畏",这种与人的感受相关的情态,主要表现为人的存在(参与)过程中的情感体验:"烦"表明人在做事或与人打交道时,总是面临各种纷繁复杂的现象,处事过程常常不胜其烦;"畏"则是面对死亡或向死而在时萌发的内在意识,按海德格尔的理解,在人生过程中,死亡总是先行而来,在这一过程中,"畏"是始终伴随人的心理体验。这样,人生中的参与过程,在现象学中往往被诉诸个体的内在心理体验。

与存在的以上形态不同,走向具体存在的过程,以化本然对象为现实存在为其内容,本然对象不同于现实世界,在本然的对象中,人的活动还没有作用于其上,相关存在也未进入人的知行过程。以洪荒之世而言,这种人类还没出现的存在形态,属本然世界。同样,人的认知领域之外的对象,如射电望远镜还没有发现的河外星系,也可归入本然存在。这些对象都外在于人的知、行活动,尚未进入人的视野。走向具体存在,意味着将本然形态的存在(尚未进入知行过程中的对象)化为现实世界,而在具体存在这一逐渐建构的过程中,始终包含人的参与:按其实质,具体存在乃是通过人的活动、在人的参与中形成的。

回溯中国传统思想,也可以注意到其中的类似观念。《中庸》已指出:人在自身的存在过程中不断"赞天地之化育",这一观念表明,人生活于其间的现实世界并非自然天成,而是通过人的活动过程逐渐生成。所谓"赞天地之化育",便意味着肯定人具有作用于对象的能力,正是在人的这种作用过程中,有意义的具体存在成为现实的存在:"赞天地之化育"的过程,也就是人参与建构具体存在的过程。真正地参与同时展开为历"事"或做"事"的过程。人存在于世,总是需要参与多样之"事",可以说,人以做"事"为基本的存在方式。这一做"事"过程与现象学所说的意义赋予不同,现象学论域中的意义赋予,主要停留于个人体验的观念层面,实际的做"事"则或者表现为人与物的互动,或者展开为人与人的交往过程,它在实质上以成己与成物为指向。事实上,具体存在的形成过程,也就是成己而成物的过程,成己,意味着在"事"中成就人自身;成物,则是在"事"中成就对象、化"天之天"为"人之天"。对人而言,具体存在也就是通过做"事"过程而形成的意义世界:世界本无意义,正是在成"事"的过程中,世界呈现多样的意义。在这里,具体存在、意义世界涵义相通,二者都基于成"事"和参与的过程。

如前所述,具体存在的生成离不开认识和规范,就其实际内容而言,认识和规范都不同于旁观,而是一个实际参与的过程。旁观当然也涉及人与世界的某些关系,以审美过程而言,其展开便似乎首先与旁观相涉。在谈到审美活动时,瑞士心理学家布洛曾提出"心理距离"说,认为这一活动具有"超然"(unconcerned)的性质,而审美主体则主要表现为"静观者"(spectator)。[①] 然而,在实质的层面,即使审美鉴赏,也并非单纯地限于旁观,而是包含某种"再创造"。就更广的意义来说,在把握与变革世界的过程中,人显然不能仅仅停留于旁观。伯恩斯坦(Bernstein)曾区分思辨判断(judging viewed from the vita contemplative)与行动判断(judging viewed from the vita active),并认为,二者的区分类似行动者(actor)与静观者(spectator)之别。[②] 尽管伯恩斯坦在此以判断立论,但就实质的内涵而言,这一意义上的

[①] 参见 Edward Bullough, Psychological Distance as a Factor in Art and an Aesthetic Principle, in *British Journal of Psychology*, Vol. 5, 1912。

[②] R. Bernstein, *Philosophical Profiles*, Polity press, 1986, p. 225.

"行动者"也就是"参与者"。从这一方面看,以上分别已有见于旁观(静观)与行动(参与)在人与世界关系中的不同意义。从认识世界的角度看,走向世界便需要在能知与所知的互动中逐渐敞开对象,这种互动不同于静观,而是通过能知对所知的实际的作用以认识世界。规范世界更是如此:正是在人与物的交互作用、人与人的彼此交往中,外部世界(包括社会实在)不断合乎人的需要,成为人化的具体存在。与前述行动的指向相应,人在认识与规范世界过程中的以上参与,已不限于前文所说的"心"对世界的把握①,而是展开为一个实际的做"事"过程。从认识论上说,这一过程表明,知识的形成同时表现为人不断参与多样活动的过程;就价值观而言,上述过程又以价值理想的实现为实际指向。离开人的参与过程,对象世界仅仅表现为抽象的形态,人的理想则只能停留在观念中,难以化为现实形态。"应然"的价值理想向"实然"的转化,总是基于人自身的参与活动和做"事"过程,后者呈现多重形态。生活世界中的日用常行,是人实际地做"事"的基本形式之一;同样,科学研究中通过实验过程以揭示对象的法则和规定、人文学科探索中借助文献搜索、考察、分析,对文化、社会现象给出相关的解释,同样也是一种参与和做"事"的过程。进而言之,生产劳动,更是在与物打交道的活动中参与对世界变革的过程;历史地看,人类社会离开劳动就无法生存。墨子已指出:"赖其力者生,不赖其力者不生"②,这一看法肯定唯有通过生产劳动过程,人与社会才能够存在,以上视域中的生产劳动也是人做"事"、参与的重要形式。在政治领域,也存在人的不同参与活动。前现代虽然没有出现所谓民主制,但人同样以多样的方式参与社会、国家的治理。更

---

① 参见本书第四章第一节。
② 《墨子·非乐上》。

广意义上的文化建设、艺术创造,包括著书立说、赋诗绘画,等等,也表现为具体存在形成中人的参与和做事过程。

可以看到,人的参与活动和做"事"过程展现为多重形式而不限于一端,与之相联系,作为参与和做"事"过程产物的具体存在,也呈现多重形态。从对象的层面说,通过人的参与活动而打上人的印记并合乎人的需要之物,属具体存在中广义的人化实在,科技发展的结果,也与之相关;作为人作用之后形成并打上人的印记的对象,这种人化实在不同于本然的存在。日常生活同样与具体存在相关,从理论角度看,日用常行以人自身的生产和再生产为内容,其具体的形态表现为生命的维系和延续,生命的维系离不开衣食住行,后者构成了生活世界的重要活动;生命的延续涉及繁衍后代,同样是日常生活不可或缺的方面。人自身的生产和再生产过程通过日用常行来完成,由此形成的生活世界,呈现为具体存在的另一重形态。更广意义上的社会实在,包括各种政治体制和结构、多样的政治实践活动,也构成了具体存在的一个方面。进而言之,文化系统(包括其中的艺术作品、理论建构、科学成果)既是人化实在的重要构成,也是具体存在或意义世界的深沉内容,其形成则离不开人的参与和做"事"过程。

具体存在形成过程的做"事"和参与过程,在中国哲学中关乎前文(本书第二章)已论及的性与习、本体与工夫、知和行之辩。"性"可以视为精神层面的内在趋向,"习"则指人的习行。在性与习的关系上,孔子的基本看法是:"性相近也,习相远也。"①即每一个体都有相近之性,人的差异,是随着后天习行活动的不同而形成的。这里的"习"或习行也就是人的做"事"过程,"习"或"事"的展开,需要以"性"这一内在的精神趋向为根据。宋明时期,理学进一步展开了工

---

① 《论语·阳货》。

夫与本体之辨,其中的"本体"并非substance,而是指本然之体,亦即人的本然形态的道德意识,对主流的理学家而言,人的这种道德意识是人本来具有的,这一意义上的本体,也有先天之义;"工夫"则以人的知、行过程为内容,表现为广义的做"事"过程。呈现本体与工夫的以上相关性,在更广义上表现为知与行的统一。从现代认识的角度来说,"知"主要指认识形态,"行"则是人的多样践行活动。一方面,践行过程需要以已有的知识为引导,另一方面,知识的形成也离不开践行工夫,知与行互动过程,既首先指向社会道德秩序的形成,也在广义上关乎"赞天地之化育"的过程,二者在不同意义上涉及具体存在的生成。

走向具体的存在,也就是形成意义的世界,这一过程关乎人的认识和规范活动,后者涉及广义上的认识和实践之互动,传统哲学对性与习、本体与工夫、知与行等关系的讨论,在实质的层面都围绕以上问题而展开,这些看法从不同方面表明:具体存在的形成离不开人的实际参与和做"事"过程。

五 存在的具体性:人与世界

世界的具体性和人的存在的具体性,呈现相互关联的形态:世界的具体性,同时体现为人的存在的具体性。从最一般意义上说,人的存在及其具体性首先表现为身和心之间的统一。在身与心的关系中,"心"首先是指人的精神、意识,或意识系统与精神形态,包括欲望、意向、理性、情感、想象、直觉、体验,等等。通常所说的知、情、意,即属于广义上的心。与"心"相对的"身"主要关乎人的形体,"身"现在受到很多关注,身体哲学也方兴未艾。不过,在注重身体的同时,不能走向极端,以致将整个哲学化约为身体哲学,后者可能导致理论上的偏向。

就人的存在而言,"身"确实十分重要,荀子指出:"形具而神生"①,肯定只有当形体形成之后,意识("神")才会产生,这一看法已注意到,在身心关系上,身构成了意识、精神的依托,意识、精神则表现为"身"的广义功能(耳目之官与心之官的作用都离不开"身")。引申而言,身心关系既涉及人和物之间的互动,也和人与人之间的交往相关,前者(人和物的相互作用)主要与人作用于对象相联系,其具体形态包括改变自然的生产劳动等,后者(人与人之间交往)主要表现为社会领域中广义的社会交往。不管是对象性的互动,还是人与人之间交往,都既以内在的意识和精神为依据,也离不开"身"(形体)的参与。这种现实的活动不仅仅是观念性的,也并不以虚拟的方式展开。在虚拟世界中可以无需实际地"身"临其境,但在现实生活中,人与物以及人与人之间的交往过程则难以仅仅以观念或某种虚拟的方式展开。与之相联系,人自身既不仅仅呈现观念形态,也不同于单纯的虚拟对象,而是活生生的、有血有肉的现实存在。

可以看到,理解现实的人,离不开身和心之间的统一。然而,传统的思想往往主要留意于意识、观念,对具体的血肉之躯未能给予充分的关注。在中国哲学史上,程朱一系的理学便常常呈现不食人间烟火的味道,它以醇儒为理想的人格,后者的特点是"道心纯一":"恰似无了那人心相似。只是要得道心纯一。"②这里的"人心"与身相关,作为内在于"身"的意识,人心包含感性欲望;"道心"则主要体现于人的理性追求,对理学而言,人心所表征的感性存在、感性追求、感性需要,似乎可以加以忽略,人所需要关注的,只是纯粹的理性品格。

---

① 《荀子·天论》。
② (宋)朱熹:《朱子语类》卷七十八,《朱子全书》第 16 册,上海古籍出版社、安徽教育出版社,2002 年,第 2666 页。

这种看法多少趋向于将人逻辑化或理性化,从而无法达到人的真实形态。把握人的具体人格或具体存在,不能忽略身与心之间的沟通。这里需要避免各种不同的偏向:如果说,理学在突出"道心"之时漠视了人的感性存在("身"),那么,"身体哲学"则每每表现出将人视为"身"的化身这一取向,二者在不同意义上都疏离于人的具体性。

把握人的具体存在,同时需要关注德性和能力的统一。德性的内涵首先体现于人为何而在的追问,后者与人的目的性规定相联系。为何而在的问题,涉及人之为人的本质规定和人的存在意义。人不同于物、不同于动物的根本之点是什么?人究竟为何而在?存在意义是什么?这些问题都是德性所关切的。德性既肯定了人不同于其他存在的本质规定,又从人和物、人和禽兽区分中,肯定了人是目的。以此为内涵,德性同时也从内在的方面规定了人存在的价值方向:人的内在德性规定了人的价值方向和人生取向。由此,德性进一步引导人在成己和成物的过程中展现出自身的本质力量,避免仅仅沦为工具或手段。

与德性相对的是人的能力,简要而言,能力主要是表现为作用于现实世界的内在力量或本质力量,这种力量既包含观念的形态,与人的内在精神品格具有相关性,同时又体现于人的身体力行的活动过程;正是在身体力行的现实作用过程中,能力区别于空洞、虚幻的规定;若仅仅限定为精神性的规定,能力就容易趋于抽象形态。如所周知,从赖尔开始,认识论往往区分 knowing how(知道如何)和 knowing that(知道是何),能力更多地与前者(如何做)相关,并通过做事活动或实际的操作过程展现出来。

德性固然从内在方面规定了人的价值方向,但如果疏离于人的能力在知、行过程中的具体展现,则容易导向抽象的精神形态。中国哲学曾区分德性之知和见闻之知。德性之知主要与伦理的追求相关,见闻之知则关乎对象世界的把握。当德性游离于人的能力时,其关切之点便将仅仅限定于德性之知。以此为价值立场,德性常常会表现出思辨化、玄虚化的形态。在这种抽象的精神世界中,德性本身多少隔绝于人变革对象、建构具体存在的现实过程,仅仅以反身向内的心性为其内容。这种精神形态,显然蕴含内在偏向。另一方面,人的能力诚然是在人与对象、人与人的交往中体现出来的本质力量,但这并不意味着其现实作用始终都具有健全的意义。事实上,如何避免人的能力被工具化或手段化,始终是需要正视的问题。以知识而言,其本身带有价值中立性的特点,可以为人的正面价值目标服务,也可以用于负面的价值目的,如关于原子能的知识,可以用于核电站的建造而造福人类,亦可为制造核武器提供依据。与之相近,人的能力也可以运用于不同的价值目的,其作用过程需要引导。

在更广的科学技术领域,也不难注意到这一点。与对象化的思维趋向相联系,科学往往注重于单向地对世界的发问和构造,科学本身也有自组织、自循环的特点,持续地单向发问和构造,当对象性的思维引向对人自身的理解时,人性化的追求往往容易退隐。现代科学中人体增强、人工智能等问题中,也多少蕴含以上问题。人体增强和人工智能本身并没有什么负面意义,通过克服存在形态的各种不足,可以使人更好地认识世界、发展自身。然而,如果离开了对人的内在价值的肯定,能力增强就可能异化为对人有害的形态,如通过基因的改变来制造所谓"超人",由此将他人作为奴役的工具,便可能导致消极的结果。人工智能也是如此,人工智能本来可以解决不少技术性问题,但若悖离人是目的这一原则,则智能机器便可能反过来支配人,这里也有价值引导的问题。以上现象表明,人的能力如果偏离人的德性,便容易失去内在的价值承诺,从而走向工具化、手段化。

人的德性和能力统一,使人格逐渐趋向于完美之境。除了德性和能力的统一之外,人的具体性还表现在社会历史的层面。作为具体的存在,人同时表现为多样社会关系的承担者,所谓人的本质是社会关系的总和,也表明了这一点。在现实生活中,人常常既是家庭人伦中的一员,又在社会政治领域中承担一定角色,多样的社会关系,赋予同一个体以多重的社会身份。人所承担的社会关系不仅具有多重性,而且展开为一个历史过程,父父子子、君君臣臣,体现了传统意义上伦理、政治关系;公司员工、企业主、普通群众、领导干部,则展示为现代社会中的多样关系;人在社会生活中,则常常兼涉其中的不同方面。以上现象表明,社会关系既非孤立、抽象,也非凝固不变:传统礼制结构中人与人之间的尊卑等级关系,与现代平民社会中人与人交往的平等关系,所呈现的便是社会关系中的历史差异。不同的社会关系不仅在人之上打上了时代的印记,而且赋予人的存在以具体的品格。

要而言之,身与心、德性与能力、多样的社会关系,使人的存在呈现具体形态,人的具体存在既是世界具体性的体现,也是达到具体存在的前提或条件,它从主体的层面,为走向具体存在提供了前提。

附论一
人与世界关系中的感受

人既追求对世界的说明和理解,也以不同的方式感受世界①。说明世界主要关乎广义上的"是什么",感受世界则涉及世界对人"意味着什么"。这种意味可以是多方面的,包括艺术的、宗教的、伦理的、科学的,等等。在人与世界的关联中,感受构成了重要的方面。人不仅关切存在何种世界,而且感受到这个世界对人的意义,后者进一步引向对世界的规范和变革。

---

① 本书讨论的"感受"作为动词近于"affectively experiencing",作为名词则近于"affective experience"。

一 感受:意义与意味

从哲学的视域看,感受所涉及的主要不是存在自身的规定,而是存在对于人的意义或意味,这种意义和意味既表现为日常意识中的可欲、可悦、可畏,等等,也以真、善、美等价值的形态呈现。与此相联系,感受可以视为以存在对于人的意义和意味为内容的意识,其呈现形式则包括日常体验、内含意义确认的评价,等等。①

上述论域中的感受首先有别于认知意义上的感觉。这不仅仅表现在认知意义上的感觉基于感官与对象的互动,感受则不限于感官活动,而且更在于认知意义上的感觉具有分析性的特点,感受则与之有异。相应于感官的不同功能,认知意义上的感觉方式及其内容,常分而别之:与耳相关的听觉、与眼相关的视觉、与口相关的味觉,等等,都彼此相分。比较而言,感受更多地呈现综合性的特点,其中不仅包含情感、意愿、理性、直觉、想象等意识形式,而且以理性与情意、体验与直觉、直观与想象、认知与评价之间的交融或交织为存在形态。情感、意欲、意愿、想象、感知、理性诸方面在感受中的相互关联既表现为不同规定之间的互动,也体现了感受本身的综合性。②

作为综合性的意识,感受具有意向性。以关乎对象为特点,感受所内含的意向性表现为二重形态。首先是面向世界或指向对象。感

---

① 黑格尔曾在人类学和灵魂的论域中讨论感受,这一意义中的感受主要被理解为直接的、孤立的、偶然的、片面主观的心理现象(参见〔德〕黑格尔:《精神哲学——哲学全书·第三部分》,杨祖陶译,人民出版社,2006年,第 97—102 页)。本书所说的感受着眼于更广的哲学视域,从而不同于以上论域中的感受。

② 这里的"分析性"和"综合性"是在借喻的意义上使用的。如上所言,此所谓"分析性"近于"分而别之""区分"等,"综合性"则略同于"关联""整合"等。上述意义上的"分析"和"综合"有别于严格意义上"分析命题""综合命题"论域中的"分析"与"综合"。

受虽以观念为形式并生成于内,但又同时指涉对象。以审美趣味为内容,美的感受关联审美对象;以爱或恨为形式,感受指向所爱或所恨的对象;在善言善行所引发的感受中,相关的言和行同时成为关涉的对象,如此等等。在引申的意义上,感受所涉及的意向性进一步体现为源于对象。以"情"而言,中国哲学中的"情"既指实情、情境,又指情感,作为感受的个体情感并非凭空而起,它与具体的情境往往存在多方面的相关性,所谓触景生情、因境生情,便体现了这一点,情与景、情与境的这种关联,折射了感受因物而起的特点,后者从感受之源这一方面,展现了其意向性特点。

与意向性相联系的,是感受的返身性。意向性体现了感受与对象世界的关联,返身性则表现为个体自身的所知所觉、所感所悟。单纯的意向性,并不构成感受。按其本来形态,感受乃是"感"与"受"的结合:一方面,它涉及以"感"的形式表现出来的人与对象的相互作用,另一方面,它又包含返归和面向人自身的切己体验和所思所悟。也就是说,它总是既指向外在对象,又返身切己。黑格尔在谈到"精神的内在化"时,曾指出:"在理智使对象从一个外在东西成为一个内在东西时,它内在化着自己本身。这两者,——使对象成为内在的和精神的内在化,是同一个东西。"①这里同样涉及意向性与返身性的关系:意向性的特点在于指向对象,并进一步使之化为意象和意念;返身性则表现为意识的自我明觉,所谓"精神本身的内化"便涉及后一方面。

在诗所展现的意境中,感受的返身性得到了形象性的体现。"感时花溅泪,恨别鸟惊心"②,作为对象的"花"引发人之"感",这种

---

① 〔德〕黑格尔:《精神哲学——哲学全书·第三部分》,杨祖陶译,人民出版社,2006年,第251页。

② (唐)杜甫:《春望》。

"感"并非仅仅表现为外在的作用,而是同时渗入了主体自身真切的体验,并相应地呈现为返身性的感受;同样,鸟的惊飞可以触发离情别意,但以离愁形式呈现的感受既非仅仅因物(鸟)而起,也非单纯指向对象。广而言之,从人与对象的关系看,人并非消极地受制于对象,如果缺乏返身性的意识内容,则向物而"感"将导致"人化而物":"夫物之感人无穷,而人之好恶无节,则是物至而人化物也。"①"人化物"即人的物化,自我本身则将由此趋于失落,后者意味着感受的主体被消解。以上关系从否定的方面表明了感受与返身性的关联。

黑格尔曾认为,"感受更多地强调感觉活动中的被动性方面"②。如后文所述,事实上,感受并非仅仅限于感觉。就其以对象的存在为前提而言,广义的感受无疑具有被动性,然而,前文已提及,感受既关乎"感",也涉及"受",无论"感",抑或"受",都包含能动性的一面,这种能动性不仅与意之所向(意向性)相联系,而且关联着渗入于感受中的返身性,上文提及的避免"人化而物"已从一个方面表明了这一点。如果说,意向性在指向对象的同时又涉及对外在影响的回应,那么,返身性则与内在的体验、反思、接受等相联系,二者从不同的方面体现了感受的能动性。概要而言,作为综合性的观念形态,感受具有受动与能动的不同规定性。

以意向性和返身性的交融为内容,感受同时展现为心物之间的互动。从人的日常存在看,觉得冷或热,是常见的感受,这里既有外部世界气温的变化,也有人自身之体验。外部世界的气温,可以用温度计加以测量,个体自身的冷热感受,却不能还原为对象性的规定,正如在光与视觉的关系上"目遇之而成色",在空气与人之感受的关

---

① 《礼记·乐记》。
② 〔德〕黑格尔:《精神哲学——哲学全书·第三部分》,杨祖陶译,人民出版社,2006年,第117页。

系上身触"之"(空气状况)而成"温"(冷或热的感受)。可以看到,指向物理层面空气状况(气温高低)的意向性与表现为个体自身冷热感的返身性在此彼此交错,感受本身则由此呈现二重性。在音乐中,以心物互动为形式的"感"取得了更具体的形态:"乐者,音之所由生也,其本在人心之感于物也。""非性也,感于物而后动。"①"人心之感于物"既以物的存在为前提,又以人心的作用为条件,它从音乐的层面表现了感受过程中心与物的相互作用。

当然,在感受中,意向性与返身性可以有不同的侧重。以同情(sympathy)和同感(empathy)而言,二者都是表现为以情感为形式的感受,但同情(sympathy)首先指向对象(对他人的情感态度),从而更多地表现为一种意向性;同感(empathy)则以感同身受为特点,从而较多地与返身性相联系。不过,以上两个方面并非截然相分:同情固然首先指向对象并相应地呈现意向性,但同时也以自我的情感体验为内容,从而包含返身性;同感诚然首先表现为感同身受、返身接纳,但同样涉及相关对象,并内含意向性。不难注意到,作为感受,同情和同感虽然有不同的侧重,但都包含意向性与返身性。宽泛地看,广义的意识在总体上既呈现意向性和返身性二重品格,又有不同的侧重。以内省意识而言,其内容固然关乎相关对象,但同时又更多地体现返身性的特点;相形之下,观察中所渗入的意识,则既与反思相关,又首先以意向性为内在趋向。感受(包括同情和同感)作为意识的具体形态,无疑也体现了意识的以上特点。

感受所内含的意向性与返身性二重品格,往往未能得到哲学家的充分关注。以黑格尔而言,在谈到感受时,黑格尔认为:"感受的内容要么是一个来源于外界的,要么是一个属于灵魂的内心的;因而感

---

① 《礼记·乐记》。

受要么是一个外部感受,要么是一个内部感受。"①在以上区分中,所谓"外部感受"在逻辑上似乎主要与意向性相涉,"内部感受"则更多地关联返身性。这一看法显然既忽视了感受本身的统一性,也未能注意到其中意向性与返身性的相关性。现象学的奠基者胡塞尔也曾论及感受,与黑格尔有所不同,从总体上看,他延续布伦塔诺的思路,侧重于肯定感受与意向的关联:"在我们普遍称之为感受的许多体验那里都可以清晰无疑地看到,它们确实具有一个与对象之物的意向关系。"②由此,胡塞尔进一步对布伦塔诺的相关观点作了阐释:"布伦塔诺就已经在阐释有关感受的意向性问题时指出了这里所讨论的歧义性。他将——尽管不是用这些表述,但根据其意义上是如此——痛感与快感('感受感觉'Gefühlsempfindung)区别于在感受意义上的疼痛和愉快。前者的内容——或者我干脆说,前者——被他看作是(在他的术语中)'物理现象',后者则被他看作是'心理现象',因而它们属于本质不同的更高属。这个观点在我看来是完全确切的,我只是怀疑,感受这个词的主导含义趋向是否在于那种感受感觉,并且,那些被称之为感受的杂多行为是否是由于那些本质上与它们交织在一起的感受感觉才获得了这个名称。当然,人们不能把属于的合适性问题与布伦塔诺之划分的正确性问题混为一谈。"③在此,胡塞尔承继布伦塔诺,将感受的意向性与"感受感觉"联系起来,而后者又首先关乎物理现象。从逻辑上说,这里突出的主要是感受与对象的意向关系,而感受所内含的返身性,则未能获得实质上的定

---

① 〔德〕黑格尔:《精神哲学——哲学全书·第三部分》,杨祖陶译,人民出版社,2006年,第101—102页。

② 〔德〕埃德蒙德·胡塞尔:《逻辑研究》第2卷第一部分,倪梁康译,上海译文出版社,1998年,第427页。

③ 同上书,第432页。

位。对感受的以上理解,似乎很难视为对其全部内涵的把握。比较而言,在广义的现象学系统中,海德格尔所说的"畏"、烦,等等,似乎同时体现了感受的返身性特点。"烦"既基于人与人的共在以及"此在"(个体)自身的"在"世活动,又以"此在"的操心为其具体内容,后者作为个体的生存感受,以返身性为其题中之义。同样,"畏"作为对先行到来之"死"的心理体验,也内含返身性。

从言和意的关系看,感受与语言相涉,但比语言更丰富:语言往往无法表达感受的全部内容。以审美感受而言,不管个体获得何种审美体验和感受,常常都无法完全以语言的形式表达和传递。"山中何所有,岭上多白云。只可自怡悦,不堪持寄君。"①这里的"怡悦",可以视为自我的感受,它源于对象(白云)而又指向对象(白云),但对象(白云)作为感受的内容,却难以通过语言来传递。所谓"只可自怡悦,不堪持寄君",便表明了这一点:其中"不堪寄赠"者不仅仅关乎作为对象的白云,而且包括相关感受中无法言传的方面。类似的看法也见于陶渊明的如下诗句:"山气日夕佳,飞鸟相与还。此中有真意,欲辩已忘言。"②这里的"真意"既关乎自然之境,也涉及人自身的真切感受,"欲辩已忘言"则表现了这种感受超乎语言的一面。同样,个体精神世界中喜怒哀乐等情感体验,虽有可描述、形容的一面,但它们作为特定个体在特定情境中的感受,同时又包含难以用语言传达和传递之维。引申而言,在生离死别之际,相关个体固然可以用诗文、书信等形式表达自己的内在感受,但这种感受对于特定个体所具有的切己性和独特内涵,却非言词所能完全传达。

进一步看,感受既无法限定于语言,也难以还原为语言。维特根

---

① (南北朝)陶弘景:《诏问山中何所有赋诗以答》。诗中的"寄",另有文本作"赠"。

② (东晋)陶渊明:《饮酒》。

斯坦对感觉层面的疼痛感的理解,已注意到这一点:"'我疼'并不是**指**疼痛行为,而**就是**疼痛行为。"①"疼痛"属自我的感受,当个体处于疼痛状态时,"我疼"作为感受并非仅仅指称疼痛,而就是疼痛本身的显示。换言之,这里的感受已不同于语言行为,而是一种存在状态:以意义(疼)为内容的意识,在此与人自身的存在融为一体。引申而言,在感知与感受之间,也存在类似的关系。在谈到"如好好色"时,王阳明曾认为:"见好色属知,好好色属行。只见那好色时已自好了,不是见了后又立个心去好。"②这里涉及的知行之辩,可以悬置不议,值得注意的是其中所强调的如下看法:在"见"这种与人的感性存在(感官)相关的感知活动与"好"这种内心感受之间,不存在时间上的先后性。以上理解从不同方面注意到了身与心、人的感性存在与内在感受之间的相关性:感受作为个体的意识,属广义之"心",但作为人的存在状态,又与感性之身无法相分。身与心在存在形态层面的关联,既展现了感受的个体性规定,也显现了其形而上的意义。

二 体验与评价

以意义和意味为内容,感受既关乎精神世界的不同形态,也涉及意识把握存在的不同方式。通过感受,存在进入人的意识,并呈现多样的意义或意味,意义的呈现方式与感受本身的形态之间具有内在的相关性。

宽泛而言,感受首先以体验的形式呈现。作为感受的初始形态,

---

① 〔英〕维特根斯坦:《维特根斯坦论伦理学与哲学》,江怡译,浙江大学出版社,2011年,第53页。
② (明)王守仁:《传习录上》,《王阳明全集》,上海古籍出版社1992年,第4页。

体验具有直接性、自发性。在感觉的层面,缘于内外原因的疼痛、劳累之后的休息所引发的舒适感、干渴之后饮水所获得满足感,等等,其性质虽有否定(疼痛)和肯定(舒适感、满足感)等差异,但都表现为直接的体验。中国传统哲学所说的"好好色"(美丽的颜色引发的愉悦)、"恶恶臭"(难闻的气味引发的憎恶),也属这一类体验,其特点同样在于直接性、自发性。体验层面感受的直接性,意味着无理性推论等中介,自发性则表明未经反思。前面提到的疼痛感、满足感以及"好好色""恶恶臭",都既无理性推论的中介,也非基于反思,其直接性、自发性亦体现于此。

感受以身心为一、心物交融的方式接纳存在,由此形成独特的意义世界。在"体验"这种自发的感受中,意义世界也呈现非反思的形式。对象层面的所"感"与自我之维的所"受"、存在的形态和内在的体验彼此合一,从另一方面展现了感受的综合性。体验所内含的这种综合性,使初始形态的感受具有某种模糊性或混沌性,后者同时构成了与体验相关的意义呈现和意义世界的特点。然而,对感受的以上特点,一些哲学家却未能予以注意。胡塞尔在谈到体验时,便仍以明晰性为其特征,认为在感受这一类体验中,"人们应当仍然忠实于'一切原则中的原则',即完全的明晰性是一切真理的尺度"①。这一看法似乎很难视为对以体验形式呈现的感受与意义之间关系的真切把握。事实上,感受的以上综合性与混沌性既体现了感受本身的真实形态,也展示了意义世界呈现方式的多样性和丰富性,肯定这一点,意味着更具体地理解感受以及与之相关的意义世界。

从心物关系看,感受往往因境而生。然而,在自发的形态下,感

---

① 〔德〕胡塞尔:《纯粹现象学通论》,李幼蒸译,商务印书馆,1992年,第193页。

受与外在情境的关系常常并不以明晰的形式呈现,在忽然袭来的愁绪、莫名的忧郁等意识现象中,每每可以看到此类感受。这种"无缘由性"既从一个方面显现了自发形态感受的特点,也体现了感受与个体内在意识的切近性。不过,以上感受尽管似乎远离外部存在、纯然由内而生,但并非与个体的存在境域完全无涉。如果不限于当下或孤立的存在情境,而是从更广的存在过程和存在之境加以考察,那么,以上感受的根据便或多或少可以得到追溯。即使这类感受因个体心理原因而发生,也可以从相关个体的身、心以及所处社会环境等存在形态加以分析。可以看到,感受的自发性和感受的可理解性并非彼此相分:在自发的形态下,感受仍具有可理解性。

作为人的内在意识,感受当然并不仅仅以自发性为其形态。在谈到意识的不同形式时,《淮南子》曾指出:"感乎心,明乎智,发而成形,精之至也。"① 在引申的意义上,这里的"感乎心"可以视为直接的、自发形态的感受,"明乎智"则意味着超越自发而取得较为自觉的形态。较之自发形态的体验,自觉形态的感受更多地以评价为其形式。从把握世界的方式看,评价不同于认知。认知以如其所是地把握存在为指向,评价则侧重于确认存在对人的意义和意味,在以对象对于人的意义为内容而非关注对象自身的规定这一方面,评价体现了感受的一般特点,不过,在评价这一层面,存在意义的显现与个体自觉的意义取向(包括肯定或否定、认同或拒斥,等等)之间已形成内在的关联,这种关联使之不同于初始的体验。

孟子在谈到理义与心的关系时,曾指出:"口之于味也,有同耆焉;耳之于声也,有同听焉;目之于色也,有同美焉,至于心,独无所同然乎?心之所同然者何也?谓理也,义也,圣人先得我心之所同然

---

① 《淮南子·缪称训》。

耳。故理义之悦我心,犹刍豢之悦我口。"①"心之所同然"侧重于观念的普遍性,"悦我心"则关乎个体感受。声、色、味属感性规定,由此引发的感受,也具有自发的、感性的性质。相对于此,理义处于理性的层面,"理义之悦我心"也不同于感性之维的体验。需要注意的是,这里的"悦我心"并非表现为对外部世界的说明,而是侧重于个体自身的感受,以理义为所"悦"的内容,则使这种感受同时具有理性和自觉的形态。在孟子那里,与理义相联系的"心"也就是所谓"是非之心",这里的"是非"首先具有价值意义,涉及价值层面的对错、善恶,"是非之心"则相应地主要涉及对相关对象价值意义的评价。在"理义之悦我心"的感受形式之后,便蕴含着上述意义上的评价:心之产生愉悦的感受,与形成合乎个体价值取向的评价彼此相关。宽泛而言,作为感受初始形态的体验也关涉评价性的内容,但这一形态的体验往往缺乏与"理义"相关的自觉内涵。

以道德感、审美意识等为形式,感受的自觉形态得到了更具体的呈现,而其实质内容则同样关乎评价。以道德感而言,作为超越了单纯感性体验的感受,道德感包含对道德行为以及道德规范的理性把握,渗入了向善的精神定势,并体现了对合乎道德之现象的情感接受和认同。在指向具体行为和人物的道德感中,理性的把握、向善的定势、情感的认同等等之间的交融,乃是基于相关的道德评价。"贤哉,回也!"②这是对颜回人格完美性的确认,其中同时渗入具体的道德感受,包括肯定、赞赏、认同,等等,后者与上述理性的把握、向善的定势、情感的认同具有一致性,并表现为综合的精神形态,这种综合的形态又通过评价而得到呈现:"贤哉,回也"在形式上本身即表现为一

---

① 《孟子·告子上》。
② 《论语·雍也》。

种评价。

就道德领域具体的行为或现象而言,其本身并不直接地显现道德或非道德的性质,唯有从一定的价值取向出发,将道德原则或规范引用于其上,相关行为或现象才呈现正面或负面的道德意义,并进一步在主体中引发道德感。特定行为和现象与个体所接受的道德原则、已形成的道德取向之间的沟通和关联,往往基于道德的评价。这种评价不一定以明晰的形式呈现,其实际的形态常常取得简缩的形式。在对具体境域中的人与事的肯定、赞赏中,往往蕴含着"他人格高尚""这是正义之举"这一类评价,与之相关的道德感受,也由此获得了某种自觉形态。

在道德的层面,感受往往呈现近乎自然的形式,传统儒学一再肯定"好善当如好好色""恶恶当如恶恶臭",便体现了这一点。如前所述,"好好色""恶恶臭"属感性之维的体验,具有直接、自发的特点,"好善""恶恶"则属道德的感受,要求"好善"如同"好好色"、"恶恶"如同"恶恶臭",意味着赋予道德感以自然的形态。不过,应当指出的是,这里的"如好好色""如恶恶臭"不同于自发,它乃是以达到自觉为其前提,因而可以视为经过自觉而达到的自然。尽管这种感受没有以显性的形态呈现自觉品格,但其自然形态已扬弃自发的趋向。

同样,审美感受或美感也不同于自发的体验。黑格尔曾指出:"美因此可以下这样的定义:美就是理念的感性显现。"①这里的理念涉及理性的观念,理念的感性显现则既指理性观念体现于感性形象,也在更广的意义上关乎理性与感性的联系。这一视域中的美既不同于纯粹的理性形式,也有别于单纯的感性形象,美的感受或美感则与之相联系,有别于纯粹的感性体验。就审美感受而言,其形成不仅关

---

① 〔德〕黑格尔:《美学》第 1 卷,朱光潜译,商务印书馆,1979 年,第 142 页。

乎外部对象,而且涉及审美意识:单纯的外部对象本身还不能视为审美对象,唯有与审美主体的审美意识(包括审美趣味)相涉,相关对象才呈现审美意义,并在审美主体中引发美的感受或美感。山中的花自开自落,本身并不发生美或不美的问题,只有在被人观赏,亦即进入人的审美意识之后,才成为审美的对象。对象与审美意识之间的这种沟通,乃是通过审美之域的评价而实现。与道德评价相近,以审美判断的形式呈现的审美评价也并非总是以明晰或显性的方式呈现,而是往往蕴含于审美意识之中。"长江悲已滞,万里念将归。况属高风晚,山山黄叶飞。"[1]这里的江水、晚风、黄叶既是获得审美意义的对象,又寄寓着人的怆然之情;审美的评价(对审美意境的肯定)与审美的感受(触景而生情)交融在一起,渗入审美评价的这种审美感受显然有别于自发的体验。

广而言之,在日常的生活感受中,也不难注意到评价与感受之间的关联。对世界或外部存在而言,世界可悦与否、可欲与否,总是关乎人的感受,其中同时又蕴含对世界或相关对象的评价。就作为交往对象的人而言,其可亲与否、可敬与否、可爱与否,也涉及人的感受,这种感受也与评价相涉:正如对可悦与否、可欲与否的确认一样,对可亲与否、可敬与否等的断定,本身也具有评价的意义。生存过程中的意义感,包括人的存在是否有意义、生活是否值得过,等等,都表现为广义的感受,这种感受的背后,则总是渗入了相关的评价,后者包括对世界是否美好、社会是否合乎理想等的断定。更具体地看,与生存过程相联系的生存感受,每每包含个体内在的意向、欲求,这种意向、欲求凝结了人的生活理想,体现了个体对生活的不同追求,并使生存感受区别于空泛的形式。进而言之,生存感受又关乎人的情

---

[1] (唐)王勃:《山中》。

感体验。情感可以视为人最直接、最真切的感受,生存感受包含着对生活意义个性化的自我体验,这种体验以人的真情实感为内容,既具有个体性,也呈现切近性。与之相关的是人的价值信念,后者体现的是人对生活意义的一般看法。以上的意向、体验、信念与理性层面的评价相互融合,使生存层面的感受同时呈现自觉的品格。

从形式之维看,内在于感受的评价主要表现为判断。康德曾对判断力作了系统考察,这种考察首先侧重于审美过程,它同时也从审美这一层面涉及人的感受问题。如前所述,审美不仅仅关乎世界本身是什么,而且涉及世界对人意味着什么。当然,感受并非单纯地限定于艺术或审美的领域,宗教、道德、科学,乃至日常经验层面的喜怒哀乐,等等,都关联感受的问题,与之伴随的判断也涉及相关的领域。较之"疼""痒""渴"等直接和自发形态的体验,渗入评价的感受往往蕴含判断:从"贤哉,回也"等道德层面的感受,到"天地有大美"等审美之域的感受,都以某种方式(包括蕴含或非显性的形式)涉及判断。判断本身无疑可以从认识论等角度加以分析,在此方面,它具体表现为人的认识能力和创造性思维的综合体现。① 在以评价为自觉内容的感受层面,判断首先体现于存在与人的意义关系,并以肯定存在对人的意义或意味为内容。同时,在体验这一初始形态中,感受首先内在于特定个体的意识,并与个体之"在"难以相分,后者赋予感受以个体性的规定。然而,以判断为形式,感受同时又呈现普遍性的一面。事实上,判断作为思维形式,本身便以沟通个别与一般、特殊与普遍为内在特点,后者既渗入康德所考察的审美活动,也体现于取得评价形式的感受之域。质言之,评价所揭示的存在意义和意味,既通

---

① 参见杨国荣:《成己与成物——意义世界的生成》,北京大学出版社,2011年,第110—116页。

过判断而得到自觉的确认,又基于判断而关联普遍的形式,后者使感受超越了个体性而成为更广的社会观念形态。

当然,以自发的体验为特点的感受与渗入评价的感受固然呈现不同特点,但又难以截然相分。事实上,在现实的意识过程中,二者的界限并非判然分明。一方面,在逻辑的层面,可以从"分析地说"这一角度,对感受的不同形态加以区分,另一方面,在面向世界的现实过程时,又需要关注其互融相渗的特点。要而言之,在感受这一观念形态中,体验所内含的个体性规定和评价所渗入的普遍内涵既体现了意识的返身面向,也展现了其走向世界的可能趋向。

三 人与世界的三重关系

感受诚然呈现不同的形态,但在关联世界这一点上,其不同形态又具有相通性。无论是自发之维的体验,还是包含评价的感受,都不同于纯粹的内在意识,而是承诺了人与世界的多样关系。事实上,在人与世界的互动中,感受构成了重要的方面。

当存在处于本然或自在形态时,人与存在之间的实质性联系便付诸阙如。感受由人与世界的互动而引发,同时又使世界与人由不相关而走向相关。人与世界的相关性,当然可以形成于不同的过程。人与世界之间的认知关系,便通过人的认识活动而形成,然而,在这种关系中,世界主要呈现为所知,由此展现的也首先是其外在性、对象性这一面。比较而言,在感受中,世界更多地呈现了对于人的内在关联。无论是初始形态的体验,抑或包含自觉内涵的感受,都具有心物相融、情境互动的特点。这种相融和互动不仅使世界对人呈现切近性,而且具有切己性:世界不再表现为"不关己"者,而是与人自身的存在息息相关。尽管感受并非都直接指向外部世界,但进入感受的世界,确乎更多地呈现了与人的相关性、切近性、切己性。

　　人与存在的关系不仅以人与对象世界的互动为内容,而且包括人与人之间的交往关系。在人与外部世界的相互作用中,物理对象、山川草木,都会给人以不同的意味;在人与人之间的交往中,多样的人与事,同样也会引发各种感受。感受既使人对世界的把握更为丰富多样,也使人对社会交往过程的认识更为深切。在认知中,对象所展现的主要是事实层面的规定,在感受中,对象同时进入人的生存过程,并呈现了与伦理取向、审美意识、情感认同相联系的价值意义和意味。感受同时赋予人的精神世界以多样的内涵,从日用常行,到伦理、审美的过程,从悲欢离合的生存情感,到好善恶恶的伦理情操、悦山悦水的审美趣味,感受的多样性同时规定了精神世界的丰富性。人不是机器,而是有血有肉的活生生的存在,与感受相涉的精神世界构成了其不可或缺的方面。感受的特点之一是内与外的交融、人与对象的互动。从感受所涉的情感、意欲、意愿、想象、感知、理性等方面看,其间的相互关联既使人自身融合于世界,也使世界本身的多样性与人的精神世界的丰富性彼此沟通。从总体上看,感受的多样性、丰富性、个体性,可以视为人与世界互动过程之具体性的体现。

　　作为综合性的意识,感受无疑与经验相涉,但感受往往又有超验的一面。从日常意识到宗教体验,都不难注意到对超验对象、神秘现象的感受。由所谓鬼神、灵异现象引发的体验,对奇迹、天国等等的沉溺,便体现了这一类感受。从社会的层面看,这一类神秘体验无疑可以作理性的解释,但对于具有这种感受的个体而言,相关体验又构成了其精神世界中有别于单纯理性的方面。这里既显现了精神世界的多重方面,也可以看到感受的复杂性。在形而上的层面,浩瀚的星空,无限的宇宙,也往往会引发人的敬畏之感,并使人体验个体的有限、生命的短暂,由此更深切地感受生命的意义。感受的这些形式从不同的方面赋予精神世界以多样性,并影响着人的所思和所行。

感受的更深沉的意义,需要从人与世界更广的关系加以考察。就最一般的意义而言,人与世界的关系体现于以下三个方面:

首先是对世界的说明。人总是具有理解世界的意向和要求,与此相关的是"是什么"的问题。这一问题既可以从经验知识的层面去追问,也可以从哲学层面去加以思考。前者主要指向世界的某一方面、某一领域或某一特定对象,其内容也更多地体现于知识经验的层面;后者则跨越特定的界限而追问作为整体的世界,并从形而上的层面回应世界"是什么"等问题。

人与世界的关系的第二个方面涉及人对世界的感受。说明世界主要关乎广义上世界"是什么",感受世界则以世界对人"意味着什么"为关切之点。如前所述,在人与世界的关联中,感受构成了无法忽视的方面。人既追问何物存在,也以不同方式感受世界对人的意义,这种感受的内容常常以"好或坏""美或丑""有利或有害"等形态呈现。对于具体的人来说,这个世界对他来说到底意味着什么?同样是无法回避的问题。同一对象或事件对不同的个体往往具有不同的意味,世界在总体上对不同个体所呈现的意义,也存在差异,这一事实表明,感受有着多方面的个性差异。但如上所述,以评价性的判断为形式,感受并非仅仅表现为个体性的规定,而是同时包含普遍的内涵。换言之,在感受中世界所呈现的意义既具有个体性,又蕴含普遍性。正是感受的以上双重品格,使感受本身成为人与世界关系的重要之维。

人与世界的关系的第三个方面,关乎人对世界的变革,这种变革同时意味着通过人所"作"之"事"以改变世界。以上视域中的变革涉及当然(应当成就何种形态存在),对世界的变革与世界应当取得何种存在形态相涉。以上过程同时与广义的认识过程相联系,并相应地涉及作为广义认识相关方面的认知、评价、规范的互动。人不仅追问世界是什么、不仅以多样的方式感受这个世界,而且关切世界应当成为何种形态,这里的"应当"或"当然"既以现实为依据,又基于人的理想和需要。人不会满足于既成的世界,他总是以不同的方式来变革已然的存在,努力使之化为合乎理想的存在形态,这样的过程,即表现为广义上的变革世界。

在人与世界的以上三重关系中,对世界的说明侧重于对世界的理解(是什么),对世界的感受侧重于世界对人的意义(意味着什么),对世界的变革则致力于使世界成为当然的存在形态(应当成为什么)。可以看到,说明世界、感受世界、变革世界,分别关联世界是什么、意味着什么、应当成为什么。具体而言,说明世界以世界的真实形态为指向,这种形态非人可以随意创造或改变:从说明世界的角度看,世界是什么样的,就应如其所是地加以把握,在这一方面,人更多地适应于这个世界(human beings-to-world)。事实上,人与世界的理论关系,往往更多地表现为人对世界的适应。相对于说明世界,对世界的感受具有某种中介的意味:一方面,感受世界以对世界的理解、说明为前提,如果不了解世界的现实形态,便难以形成对世界的真切感受,就此而言,"意味着什么"基于"是什么"的追问;另一方面,对世界的感受也将引发人们改变这个世界的意向:如果世界不合乎人的理想,则如何改变这一世界就成为无法回避的问题。进而言之,即使世界给人以"好的"感受,也依然会面临如何达到"更好"的问题。最后,对世界的变革,不仅将说明世界所涉及的"是什么"与感受世界所蕴含的"意味着什么"引向"应当成为什么"的问题,而且进一步通过人所"作"之"事"而化"当然"为"实然"(现实)。荀子曾指出:"感而不能然,必且待事而后然。"①在引申的意义上,这里的"感而不能然",意味着"感"所涉及的意义尚未得到实现,"事"则可以视为变革世界、化意义为现实的具体形式。从人与世界的关系看,如果说,说明世界侧重于人对世界的适应(human beings-to-world),那么,变革世界便更多地表现为世界对人的适应(world-to-human beings)。马克思曾指出:"光是思想力求成为现实是不够的,现实本身应当力求趋向思想。"②这里所说的现实"趋向思想",便基于对世界的变革。

当然,在人与世界的互动之后,同时交织着人与人之间的交往,与之相联系,无论是对世界的说明,抑或对世界的感受,都蕴含着因人的存在背景、价值取向、知识结构等差异而形成的不同内涵。对世界的理解和感受所呈现的如上差异,使不同观念之间的对话、讨论成为无法回避的问题。尽管感受具有难以完全表达的一面,但它同时又总是包含可交流和传达的内容,后者同样可以置于讨论和对话之域。人对世界的理解和感受诚然无法达到绝对的一致,但这种理解和感受又并非完全隔绝于具有历史内涵或相对意义的共识,而在一定历史条件下所形成的共识,又从一个方面制约着人对世界的变革,后者使变革世界的过程既具有历史性,又呈现具体性。

在哲学史上,康德曾表现出沟通知性和实践理性的取向。在他看来,人心的机能可以区分为知识机能(faculty of knowledge)、愉快或不愉快(faculty of pleasure and pain)、欲求机能(faculty of desire),"正如判断力构成了知性与理性的中介一样,在欲求机能与知识机能之间,存在着愉快的情感。"③相应于以上看法,判断力批判在其哲学

---

① 《荀子·性恶》。
② 〔德〕马克思:《〈黑格尔法哲学批判〉导言》,《马克思恩格斯全集》第3卷,人民出版社,2002年,第209页。
③ Kant, *Critique of judgement*, translated with an introduction, by H. Bernard, Hafner Publishing Co, 1951, p. 15.

系统中呈现中介或桥梁的作用。比较而言,在人与世界的三重关系中,感受从更实质的层面展现了中介的意义。康德在判断力批判中所说的判断首先与审美领域相涉,作为人与世界互动的重要之维的感受固然也在评价的层面关乎判断,但感受本身却不限于审美之维而包含更为丰富的内容并指向更广的领域。从逻辑上看,由"是什么"的追问,经过中介性的感受,引出"意味着什么"的问题,最后基于人所"作"之"事",指向"应当成为什么"的现实关切,这一进展从不同的方面体现了人与世界的内在关联。

附论二
人类认识的广义理解

如何理解人类认识？这一问题关乎不同的认识论进路。传统视域中的认识论主要从认知的层面规定人类认识。以评价的引入为前提，人类认识的内涵得到了历史的扩展。更广的认识论视域，进一步涉及认识的规范性之维。认知主要以事物自身的规定为指向，评价更多地以确认事物对人的意义为内容，规范性则以引导人的观念活动和实践活动为旨趣。以上方面的相互交融既赋予人类认识以广义的性质，也展现了人类认识的具体内容，认识的现实形态，即体现于认知、评价、规范的统一。

一　认知、评价与规范

如所周知,赖尔曾区分了"知道是何"(knowing that)与"知道如何"(knowing how)。"知道是何"关乎真理性的认识,"知道如何"则与实际地做事相涉:具体而言,"知道如何"也就是能够完满地做好相关之事(perform them well)。① 这里,值得注意的首先在于"知道如何"在实质上被归入"知"。作为"知"的一种形态,"知道如何"所指向的,主要不是事物自身的规定,而是人所从事的活动:"知道如何"的内在意蕴是知道如何做。以"如何做"为内蕴,"知道如何"同时包含规范性的内涵:"知道如何"的实际涵义,也就是"知道应当如何做",这里的"知",总是体现或落实于引导、规定行为的有效完成。与之相联系,当我们将"知道如何"引入广义之"知"时,便意味着肯定认识包含规范性之维。

历史地看,对人类认识存在着不同理解。如前文提及的,较为传统和通常的看法,是将认知视为人类认识的内容,赖尔所说的"知道是何",主要便与之相关,这一进路所注重的是"认知能力"(cognitive repertoire),其目标则是把握真理。相对于此,冯契对认识作了更为宽泛的理解。在他看来,"人类的认识活动除认知外,还包含着评价。所谓认知,就是要如实地反映自然,了解其事实,把握其规律;所谓评价,就是要考察自然物的功能与人的需要之间的关系,评判其对人的价值如何。认知与评价虽可区分,但实际上往往结合在一起"②。将

---

① 参见 G. Ryle, *The Concept of Mind*, Barnes & Noble Books, 1949, pp. 27-28。

② 冯契:《认识世界和认识自己》,《冯契文集(增订版)》第 1 卷,华东师范大学出版社,2016 年,第 187 页。

人类认识视为认知与评价的统一,显然不同于将认识等同于认知的传统认识理论。认知所指向的是事物自身的规定,评价则旨在把握事物对于人的意义,后者包含价值内涵,其具体形态包括利或害、善或恶、好或坏,等等。就其现实性而言,对象不仅包含与认知相关的事实层面的属性,而且以评价所涉及的价值规定为题中之义。以"水"而言,"说'水是液体','水是氢、氧化合物',这是认知判断;说'水是人生活中不可缺少的饮料','水力能利用来发电',这已不是单纯的认知判断而已经包含了人的评价,它揭示了水的性能和人的需要之间的联系,肯定水对人的功用、价值。水作饮料、被利用来发电,是人的利益之所在"①。对"水"的认识既要从认知层面把握"水是氢、氧化合物"等事实之维的属性,也需要从评价的层面把握其可以作饮料、可以用以发电等价值规定。引申而言,生活世界中的对象,也既具有认知意义,又兼涉评价意义。以人所使用的器物来说,在事实的层面,它主要表现为某种特定的对象,但其中又不仅涉及满足人不同需要的功能(给人带来便利),而且往往包含使用过程中形成的熟稔、好用、亲切等价值负载,这种功能和负载的意义,需要通过评价加以揭示。可以看到,唯有从认知和评价的统一中考察对象,才能具体地把握其真实的形态。

然而,以认知和评价为人类认识的相关内容,固然不同于将认识等同于认知,但如果联系"知道是何"与"知道如何"的分别,则可以进一步看到,认识并非仅仅限于认知和评价。如前所述,以了解如何做为指向,"知道如何"包含规范性之维。事实上,除了认知(cognition)和评价(evaluation),人类认识还包括规范(regulation-normativi-

---

① 冯契:《认识世界和认识自己》,《冯契文集(增订版)》第1卷,华东师范大学出版社,2016年,第187页。

ty)。以事实的把握为指向,认知首先关乎"是什么"这一问题,其关切之点在于如其所是地敞开对象;以揭示事物对于人的意义为指向,评价涉及的主要问题是"意味着什么",其旨趣在于把握对象的价值规定;以确定人之所"作"的目标和方式为指向,规范所涉及的是"应该做什么"和"应该如何做"的问题,其关切之点是做什么事以及如何做事。人不仅需要知道事物是什么(knowing that)、事物对人意味着什么(knowing what),而且需要知道应该做什么或是否应该做以及应该如何做(knowing whether- knowing how),由此进一步通过人所"作"之"事"来实现事物对人所具有的积极意义,避免其消极意义,从而满足人的合理需要或实现人的价值理想。事物意义的如上实现固然离不开做事过程,但这一过程本身又以认识层面对是否应该与应该如何(knowing whether-knowing how)的把握为前提。

相对于认知和评价,这里所涉及的规范性呈现更为复杂的形态。规范所关涉的广义之"事"不仅关乎观念性活动,而且牵连着对象性的活动,与之相应,规范性本身一方面具有观念的面向,并与观念层面的认定或判断("应该做什么""应该如何做")相联系,另一方面又体现于实际地选择和行动的实际展开过程;二者从不同方面展现了认识过程中规范性之维的具体意义。如后文将进一步讨论的,作为广义认识过程的内在环节,规范的作用既体现于对认知、评价等观念活动的引导,又渗入于行动的选择和行动的展开过程。

在谈到认识论问题时,冯契曾将其概括为四个方面:"哲学史上提出过的认识论问题,大体说来可以概括为四个:第一,感觉能否给予客观实在?第二,理论思维能否达到科学真理?换一个提法,普遍必然的科学知识何以可能?用康德的话,就是纯数学和纯自然科学何以可能?第三,逻辑思维能否把握具体真理(首先是世界统一原理、宇宙发展法则)?用康德的话,就是'形而上学'作为科学何以可能?上面三个问题,用德国古典哲学的术语来说,就是关于'感性''知性''理性'的问题。第四,人能否获得自由?也可以换一个提法,自由人格或理想人格如何培养?"①这可以视为对广义认识论更具体的阐释,其中,前三个问题涉及宽泛意义上的认知:感觉能否给予客观实在、普遍必然的知识如何可能,关乎经验对象的认知;逻辑思维能否把握具体真理(世界的统一性原理与发展原理),以形上对象的认知为指向。第四个问题(自由人格或理想人格如何培养)则与评价和规范问题相联系:自由人格或理想人格包含价值意义,"如何培养"则关乎规范性。这样,尽管冯契主要将人类认识理解为认知与评价的统一,但在对认识论问题的具体阐释中,无疑也蕴含了对认识的规范之维的肯定。

布兰顿曾认为,康德哲学中存在着"规范性转向"(normative turn)。就康德既注重范畴的建构性(constitutivity)意义,又肯定其调节性(regulativity)意义而言,康德确乎涉及了规范性问题,布兰顿的以上看法无疑也有见于此。在康德那里,调节性或规范意义同时与认识过程相联系,并被置于比较广义的视域之中,对"经验类比"的理解,便体现了这一点:"经验类比(analogy of experience)只是一种规则,根据这种规则,经验的统一可从知觉中形成。"②作为引导经验达到统一的规则,"经验类比"无疑体现了调节性或规范意义。尽管在康德的哲学系统中,认知构成了人类认识的主要方面,认识过程中的规范性主要也与认知相联系,但通过肯定先天的范畴以及"经验类比"规则等等对感性经验的整治作用,康德多少也从一个方面注意到

---

① 冯契:《中国古代哲学的逻辑发展》(上),《冯契文集(增订版)》第4卷,华东师范大学出版社,2016年,第32—33页。

② Kant, *Critique of Pure Reason*, Translated by N. K. Smith, Bedford/St. Martin's, 1965, p. 211.

了认识过程包含规范性之维。布兰顿本人也从"概念性活动"(conceptual doing)的角度确认了规范性,①尽管这主要是在观念活动的层面肯定规范性的意义,但与康德的进路相近,其中似乎也涉及认识过程与规范性的关联。

作为人类认识的构成,规范性具体涉及两个方面,即:"知道应当做什么"或"知道是否应该做"以及"知道应当如何做"。确认"应当做什么"或"是否应该做"(knowing whether)包含自觉的认识之维,从而不同于自发的意识。就其内容而言,这种认识既不限定于事物本身的规定,也非主要指向事物对人的意义,而是与人的活动及其性质相联系。前文已提及,广义的认识不仅涉及对象的规定及其价值意义,而且关乎人的活动,在"应当做什么"或"是否应该做"的断定背后,同时蕴含着对相关活动性质的认识:它是合理的还是不合理的?有利的还是有害的?将引向善还是引向恶?等等。这种认识既与宜或不宜、善或恶等价值意义的把握相联系,属广义的"知",又具有规范意义:与仅仅肯定事物本身"是什么"或事物对人"意味着什么"不同,它同时引导行为的选择:具有正面价值意义的"事",便"应当"去做,反之,则"不应当"做。

认识的规范性之维的第二个方面是"知道如何"(knowing how)。这里的"知道如何"主要指"知道应当如何做",从逻辑上说,与之相关的"知"以了解如何做的规则为其题中之义。骑自行车需把握的基本规则包括身体保持平衡、两眼前视、抓住车把以控制方向;游泳需要了解的规则,涉及双臂如何伸张、双腿如何蹬水、呼吸如何调整;驾驶汽车需要知道的驾驶规则,则包括如何掌握方向盘,如何控制油

---

① R. Brandom, *Perspective on Pragmatism*, Harvard University Press, 2011, pp. 1-4.

门、如何操作排挡,如何倒车入库;如此等等。这些规则可以用命题性知识(propositional knowledge)的形式表示,并具有相应的认识意义。

在此,可以进一步把握认知意义上知道是何(knowing that)与规范意义上知道是否应该(knowing whether)、知道如何(knowing how)的区分。知道交通规则(如红灯停、绿灯行),这属于"知道是何"(行车时需注意的交通规则是什么);开车时看到红灯,知道不能继续行驶,这属于"知道是否应该"(知道不应当闯红灯);见红灯后知道如何停车,这属于"知道如何"(知道如何通过刹车控制车辆)。同为规范性认识,知道是否应该(knowing whether)与知道如何(knowing how)包含着不同的意义指向。从知与行的关系看,"知道是何"固然构成了行为选择的前提,但行为的现实选择,则基于"知道是否应该",而"知道如何"则体现于行为展开的过程。

"应当做什么"或"是否应当做""应当如何做",可以基于已有的社会共识,从而在社会的层面并不表现为一种新的认识形态,但对相关的个体来说,知道"应当做什么"或"是否应当做""应当如何做",仍是一种通过传授、学习、践行而获得之"新知"或新的认识。以"应当做什么"或"是否应当做"而言,开车变道应当基于虚线,不能实线变道、在公园养草期间应当绕道而行,不能践踏草地,这涉及对交通规则以及游园准则之"知",而后者又制约着人的行为选择。就"应当如何做"来说,从人的简单活动如骑车、打球,到较为复杂的活动如驾驶飞机、操纵精密仪器,都包含需要了解的行动规则、操作要领等规范性知识,个体由传授、学习、践行而获得之"新知",其实质的内容便关乎这些规范性认识。以上事实既从一个方面体现了规范性的认识论意义,也表明广义的认识过程包含规范性之维。

当然,从"知道如何"看,其中的"知道"并不仅仅意味着把握以上知识。如前所述,"知道是否应该做"或"知道应当做什么"关乎行为发生之前的选择,与之有所不同,"知道如何"与行动或做事过程具有更为切近的联系,事实上,它本身需要通过做事过程得到确证。以前面提到的骑自行车、游泳、驾驶汽车而言,仅仅知道相关的规则,并不表明"知道"如何骑车、如何游泳、如何驾车,唯有能够实际地骑车、游泳或驾车,才表明确实"知道"如何做这些事。

能够实际地做某事,意味着具有这方面的能力,由此,"知道如何"往往被归结为能力或与能力相关之知。确实,从检验认识的角度看,能否成功地做某事,是判断是否真正"知道如何"的主要依据,而成功做事同时表明具有完成相关之"事"的能力。不过,不能忽视"知道如何"之知对于实际做事的引导意义。这里需要区分两个不同的问题:一方面,"知道如何"之知的获得,包括了解应当如何做的程序、规则,等等,不等于实际的"知道如何"做;另一方面,知道实际地如何做,总是以显性或非显性的方式蕴含着对"知道如何"之知的把握,包括以某种方式了解和掌握如何做的程序、规则等方面的规范性知识,这种"知"固然主要引导人们"如何做",而非关乎事物的性质("是什么"),但它又为行为或所"作"之事取得自觉品格提供了前提。仅仅知道驾驶的要领或规则确实并不意味着能够成功地驾车,但合乎规范地驾车,又离不开以显性或非显性的方式了解这些规则或要领。事实上,教练或有经验的司机在指导初学者时,总是会以不同方式传授这方面的知识。自发地探索、摸碰,或许也可以"无师自通"、开车上路,但这种缺乏"知道如何"之知引导的驾驶,往往具有不规范或不合乎技术规程的特点,其中蕴含着各种风险(包括发生车祸、引起其他交通事故,等等)。

从现实的形态看,"知道如何"之知总是以不同的方式为实际地做事提供多方面的引导。在艺术领域,绘画、雕刻包含着如何运笔、布局等规范性的知识,在下棋、打篮球等游戏活动中,存在着如何移棋、如何投篮等规定,在学习绘画、雕刻等艺术或下棋、打球等游戏时,人们常常需要了解一定的规则或要领,以便使相关的活动取得自觉的形式。无论是传统的师徒传授模式,还是现代形态的学校教育,以上活动都涉及规则、程序、要领等"知道如何"之知,所谓"无师自通",只是表明传授之师的阙如,从事不同活动所涉及的相关规则、程序、要领仍需通过观察、揣摩、习行等逐渐加以把握,否则便难以摆脱自发的形态。小孩可以通过观看大人对弈而学会下棋,而做到这一点的前提,则是在观看过程中了解下棋规则,此时,虽然他不一定十分清楚"那些'正确'和'错误'的规则应如何定义"①,但依然可以达到对规则的具体把握,后者尽管也许不同于明晰的语言界说,然而其内容也属广义的"知道如何"之知,并同样构成了实际地"知道如何"(能够实际地做相关之事)的条件。

　　自觉形态的规范性之知与人的实际活动过程,无法截然相分。赖尔曾批评理智主义及其追随者,认为按照理智主义的看法,"行为主体必须先经过内在的过程来断定某些有关将做之事的命题(有时被称之为'公理''律令'或'引导性命题'),才能根据这些命令实施自己的行为。他在行动之前必须先对自己宣讲;厨师必须先背诵一遍菜谱,再按此烹饪;英雄必须先默诵某条适当的道德律令,再游入水中抢救溺水者;棋手必须先全盘考虑一下所有相关的下棋规则和变通原理,然后再走出正确而娴熟的一步。根据这种传奇,一个人做某事时又思考自己所做之事,这总是成为两件事,也就是说,先考虑某些恰当的命题或规定,然后将这些命题和规定所责令者诉诸于实

---

① G. Ryle, *The Concept of Mind*, Barnes & Noble Books, 1949, p.41.

践。这也就是先做一件理论工作,再做一件实践工作"①。按赖尔的以上概述,理智主义的特点在于知与行的分离:"知道应当做什么"和"知道应当如何做"这种规范性的认识(知)与实际地做(行),被视为彼此分离的两个方面,前者处于后者之先。对知与行的以上理解显然忽视了:在具体的行为过程中,规范性知识即体现于这种知识所制约的行为过程。换言之,从理论的层面看,需要肯定规范性知识相对独立的一面,但在实践之维,规范性知识与它所引导的行动难以判然相分:"知道如何",即体现于"知道"实际地如何做。

"知道如何"向"知道实际地如何"的转化,与规范性的认识转化为人的实践能力相关。前文已提及,"知道如何"往往被归结为能力或与能力相关之知,这一看法尽管表现出以能力消解规范性认识的偏向,但也从一个方面注意到了二者的关联。这里需要作如下区分:一方面,规范性认识可以取得命题性知识的形式,在各种行为规则、操作规程、技术要领的说明中,便不难看到这一点;另一方面,规范性认识需要化为人的行为定势和能力,以实际地影响人的行为。"知道如何"诚然包含规范性知识,但这种知识在单纯的命题形式下,并不能化为做事的能力或引向成功做事,只有通过"习事"的过程,规范性知识才能化为人的能力和行为定势,并由此使命题形态的"知道如何"体现、确证于具体的做事过程。在这里,"知道如何"的规范性知识既在实际地做相关之事的行动过程中超越了单纯的命题形态,又以显性或非显性的方式引导相关之事。

需要指出的是,以"知道如何"为形式的规范性知识之体现于人的能力和行为定势,并不意味着其自身完全被摒弃或完全消隐,这里涉及的主要是其存在的方式或存在形态的转换:通过与个体行为趋

---

① G. Ryle, *The Concept of Mind*, Barnes & Noble Books, 1949, p. 29.

向的相互融合,相关的认识已由命题性知识(propositional knowledge),化为人的第二天性(second nature),后者既包含与身相关的行动技能,也渗入了与心相涉的意识之维,当然,在"第二天性"的形式下,这种意识已呈现近乎习惯成自然的特点。质言之,一方面,表现为"知道如何"的规范性的认识需要取得能力等形式,以实际地影响和引导人的行动;另一方面,能力并非仅仅表现为身体的技能或心理的定势,其中总是包含规范性认识的内化。若作进一步考察,则可注意到,这里同时涉及显与隐的互动。一个初学打篮球的运动员,除了实际地接触篮球、参与多方面训练之外,还需要通过教练指导在观念层面知道如何运球、如何控球、如何投篮、如何在球场奔跑,等等,这些以"知道如何做"为内容的"知",属广义的规范性认识,相关运动员打球技能的形成,则伴随着这些规范性认识的内化,后者可以视为规范性认识由显(显性的存在形态)而隐(取得非显性的形态)。然而,当该运动员作为老队员传带新手时,他常常不仅须以身示范,而且需要比较明晰地介绍和解释相关的动作要领,这种介绍实质上也就是以语言的形式表述"应当如何做"。此时,这种以明晰的语言形式传授的有关"应当如何做"的规范性知识呈现命题性的一面,而作为传授者的运动员本身所具有的规范性认识则相应地涉及由隐而显的转化。可以看到,取得内化形态并超越命题形式的规范性之知在以上过程中又以命题性形式呈现。以上事实从另一侧面表明:与"知道如何做"相关的行动中总是蕴含某种规范性认识,所谓由隐而显,实质上也就是这种认识由非显性的形态,转化为显性的形态,这一转化同时也确证了规范性认识在化为人的"第二天性"之后,并未完全被消解。

从更广的层面看,行动过程中总是内含"心",而非仅仅是"身"的活动,体现于行动过程的技能,也并不单纯表现为肢体的熟练动作,而是渗入了"心"的作用。麦克道尔已有见于此,在他看来,"没有概念的肢体移动仅仅是发生的现象,而不是有意为之的体现"①。这里的概念在广义上包括对"应做何""如何做"这一类规范要求的把握,尽管这种把握不一定以明觉的或名言的形式呈现,但完全缺乏这种概念意识(包括以内化形式存在的规范意识)的肢体运动,便近于物理世界中发生的现象,而不同于人的自觉活动。比较而言,赖尔注意到实际知道如何做意味着按相关的行为方式做已成为行动者的"第二天性",但同时又将其隔绝于意识之外,②从而一定程度地忽略了这种"第二天性"包含着规范性认识的内化,这种看法容易将"第二天性"仅仅限定于与"身"相关的行动技能。事实上,对赖尔来说,涉及"第二天性"的习惯性行为只是"先前之行的复制品",从而不同于"基于先前之行而加以调整"的理智性行为。③ 习惯性行为与理智性行为的这一分野,在逻辑上以"第二天性"疏离于规范性认识为前提。从总的认识立场看,与质疑"心"的相对独立意义相联系,赖尔多少趋向于以"实际地知道如何"消解"观念层面知道如何"。这一进路似乎未能注意到后者(观念层面知道如何)对前者(实际地知道如何)的制约。④

概要而言,认识过程包含规范性之维。以人之所"作"为指向,规范性既涉及基于心的观念性活动,也关乎与身相涉的对象性活动;前者如后文将论,包括对认知和评价的引导,后者则在知行统一的意义上,体现于对象性的活动过程。以"知道应当做什么"与"知道应当如何做"之知为内容,规范性的认识一方面以自觉的形式(包括命题

---

① John McDowell, *Mind and World*, Harvard University, 1994, p. 89.
② G. Ryle, *The Concept of Mind*, Barnes & Noble Books, 1949, p. 41.
③ Ibid., p. 42.
④ 参见 Ibid., pp. 27-61。

性之知)引导人的观念性活动和对象性活动,另一方面又通过化为人的现实能力,成为人在本体论意义上的某种存在规定(第二天性),由此进一步影响人实际做的过程。

二 关联与互动

从广义的认识过程看,认知、评价和规范呈现相互关联的形态,这种关联首先表现为认知对评价和规范的制约。以认知和评价的关系而言,尽管评价所指向的不是事物自身的规定,而是事物对人的意义,然而,把握这种意义的前提,是如其所是地认识事物的规定和人自身的合理需要,后者的具体内容则由认知构成;如果缺乏上述认知,便很难形成正确的评价性判断。与之相近,规范性的认识,无论是以"知道应该做什么"为形式,抑或表现为"知道应该如何做"之知,也无法离开认知。尽管规范性的认识主要与人的行为或人所"作"之事相关,但对这种行为或事的合理规范,乃是基于恰当地把握实然与必然,后者同时包含着认知的内容;实然关乎事实,必然涉及事实之理,"知实然"与"知当然",意味着按其本来形态认知相关对象,这种认知又进一步为"应该做什么"和"应该如何做"提供了根据。

同样,评价对认知与规范也具有多重制约作用。人们往往从已形成的价值取向出发,从事多样的活动,接触不同的事物,以进一步了解相关对象的属性,使之由尚未为人所知的本然形态转换为人所把握的"事实"形态。价值取向对本然之物转换为"事实"的如上制约,从一个方面表明,认知与评价无法相分。就具体的过程而言,认知目标的确立,需要基于一定的价值判断:如果说,为知识而知识的目标选择,体现了对认知内在要求和意向的肯定,那么,基于一定的实践需要而确立相关的认知对象,则展现了现实的价值评价对认知活动的制约。进而言之,认知结果的评判,也离不开评价:相关认知是否具有真实的品格?是否对解决认识或实践中的问题具有积极的意义?等等,对以上问题的判定,同时表现为一个评价过程。刘易斯曾指出:"知识为了行,行动则植根于评价。"① 尽管作为实用主义者,刘易斯往往表现出强化评价的趋向,但以上看法则无疑有见于认知和评价之间的相关性。

评价与规范之间呈现更为内在的关联:"知道应当做什么",以判定当做之事的价值意义为前提,这种价值意义包括相关对象或行为的好坏、善恶、利害,等等,从理性的层面看,如果某种行为是好的或善的,那就属于"应该"做的,与之相对的选择,则可能呈现"非理性"的性质:知其有害或恶,仍去做;知其有利或善,却拒绝做,固然可能源于各种情意等方面的缘由,但从理性的层面看,以上选择显然属不当之举。在此,价值意义的判定构成了"应当做什么"意义上的规范性要求形成的前提。与之相近,"知道应当如何做",关乎对行为方式、程序、手段适宜与否或正当与否的判断,其中,适宜与否涉及行为方式是不是合乎实然或必然;正当与否则与行为方式是否合乎当然相关。以上判定和判断不管以显性的形式呈现,还是以非显性或隐含的形式表现出来,都包含评价的内容。在上述方面,评价无疑制约着规范性的认识。

在受到认知与评价制约的同时,规范性认识也在不同的层面影响着认知和评价。如前文所提及的,规范性认识既关乎对象性的行动,也涉及观念性的活动,作为人之所"作",认知和评价都属广义的观念性活动,其中也蕴含与"应当如何"相关的规范之维。以认知而

---

① C. I. Lewis, *An Analaysis of Knowledge & Valuation*, Open Court, 1962, p. 3.

言,其展开过程便在不同意义上关乎规范性问题。作为观念性活动,认知过程面临经验主义、理性主义、直觉主义等多样的进路,选择不同的进路,意味着以不同的方式引导认知过程,其中内在地渗入了规范性内涵。从更为内在的方面看,认知过程包含着感性材料与理性概念之间的互动,康德已注意到知性范畴对感性质料的整治作用。感性材料固然为把握对象提供了原初之源,但在与概念形式分离的形态下,往往缺乏内在的条理,以概念形式整治感性材料,构成了后者呈现条理性的条件,而感性材料之间的条理,则可以视为事物之间内在关联的再现。概念形式对感性材料的认识作用,展现为金岳霖和冯契所说的"以得自现实之道还治现实"的过程,其中的"还治现实",即体现了认知过程中的规范性。同样,评价过程包含着一般价值原则的运用:对象的意义,主要相对于人的现实需要和价值理想而言,这种需要和理想通过抽象而进一步取得价值原则的形态,评价的过程,往往表现为基于一定的价值原则进而对相关事物作出判断,以确认其是否包含真、善、美等正面的价值意义或伪、恶、丑等负面的价值意义。引用一定的价值原则以评价对象意义的以上过程,同时具有规范的意义。

  认知、评价与规范在广义认识过程中的相互关联,在日常生活中也不难注意到。以对礼物的认识而言,在认知的意义上,礼物往往主要表现为某种对象,如一支笔、一块表、一款手机,等等,但其中又总是包含关爱、友情、敬意等情意负载,这种负载的意义,无法仅仅通过认知而敞开,而是需要借助评价加以揭示。进一步看,礼物的赠送和接受,都需要合乎礼仪规范,其中渗入一定的规范性意识,唯有基于这种规范性的认识,相关的活动(礼物的赠送和接受)才能获得合宜或得体的形态。以上事实从一个方面表明,对事物(如日常礼物)的具体把握,离不开认知、评价与规范的相互制约。

然而,认识过程中的以上关联在哲学史中往往未能得到应有的肯定。以康德而言,尽管他有见于知性范畴对感性质料的整治作用,但对认知、评价与规范的总体联系,却未能充分地把握。在《纯粹理性批判》中,康德曾提出了如下三个著名的问题:我可以知道什么?我应该做什么?我可以期望什么?这里的"知道什么"主要与认知相关,"应该做什么"则既以相关行为的价值意义的评价为前提,又关乎如何选择行为这一规范性问题,然而,在以上提问中,以"知道什么"为指向的认知与"应该做什么"所涉及的评价和规范,呈现彼此分离的形态。事实上,在康德哲学系统中,认识论的问题主要限于"我可以知道什么",而"我应该做什么"则被归入伦理学之域,这一思维取向所体现的,是狭义认识论的视域。现代的分析哲学不仅承继了康德的进路,而且进一步将认识论限定于知识论,后者主要以认知意义上的逻辑分析为主要内容。相形之下,以现象学为进路的海德格尔将真理与人的存在联系起来,其中包含着对评价和规范意义的肯定,但在突出存在意义和人自我筹划的同时,认知之维却多少被置于边缘的地位。在基于分析哲学与本于现象学的以上趋向中,认知与评价、规范呈现彼此相分的形态。

从广义认识论的角度看,以事物自身规定为指向的认知、以确认事物对人的意义为内容的评价、以引导人的观念活动和实践活动为旨趣的规范,构成了人类认识的相关方面,认识的具体形态,体现于认知、评价、规范的统一。

三 广义认识所以可能的根据

作为认识过程的相关方面,"是什么""意味着什么""应该做什么"以及"应该如何做"以各自的方式、在不同的层面追问着真理性之知。真理性之知如何可能？这是考察人类认识时无法回避的问题。

相应于所谓认识论转向，近代哲学对认识过程作了多方面的考察。以确定性的追求为指向，笛卡尔首先将直觉提到突出地位，在考察"一个命题必须具备什么条件才是真实可靠的"这一问题时，笛卡尔得出了如下结论："凡是我十分清楚、极其分明地理解的，都是真的。"①所谓清楚、分明地理解，即是直觉地理解。与之相关的是推论以及更广意义上的怀疑。斯宾诺莎将知识区分为经验的（直接经验与基于传闻的间接经验）、推论的，以及"纯粹从事物的本质来认识事物"②，后者涉及直觉的方式，在注重直觉与推论方面，斯宾诺莎与笛卡尔似乎呈现了相近之处，二者体现了理性主义对知识以及知识形成的条件之理解。比较而言，以经验主义为立场的洛克赋予感性经验以更重要的认识论意义，在他看来，"我们底一切知识都是建立在经验上的，而且最后是导源于经验的"③。在此，经验被视为真实知识所以可能的条件。

较之以上哲学趋向，康德主要侧重于从感性与知性的统一中反思人类认识。按康德的理解，"人类知识有两大主干，其一为感性，其二为知性，通过前者，对象被给予我们；通过后者，对象被我们思维"④。这里的感性与知性，分别与前述经验主义的经验以及理性主义的推论相关，在康德那里，两者都被规定为普遍必然的知识所以可能的条件。相对于经验主义与理性主义，康德的以上看法更多地体

---

① 〔法〕笛卡尔：《谈谈方法》，王太庆译，商务印书馆，2000年，第28页。
② 〔荷兰〕斯宾诺莎：《知性改进论》，贺麟译，商务印书馆，1960年，第24—25页。
③ 〔英〕洛克：《人类理解论》，关文运译，商务印书馆，1959年，第68页。
④ Kant, *Critique of Pure Reason*, Translated by N. K. Smith, Bedford/St. Martin's, 1965, pp.61-62.

现了综合的视域。

然而,无论康德之前的经验主义的经验和理性主义所理解的可靠知识,还是康德以上视域中的感性和知性,不仅都主要限于认知,而且对认知条件的把握也有其限度。认识固然既离不开感知、直觉、推论等活动,也无法与感性材料与知性形式(概念形式)等相分,但这些活动和形式本身又有其现实之源。直觉活动乃是基于认识过程本身的历史沉淀;某些数学、几何学公理之获得不证自明的形式,源于人类认识的长期反复和确证,同样,感性材料并非凭空而生,而是形成于人所从事的多样活动,概念形式以及与之相关的推论,也与更广意义上的人类做事和实践过程相联系,其中既包含着认识内容的抽象化,又渗入了由行动模式的不断反复之后凝结而成的逻辑和概念形式。经验主义和理性主义对感知、直觉、推论的理解呈现抽象的趋向,康德在肯定时空和范畴是认识所以可能的条件的同时,又将其视为先验形式,无疑未能把握认识形式的现实根据。

与"是什么"的追问相联系的认知,侧重的是人给自然立法。在认知之维,人给自然立法主要指人运用历史地形成的概念、逻辑形式,以整治经验材料,由此进而把握自然之理,包括因果法则。不难看到,这一意义的"立法"并非人将"法则"(包括因果法则)强加于自然,而是通过认知过程中经验材料与概念形式的互动,以敞开自然之理。

进一步看,以所知和能知的互动为背景,认知过程同时涉及本体论或形而上的前提。作为认知的对象,所知不仅内在于具体的时空之中,而且以体与用、本与末、现象与本质、过程与实在等统一为其内在规定。这一意义上的所知既不同于单纯的现象,也非片面或静态的存在,而是呈现具体、现实的品格。同样,与所知相对的能知,也表现为存在与本质、理性与情意、德性与能力的统一,这一视域中的能知既非纯粹的理性化身,也有别于单纯的情意主体,其存在形态包含多重方面。所知和能知内含的以上存在规定,在不同意义上为如其所是地把握事物提供了形而上的根据。

以把握事物对于人的意义为指向,评价过程既需要认识事物的属性和规定,也无法忽略普遍的价值原则,对事物属性和规定的认识,属广义的认知过程,对价值原则的把握,则既涉及对价值原则的理解,也关乎对价值原则的接受和认同,后者进一步与确认和肯定合理的价值观念相联系。不难注意到,评价过程所关涉的真理性认识一方面以如其所是地把握事物自身的规定为前提,与此相联系,认知所以可能的条件,也构成了评价所以可能的条件;另一方面,评价又以确立合理的价值观念、认同合理的价值原则为条件。一般而言,肯定人之为人的内在价值,构成了与人的存在相关的基本价值观念或价值原则;否定这一原则,意味着否定人的存在意义。在评价过程中,唯有确立以上价值观念、拒绝人的物化,才能判定合乎相关价值原则的现象具有正面的价值意义,并将与之悖离的言和行归为负面的价值形态。

较之认知和评价,作为广义认识环节的规范性呈现更为多方面的品格。就规范本身而言,其形成基于实然、必然和当然。观念层面的规范性,关乎认知与评价。在认知过程中,认识的规范性以得自现实之道还治现实之身为形式,后者又以知"道"为前提。此所谓"道",既内在于事物的现实形态(实然),又源于事物的现实之理(必然),以此"道"还治现实,离不开对实然和必然的把握。在评价活动中,认识的规范性体现于将普遍的价值原则运用于相关对象的过程,普遍的价值原则呈现为"当然"的形态,从普遍的价值原则出发判定事物的价值意义,以知其当然为前提。从以上方面看,在观念之维,把握实然、必然与当然,构成了实现认识的规范意义所以可能的条件。

认识的规范性同时指向具体的行动过程。在实践的层面,"知道如何"或"知道应当如何做",关乎对象性活动,后者以做多样之"事"为其现实的内容,也可视为习事的过程。通过体认、反思,习事过程所内含的规范性以及所积累的知识经验,逐渐凝结为稳定的心理定势,并化为惯常的行为方式。这种心理定势和行为习惯,往往与人同在,后者具体表现为人之心与人之身合而为一,心智结构(包括规范意识)则由此化为人的存在形态。作为与人的存在合而为一的观念形态,以上规范意识虽不同于通常意义上的认知,但又包含认识的内容而非完全外在于人类认识。从广义认识的角度看,与"知道如何做"相联系的心理定势和行为习惯既渗入了认识的内涵并包含规范的意义,又从一个方面为认识的规范作用落实于实践提供了前提。

如上所论,作为广义认识内在环节的规范性内容,可以取得明晰的命题形式,这种命题常常用语言加以表述,其运用过程具有专注和显性的特点。在学习骑车的过程中,对初学者所提出的"保持身体平衡""注意两眼前视""双手抓住车把"等要求中蕴含着规范性内容,这种要求既渗入对相关过程的认识和把握,又以语言表述和专注性的形式呈现。更广意义上活动过程中所涉及的动作要领、操作规程,处事程序,等等,都包含可以用命题形式表达的内容,以此传授技能、规范行为的过程,也相应地包含着命题性知识的运用。规范性的认识也可以取得非命题性的形式,后者特点之一在于以非专注、非显性、非语言的形式呈现。然而,尽管表现为非命题性的形式,规范性认识仍对行动具有引导意义。在现实的形态中,这种规范性认识或广义的规范性意识往往从总体上引导人的行为过程。以钢琴的演奏而言,流畅地完成某一曲子,常常构成了相关的行动目的,对这种目的的把握,同时引导着所涉行动,并相应地具有规范意义。这种规范意识虽然并不始终以专注、自觉的形态呈现,但却在整个过程中引导着演奏者的行动:此时演奏者无须时时自觉关注自己的每一动作,而整个行动过程则始终受到以上意识的规范。在轮扁斫轮的著名寓言中,庄子借轮扁之口,以斫轮为例,对此作了更具体的论述:"斫轮,徐则甘而不固,疾则苦而不入。不徐不疾,得之于手而应于心,口不能言,有数存焉于其间。"① "得手应心"是手与心之间的默契,这种默契并不是通过斫轮过程中有意识的计划而实现的,也并非以语言的形式明晰表达("口不能言"),但其中又包含当然之则,所谓"有数存焉于其间",便暗示了这一点。对这种"数"的把握,具有非专注、非显性、非语言的特点,但它又通过渗入人的身心而制约着斫轮等行为过程。

"数"内在于人的行为过程而又可以为人所把握,对"数"的以上把握不同于命题性知识而具有"体知"的形态。作为非命题性的认识,"体知"与前述行为的心理定势和行为习惯具有相通之处,其特点在于身心融合为一。荀子在谈到君子之学时,曾指出:"君子之学也,入乎耳,著乎心,布乎四体,形乎动静。端而言,蠕而动,一可以为法则。"②这一意义的君子之学,也就是所谓身心之学,在引申的意义上,"学"的具体内容则表现为习事,以后者为形式,一方面,外在的规范通过"学"的过程,逐渐转化为个体的内在意识,并体现于与身相关的行为趋向("布乎四体,形乎动静"),另一方面,这种内在意识最后又付诸实践或习事、体现于多样的活动过程,后者始终包含着当然之则的引导作用,所谓"一可以为法则",便强调了这一点。如果说,对规范的命题性内容的自觉把握,是以专注的形式实现认识的规范意

---

① 《庄子·天道》。
② 《荀子·劝学》。

义之前提,那么,化规范意义上的"数"为人的"体知",由此"布乎四体,形乎动静",则是以默会或非专注的形式实现认识规范作用的条件。

与认知主要表现为人给自然立法有所不同,认识过程中的评价和规范更多地涉及理性的自我立法。广义的"法"不仅以必然(必然法则)为内容,而且关乎当然,后者具体表现为人的观念活动和对象性活动的规范系统(当然之则)。康德将实践领域主要理解为道德之域,而其中的理性法则,则主要被归之于实践理性或自由意志的产物。这一看法不仅未能注意到实践的更广领域,而且表现出将理性规范抽象化、先验化的趋向,其中体现的思维进路,与康德所理解的人给自然立法所蕴含的观念具有一致性。人所立之"法"的真实根据存在于实然、必然、当然,人与对象的认知关系中所立之"法"体现了这一点,评价和规范意义上理性所立之"法"也不例外。与之相联系,对实然、必然、当然的把握既是理性自我立法的根据,也构成了理性之"法"实现规范意义所以可能的条件。

四 以"事"观之:广义认识的现实指向

可以看到,认识既涉及对象,也关乎人自身。认识的对象并非以本然的形态外在于人,而是已进入知行过程的存在,可以视为"事"中之"物";人自身则因"事"而在,并表现为做"事"的主体。以"事"的展开为总体背景,认识不仅以把握对象自身的规定以及对象与人的意义关系或价值关系为指向,而且也以规范人的活动(包括观念活动与对象性活动)为题中之义。与之相联系,认识同时具有认知、评价、规范的不同向度。在这里,认识的内容与认识的功能呈现相互统一的形态:认知以事物的自身规定为内容,其功能在于敞开这种规定;

评价以对象与人的意义关系或价值关系为内容,其功能在于揭示这种意义关系或价值关系;规范则以引导人自身的活动为内容,其功能则在于规定人应该做什么、应该如何做。

马克思曾对以往哲学提出了如下批评:"哲学家们只是用不同的方式解释世界,而问题在于改变世界。"①从哲学上看,仅仅限于说明世界而疏离于改变世界,与狭义地理解人类认识存在内在的关联:对传统哲学而言,认识仅仅表现为一个认知的过程,后者所引向的,主要是对世界的说明。

以广义的认识论为视域,认知、评价和规范呈现相互关联的形态,这种关联,同时为说明世界与改变世界的沟通提供了前提。如前文所提及的,认知既以如其所是地把握事物为指向,又以人给自然立法为形式,然而,在认知的层面,人给自然立法仅仅表现为人对世界的说明,世界本身并未因此而发生实际的变化。通过评价,事物对人所具有或可能具有的意义开始显现,由此进一步引向"应当做什么"和"应当如何做"的规范性判断:如果评价确认了相关的事与物具有正面的价值意义,则"应当"实现这种意义,反之,如果评价所敞开的价值意义具有负面性质,则"应当"对其加以限定或转换。上述论域中的"应当",同时表现为对现实的规范,其中蕴含着改变世界的要求。

当然,"应当做什么"在尚未转化为"实际做什么""应当如何做"在尚未转化为"实际如何做"之前,它们所体现的规范性还处于观念的形态,一旦"应当做什么"转化为"实际做什么""应当如何做"转化为"实际如何做",其中体现的规范性便呈现实践的意义,后

---

① 〔德〕马克思:《关于费尔巴哈的提纲》,《马克思恩格斯选集》第 1 卷,人民出版社,2012 年,第 140 页。

者的实际指向,是对世界的改变。从人给自然立法这一角度看,在规范这一层面,人不仅以认知的方式给自然立法,而且根据自己所立之法(对世界的理解和认识)作用于世界,由此,认知所体现的说明世界,进一步转化为评价和规范所蕴含的改变世界。可以看到,人给自然立法,改变的主要是人对世界的理解,人根据自己所立之法作用于自然,则意味着改变世界本身。康德仅仅强调人给自然立法而悬置了人基于所立之法作用于世界,从而未能超越仅仅说明世界的视域。

广而言之,人的活动展开于多重方面,这种活动不仅成就世界,而且成就人自身,其本身则具体地展现了认识的广义内涵。以了解如何演奏琴而言,懂得琴的演奏,从艺术活动这一侧面体现了人的能力的提升和发展。从广义认识的角度看,掌握琴的过程,同时包含着认识的不同环节。颜元对学琴、习琴、能琴的区分,已涉及这一点。在具体考察学琴、习琴、能琴的不同特点时,颜元指出:"歌得其调,抚娴其指,弦求中音,徽求中节,声求协律,是谓之学琴矣,未为习琴也。手随心,音随手,清浊、疾徐有常规,鼓有常功,奏有常乐,是之谓习琴矣,未为能琴也。弦器可手制也,音律可耳审也,诗歌惟其所欲也,心与手忘,手与弦忘,私欲不作于心,太和常在于室,感应阴阳,化物达天,于是乎命之曰能琴。"①所谓"歌得其调,抚娴其指,弦求中音,徽求中节,声求协律",包含着"应当如何做"的规定和要求,后者以指法、奏法等形式展现,具有规范性的涵义:歌,应当"得其调";指,应当抚而娴;弦,应当"求中音";徽,应当"求中节";声,应当"求协律",其中既关乎显现的、符号性的方面("调""律"等,都可以用谱的方式表示),也涉及隐性的、非命题性的方面,如指的娴熟。"清浊、疾徐有常规,鼓有常功,奏有常乐",可以视为规范性认识在行动中的体现。

---

① (清)颜元:《颜元集》(上),中华书局,1987年,第78—79页。

"心与手忘,手与弦忘,私欲不作于心,太和常在于室,感应阴阳,化物达天",则意味着规范性认识逐渐化为人的"体知",行为开始超越了以技炫人、刻意而为("私欲不作于心"),达到自然天成("感应阴阳,化物达天")之境。如果说,将刻意而为与"私欲"联系起来内含了评价的向度,那么,"心与手忘,手与弦忘"则表现为基于"布乎四体,形乎动静"的"体知",后者的特点在于身心合一,从容中道(合乎规范)。在颜元看来,只有达到这一境界,才可以说真正知道了如何演奏琴("能琴")。这一意义上的"能琴"既包含对琴的认知("弦器可手制,音律可耳审"即以此为前提),又在不同层面渗入了评价和规范性的作用。

从人与世界的关系看,以"意味着什么"为实际所指的评价既基于"是什么"的认知,又引向"应该做什么"或"应该如何做"的规范性认识。以人与自然的关系而言,乱砍乱伐树木意味着生态的破坏,这是评价性的认识,其内容涉及人的特定行为可能导致的负面价值意义。这一评价性认识,以砍伐树木和生态环境之间关联的事实性认知为其依据,由这一评价性的认识,又可以进一步引出"不应该乱砍乱伐"的规范性判断。同样,在观察自然的过程中,人可以从大地回春、万物复苏等现象中逐渐认识到"春天是植物生长的季节",这种认识具有认知性质。以农事(农业生产)的展开为背景,由以上认知可以形成"农作物在春天播种最为适宜"的判断,后者属评价性的认识。基于农事活动的现实需要,这一类评价性认识又可以引出"应该在春天播种"的规范性结论,后者进一步为实际的做事和践行提供了依据。

类似的情形也存在于日常的生活。以驾驶车辆来说,"开车看手机容易分散注意力",这是基于实际的驾驶活动而形成的事实层面认知。从相关行为对人的价值意义而言,由以上事实性的认知可以引出"开车看手机会危及安全行车"的结论,后者是具有评价意义的判断。以如何行车为关注之点,上述评价性的认识将进一步引向"开车时不应该看手机"的规范性认识。行车的过程不仅仅涉及个体性的活动,而且关乎驾驶人与道路、行人以及其他车辆的关系,从而同时表现为人与世界的互动,从后一方面看,"开车时不应该看手机"这一规范性判断又通过作用于驾车过程而制约着人与外部世界的互动,由此超越了单纯的说明世界。

就人的认识而言,评价与认知以及规范的以上关系,体现了广义认识过程相关方面的内在关联;就人与世界的互动而言,认知所内含的说明世界,通过评价和规范进一步引向了对世界的作用和变革,尽管实际地改变世界离不开人的践行,但认知、评价、规范在认识过程中的彼此关联,无疑为说明世界与改变世界的沟通提供了认识论的前提。说明世界与改变世界在逻辑上涉及认识与实践、知与行之辩,相应于此,广义认识过程中认知、评价、规范的以上关联,同时制约着认识与实践、知与行的关系:认识的规范之维既体现于认识或"知"的过程本身,也渗入于实践或"行"的过程,由此,认识与实践的统一或知与行的合一也从观念的层面获得了内在根据。

从更为综合的视域看,无论是说明世界与改变世界,抑或以认知、评价、规范为内容的广义认识过程,都基于广义之"事"。作为人之所"作"①,"事"既涉及观念性的活动,包括人所从事的科学研究、理论建构、艺术创作,等等,也关乎对象性的活动,包括人与自然之间的互动。以"事"观之,不仅说明世界与改变世界表现为人作用于世界的相关活动,而且认知、评价、规范既源于人所"作"之"事",又进

---

① "(作)焉有事,不作无事。"(《恒先》,马承源编:《上海博物馆藏战国楚竹书》(三),上海古籍出版社,2003年,第112页)

一步指向人之所"作"。就其现实过程而言,"事"的展开不仅以认知层面如其所是地了解对象为前提,而且离不开在评价和规范的层面对"应做何事""应如何做事"的把握。如果说,沟通说明世界与改变世界,主要从观念之维展现了认知、评价、规范在认识过程中彼此关联的内在意义,那么,以"事"为本,则从认识之源上彰显了以上关联的现实根据。

要而言之,广义的认识关乎对象本身的规定、对象之于人的意义,以及人作用于对象的过程,与之相涉的是认知(是什么)、评价(意味着什么),以及规范性认识(应该做什么、应该如何做)。通过如其所是地把握事物,认知为评价和规范提供了根据;以敞开事物对人的价值意义为指向,评价构成了由"是什么"引向"应该成为什么"("应该做什么")的前提,基于行动目标和行动方式的确认,规范进一步展现了知与行的内在关联,并以"应该如何做"为其指向。认识过程固然可以从分析的角度加以理解,在分析的视域下,认知、评价、规范往往各自呈现相对独立的意义。所谓为真理而真理、为知识而知识,便体现了认知的相对独立意义。然而,以说明世界和改变世界的互动以及更广意义上"事"的展开为视域,认知、评价和规范在广义认识过程中无法相分。事实上,以认知、评价和规范为内容,广义的认识过程既彰显了说明世界与变革世界的关联,也为说明世界与变革世界的沟通提供了内在的根据。这一意义上的广义认识论,也就是现实的认识论或人类认识的具体形态。

附　录

事与思——对"以事观之"若干评论的回应

在 1996 年完成、1997 年出版的《心学之思——王阳明哲学的阐释》一书中,我曾以"事与思"为题,专列一节,讨论王阳明的心学与他所"作"之事的关系。① 如以上标题所示,该部分中的"事"被赋予了重要意义。基于"以事观之"这一提法,近年来,"事"进一步成为我考察世界的广义视域。尽管前后思想有侧重历史与侧重理论之异,但哲学进路则大致一以贯之。

---

① 参见杨国荣:《心学之思——王阳明哲学的阐释》,生活·读书·新知三联书店,1997 年,第 38—59 页。

2021年10月,在江西婺源举行了相关论题的讨论会,学界同仁就相关的哲学思考提出了诸种问题,后续又有以此为主题的论文,这里以其中三篇论文为主作一回应,但回应内容不限于这三篇文章。

一 体系与系统

自康德以来,德国古典哲学区分了感性、知性和理性三种认识形态。这种区分既涉及认识论,也有本体论或形而上学的意义。从把握世界的方式看,感性侧重于经验性方式;知性主要体现为逻辑的分辨和划界;相对于知性而言,理性更多地以跨越界限的形上理解为进路。从19世纪以降的哲学衍化来看,早期的实证主义比较偏重于三者之中的感性,尽管实证主义也注重逻辑分析,但是它对意义的追问首先以能否被感觉经验所确证为标准,从这一倾向来说,虽然实证主义不限于感性经验,但似乎与之有更直接的联系。后来的分析哲学比较侧重知性这一层面:从总体上说,其进路基本不超出知性思维。分析哲学注重严密的逻辑分析,并趋向于以划界的方式把握世界,在这一方面,它大致延续了康德哲学的传统。比较而言,传统的思辨哲学以及晚近的现象学更多地注重德国古典哲学意义上的理性层面以及形而上学的关切。

在研究进路上,需要注意的是以上三者之间的沟通,而非它们的相互并立或彼此分离。首先,包括日常经验的感性层面应给予必要的关注。如所周知,中国哲学有"日用即道"的传统,生活经验是中国哲人从事哲学思考的源头之一,这一传统值得关注。所谓形上与形下之间的沟通,重要的意义即体现于对感性经验、生活世界、生活实践的注重。其次,分析哲学所推重的逻辑分析方法,也需要加以重视,对于不同界限之间的区分亦不应忽略,当然,不能像分析哲学那样,仅仅限定在划界的层面之上而疏离不同界限之间的关联。复次,对于理性的进路,即"跨越界限而求其通"的把握世界方式,同样不能加以拒斥,也就是说,哲学研究不宜限定在德国古典哲学意义上的感性或知性层面,而是需要接纳理性。质言之,合理的哲学研究方式在于兼容感性、知性、理性,以三者互动的形式把握世界与人自身的存在。

感性、知性、理性的交融体现于具体的哲学研究过程,涉及体系性建构和系统化。宽泛而言,哲学研究需要区分体系性建构和系统化的考察。体系总是追求包罗万象的形态,并常常趋向刨根问底,追问所谓最后的支点或原点,从古到今,这一类体系化追求一再以多样形式呈现于哲学史。分析哲学与现象学兴起和传入以后,受到其影响的学人每每在不同意义追求纯粹的逻辑形式,要求人们从最本源的命题出发,展开层层的推论,由此建构严整的体系。这种体系化进路常常或者走向缺乏实质内容的空洞形式,或者陷于某种思辨哲学,终究难以摆脱被解构的命运。事实上,历史上各种形式的"体系",总是无法长久延续,从最初的原点或支点展开的体系化进路,也很难被视为"做哲学"的合理方式。

然而,尽管不应追求体系化的建构,但是,哲学又需要系统化的研究。体系化和系统化应当加以区分:体系具有封闭的特点,追求的是形式层面和思辨视域中的严整性,系统化则意味着肯定哲学观念的多方面性及其相互关联,同时对所提出的见解和观点进行充分的论证,给出理由,提供根据,使相关看法持之有故,言之成理。哲学领域的思考,不能仅仅凭借某些零星、偶然的感想,或孤立地提出某一观念,而是需要给予相关的理论以系统化的考察,并对其作周密的论证,以避免流于缺乏充分根据的意见。

历史地看,哲学领域的很多概念都包含丰富、深沉的内容,需要通过系统的研究,加以多方面地阐发。以"事"而言,作为哲学之域的概念,它至少在中国历史上属古已有之,以往思想家对其讨论也绵绵不绝,直到今日,仍可看到相关的论辩。这一概念在受中国文化影响的日本思想界那里,也受到了不同的关注,日本学者广松涉便先后出版了《事的世界观的前哨》《存在与意义——事的世界观之奠基》等著作,如书名所示,其研究以"事"的观念为核心。然而,综览其所述的实际内容,则可注意到,广松涉对"事"这一概念并未作实质性的系统研究:他在"事"的名义之下所作的讨论,似乎缺乏以事观之的自觉意识,也未能揭示"事"与人以及现实世界的内在相关性。另外,晚近的学人对"事"虽有所注意,但对"事"的具体含义以及它在人与现实世界关系中的意义,却又较少有自觉、清晰的认识:把"事"主要理解为 fact,便表明了这一点。对"事"与 fact 的等量齐观,基本上没有超出维特根斯坦的视域:当维特根斯坦说"世界是事实的总和,而不是物的总和[①]"时,他说的事实即指 fact。以 fact 界定"事",意味着将"事"主要限定在静态的结果之上,这一理解至少在逻辑的层面,未能注意到"事"首先表现为人之所"为"或人之所"作",从而,对"事"作为人的活动及其结果的双重涵义未能达到充分的意识。至于在更广意义上把"事"放在"人与世界"这一宽阔的范围作具有实质意义的系统考察,相关之论则更是付诸阙如。由于缺乏系统的研究,"事"在把握世界中的真切意义,便无从实际地彰显。以上思想现象从一个方面表明,哲学领域离不开系统性的探索。

可以看到,哲学研究需要系统化,其核心观念也应该系统地展开,在哲学的探索中,不能仅仅就某一观念提出灵光一现的见解,这

---

① 〔奥〕维特根斯坦:《逻辑哲学论》,郭英译,商务印书馆,1985 年,第 22 页。参见 Wittgenstein, *Tractatus Logico-Philosophicus*, Dover Publications, 1999, p. 29。

种见解也许可以体现某种哲学的明智,但如果游离于系统性的考察,则其意义也将受到限制。如前所言,现时代已无须追求体系化的哲学,但系统化的研究却是严肃的哲学研究所不可或缺的。

二 史 与 思

在追溯我哲学思考历程的同时,有的学人在相关论文中也提出了值得关注的问题①,其中首先涉及哲学史与哲学的关系。关于这一问题,我以前也曾多次提及,总体上看,两者难以相分。真切地理解哲学史,需要以哲学理论为背景,不然,所理解的哲学史可能只是对于以往思想材料的罗列。古往今来、几千年中各种文献和著作没有实质的变化,但对它们的理解和阐发却发生了不同的变化。为什么会发生这种现象?这归根到底源于解释者的理论背景、理论视域存在差异,在这一意义上,欲让哲学史上的文献资料获得进一步的意义,阐释者自身如果没有深厚的哲学理论素养,便很难做到。可以说,正是不同的解释、相异的理论观照,使对象获得了新的思想生命力。

另一方面,哲学理论建构或思考也离不开哲学史:不能认为一切都是从"我"开始,以往思维成果都可以不加理会。事实上,哲学的问题从其发生来看,总有历史的根源,就此而言,也可以说哲学问题都是古老而常新的。按其本义,哲学问题的发生都是渊源有自,而非偶然产生,这一事实同时表明,要真正理解哲学问题,便必须联系哲学史。法国哲学史家罗斑曾区分了哲学史与科学史,并认为:"哲学史

---

① 何俊:《杨国荣具体形上学的展开》,《哲学分析》2022 年第 4 期。

就是哲学本身","反之,科学史就不再是科学,那是科学的过去"。①换言之,与科学不同,哲学以哲学史为题中之义。进一步看,解决哲学问题的重要资源,也来自哲学史。综合起来,一方面,哲学问题的发生离不开哲学的历史,另一方面,获得解决哲学问题的资源,也需要回到哲学的历史。哲学领域目前面临的问题之一,是两个极端:或者疏离哲学理论,主要专注于文献的爬梳;或者过于轻慢哲学史,对哲学史缺乏充分的敬畏。前者趋向于哲学向思想史的还原,后者则可能导致哲学的空疏化。离开了深厚的积淀,仅仅依靠突然之间的灵光一现,显然难以形成真正的哲学问题:如果离开了人类文明几千年积累的思想成果,所提出的哲学问题也许可以很精巧,但往往意义有限,更遑论切实地解决这些问题。

具体而言,以上提及的文章中提到了"哲学探索的问题意识与学术谱系",其内在的关切在于"史"和"思"之间如何沟通。从哲学史上看,或如文章所言,一些研究进路可能自觉地上承某一学术脉络,并接着某一学术"谱系"而说,但这并不是历史性体现的唯一方式。学术脉络或学术谱系,主要体现特定的学术传承,但在哲学之域,学术传统的体现,往往不限于这种狭义的学术谱系,而是以更广意义上学术演化过程为背景。从哲学史上看,康德哲学固然与近代的理性主义与经验论相关,其理论在某种意义上以此前西方哲学的演化趋向为背景,但就其系统本身而言,则既非表现为某种学术谱系的延续,也难以简单纳入其中。与之类似,就中国现代哲学而言,冯友兰的哲学固然可以追溯到程朱理学,但同时代的金岳霖哲学则并不"接着"以往某一哲学脉络说,从而展现了与冯友兰"接着"理学说这一

---

① 参见〔法〕莱昂·罗斑:《希腊思想和科学精神的起源》,陈修斋译,广西师范大学出版社,2003年,第4页。

进路有所不同的风格。尽管在广义上，金岳霖的哲学思考与中国哲学也具有相关；其形而上学著作即以《论道》为题，至少在书名上可以看到他的形上之思与中国哲学的联系，但这种相关性并不是以学术谱系的形式展现，而是更多地表现为精神传统的认同。在当代哲学中，以文章提及的李泽厚的思想而言，其哲学思考无疑独树一帜，尽管他的思想渊源可以追溯到儒学、康德、马克思，但从学术谱系看，却很难归入某种特定的传承系统。以上事实表明，在哲学领域，创造性的研究可以取得多重形式，并不仅仅限定于学术接续或直接承继的模式。

　　以我自身的哲学思考而言，如果要说学术脉络，则也许如论文已注意到的，我的学术进路可以上溯到金岳霖、冯契的哲学传统，但在理论关切和理论研究方面，这种关联并不单纯地表现为狭义上的学术谱系。以人与世界的追问为指向，我的理论探索首先基于现实世界的问题。在"具体形上学"系列著作的前言中，我已简略提到这一点："近代以来，尤其是步入20世纪以后，随着对形而上学的质疑、责难、拒斥，哲学似乎越来越趋向于专业化、职业化，哲学家相应地愈益成为'专家'，哲学的各个领域之间，也渐渐界限分明甚或横亘壁垒，哲学本身在相当程度上由'道'流而为'技'、由智慧之思走向技术性的知识，由此导致的是哲学的知识化与智慧的遗忘。重新关注形上学，意味着向智慧的回归。"这既可以视为我提出"具体形而上学"的历史前提，也体现了我的现实关切。从柏拉图以来西方哲学的演进，到中国哲学本身的衍化，彼此相异的哲学进路都构成了"具体形上学"思考的广义背景。当然，如上所言，这种现实的关切和哲学的传承不同于特定的现象关注和谱系追溯，而是在更广的意义上表现为历史考察与现实回应的交融，以此为前提，我的哲学思考既基于时代的问题，又以中国哲学的历史发展和世界哲学背景下的多重哲学智慧为其理论之源。无论是以存在问题以及存在沉思进路为论域的《道论》，还是以道德形上学为侧重之点的《伦理与存在》、关注于意义领域的形上之维的《成己与成物——意义世界的生成》、敞开行动及实践形上内涵的《人类行动与实践智慧》，以及从更本源的"事"这一维度理解人与现实世界，都体现了以上特点。事实上，思想的现实之源和历史传承可以表现为多重方式，其间并无一定之规。

三 以"事"说心

相对于前述论文对哲学与哲学史的关注，《"事在人为"说"心""事"》一文更多地聚焦于人、事、心。① 作者认为，"'心'与'事'之间的关系问题，首先表现为'人'与'事'之间的关系问题"；"以事观之"体现的是"事本论"，与之相对，作者以"心本论"为主张。围绕以上几个方面，文章作了种种讨论，其中包含不少既有意义，也需要辨析的问题。

事由人"作"，人因事成，人与事的关系，确实无法回避。内格尔（Nagel）曾有 The view from nowhere 的表述，并以此为其一部重要著作的书名②，从字面的意义上，这一观念可以理解为"无处着眼"或"超然之见"，意谓无法从任何视域考察世界，或无法从任何角度获得关于世界的客观理解。人如何理解世界，是哲学领域一直思考的问题，与内格尔的"无处着眼"有所不同，中国哲学比较早地形成了"以道观之"（the view of *dao*）的看法，从"道"的角度考察世界，意味着超然于特定的视域，比较全面地把握世界。然而，从根本上说，"以道观

---

① 彭国翔：《"事在人为"说"心""事"》，《哲学分析》2022 年第 4 期。
② Thomas Nagel：*The View from Nowhere*，Oxford University Press，1996.

之"乃是"人"以道观之（The view from *dao* by human）：无论从特定角度看世界，还是以"道"为视域，都属于人的考察。与之相近，"以事观之"也是"人"以事观之。从这方面看，人的视域是无法摆脱的：如后文所论，区分本然存在与现实世界，也基于这一事实。进一步考察，则可注意到，一方面，谈到"事"，则"人"便在其中；另一方面，"人"又并非游离于"事"：在逻辑上，我们固然可以设定有"无所事事"的人或"无事"，但这一形态的"人"，往往并不被视为应然之"人"，事实上，在贬义的层面，"无所事事"与"行尸走肉"常常被归入相近类型，从而区别于人的真实形态或当然形态。人之为人或人不同于动物的根本规定，主要便在于：人的存在与做事、成事无法相分；可以说，人的当然形态与现实形态，既源于"事"，也展开于事。

更进一步的问题体现于"心"与"事"的关系。文章写道："人之所以为人，究竟是因'心'而在，还是因'事'而在呢？"通过引孟子的相关论点，文章肯定"人之所以为人"最为基础和源始的"存在形态"是"四端之心"。历史地看，以心立说并以体现道德意识的"心"为人之为人的根本规定，构成了孟子一系儒学的基本看法，它与人是理性的动物的观念大致一致。世间万物，唯有人才有道德意识，这确实不错，不过，这里的关键在于，作为道德意识的"心"并非如孟子所言，是先天所赋予：人固然具有形成道德意识的可能，但唯有在后天的知行过程中，这种可能才会转化为现实，不仅同为儒家的荀子，在其"化性起伪"等理论中已对此作了多方面的阐释，而且孟子一系的理学也通过"变化气质"等理论，肯定了这一点。以孟子所说的恻隐之心而言，作为道德意义上的同情心，这种"四端之心"并非人天然具有或先天形成，而是在后天的习行以及环境、教育的影响之下逐渐形成的，这种现象和教育（包括儒家注重的身教），便属广义的做事过程，由此形成的"心"，也不同于天然的趋向，而是人化或社会化的意识，其中包含形成于"事"的文化负载。就此而言,"心"乃是源于"事"。当然,从过程的角度看,"心"与"事"展开为一个互动的过程:通过自身之"事"(习行)与社会之"事"(环境、教育以及更广意义上的文化影响)而形成的"心",可以进一步制约后续之"事",后续之"事"又进一步深化、扩展已有之"心",如此绵延不断,"心"源于"事","事"中有"心"。如果一定要说"本源"或"基础",则如上所言,不能不追溯到人所"作"的"事"。

我曾区分了"自然之人"(natural human being)与"人工之人"(artificial human being),并认为,自然之人的"事"的主体,人工之人则可以视为"事"的结果。文章对此表达了不同的看法:"当'人工之人'不断从事了很多原来'自然之人'所做之事的时候,'人工之人'便不再只能是'事'的结果,而完全也可以成为事的主体。就此而言,自然之人与人工之人的区别,其关键似乎并不能从'事'的'主体'和'结果'这一角度来看。在我看来,区别二者的关键,恐怕在于意识尤其情感和意志的有无。而意识、情感和意志,用中国哲学的固有术语来说,恰恰就是'心'。"这里的讨论,涉及"自然之人"与"人工之人"的分梳,但其核心,仍在于以"心"为人之为人的根本规定。引申而言,"人工之人"可以视为与人工智能相关的存在,从其功能或作用看,这一意义上的"人工之人"近于机器人,归根到底为人所用,并相应地具有工具的性质。与之相联系,"人工之人"确实可以"不断从事很多原来'自然之人'所做之事",但作为具有工具的性质的存在,它在实质上仍是"事"的结果,而不同于"事"的主体,其所涉及的,主要是一种安排之下的运作,近于机器启动之后的运转,而不同于严格意义上的自觉之"事"。

在谈到人际关系时,我曾指出:"从人与人的关系看,当人仅仅在空间上彼此并存而没有发生现实的交往关系之时,人与人之间也就彼此无'事';离开了实际的交往行动,则无论是正面或积极意义上的'事'(好事),还是负面或消极意义上的'事'(坏事),都无从发生。"并认为,"在疏离于'事'(无所事事)之时,人每每会有空幻或虚而不实之感,这种空虚之感既关乎对象,也涉及人自身的存在"。对此,文章以"尚友千古"为例,提出了异议:"一个通过'尚友千古'而不断提升和深化自己心智与精神的人,即便没有与那些空间上与之并存其他人发生现实的交往关系,过的是离群索居的生活,在实际的生活世界中所为之'事'甚少,其内心世界和精神生活依然可以非常的丰富与多姿多彩。"作为宽泛意义上的隐喻,"尚友千古"可以视为某种"神交",其具体方式是"读书思考"。需要注意的是,"事"包括广义的观念活动,"读书思考"作为观念之域的活动,在此意义上也属于人所"作"之"事"。然而,除了观念性的活动,"事"同时关乎人与物的交互作用与人与人的实际交往,人因事而在意义上的"事",并不仅仅限于观念性的活动,而是涉及多方面的知行过程,包括人与物的交互作用与人与人的实际交往,单纯的"读书思考"固然可以使人在观念层面得到提升,但由此而"离群索居",远离人与物的交互作用与人与人的实际交往,则人所参与之"事"便呈现单向度或片面的性质,以之为源,人的生活(包括精神生活)往往容易陷于抽象和苍白,难以真正达到"丰富与多姿多彩"的形态。以思想的衍化而言,其中既涉及观念之流,也关乎现实之源,仅限于前者,无法避免思想的贫乏。"尚友千古"以过去时代的人或其思想为神交对象,往古之人具有既成性,不同时代的后人读其书、思其义,则往往读出不同的意义(单纯的重复将导致思想的窒息),这种不同,便以后人所处时代、所参与之"事"的差异为前提。离开了相关的多样之"事"(包括形成于"事"的文化成果),则思想的延续、发展、丰富便无从说起。就个体而言,如果完全"置身事外"或"无所事事",则"逍遥"便难免成为空洞的精神受用,无法真正获得"内心丰盈"的意义。事实上,从历史上看,崇尚"逍遥"的庄子、郭象,本身并非"置身事外"或"无所事事"之辈。

关于"心"与"事"的关系,我曾认为:"心虽可出乎其外,但更需入乎其中"。文章由"心虽可出乎其外",推出可以有"无事之心"。并进而反诘:"如果可以有'无事之心',却不能有'无心之事',那么,这是不是表明'心'较之'事'而言仍然更为根源和优先呢?"问题再一次涉及逻辑形态与现实形态。在逻辑的层面,可以用分析的方式看"心"与"事",并承认二者的相对独立性:"心"不能还原为"事",反之亦然,所谓"心虽可出乎其外",亦就此而言。然而,就现实形态而言,"心"与"事"则无法相分:既无完全离开"事"的抽象之"心",也不存在纯然的无"心"之"事"。与之相关,王阳明所说的"事上磨炼",也以肯定两者的互动为内涵,其中既有"心"(德性)源于"事"之意,也肯定了"事"对"心"(德性)的确证,二者在不同意义上都体现了"事"对"心"(德性)的制约。即使将"事上磨炼"理解为"'心'是否切实达到凝定状态在经验层面所必需和易见的验证手段",也蕴含着"事"对"心"(德性)的制约。也许,"对阳明和孟子而言,'心'与'事'之间,更具优先性的仍然是'心'",但从两者的现实或实际形态来说,则不能如此单向地看待。仅仅讲"事之成其为事,仍有赖于人心之运转",并未把握问题的全部内涵,在相近的意义上,同样需要承认:"心"的内涵受制于"事"。"心"的差异固然会影响"事","事"的不同,也将赋予"心"以不同内涵:无论是心的发生,抑或心的作用和意义的确证,都无法离开事。如前所言,总体上,"心"与"事"之间展开为一个互动过程,这种互动最终又源于现实之"事"。

总起来看,"事"具有综合性的形态,既包括"心"及其活动(观念性的活动),又以"人"为主体,在人、心、事的相互关联中,事因人而有,人成于事而又以事观之。

四 哲学的视域与进路

比较而言,《具体的形上学有多具体——"以'事'观之"的视域》一文①对相关论题的讨论,似乎"同情的理解"多于"批判的质疑",不过,其中也提出了不少值得注意的看法。

文章提到斯特劳森的"描述形而上学",并认为他"扬弃事实本体论,而倡导事物本体论"。尽管这里所说的"事实本体论"首先与维特根斯坦的逻辑原子主义相联系,但亦涉及我的若干思考。"描述的形而上学"与我提出的"具体形上学"也许确有具有某种相关性,不过,文章认为"具体的形上学表现出了与描述的形上学的某种强烈的亲和性",则似可作一些辨析。"描述的形上学"与所谓"修正的形上学"相对,主要限于言说中的存在,其关注之点,在于我们在讨论世界时所运用的语言的涵义。尽管它也批评传统的形而上学——修正的形而上即被视为这一类的形而上学,但这种批评似乎具有二重意义:一方面,其中包含对传统形而上学中抽象形态的扬弃,另一方面,就其限定于语言的描述或分析而言,又表现出隔绝于真实世界的抽象性。从总的方面看,"描述的形而上学"没有越出"以言观之"的进路,这与"以事观之"体现的具体形上学,似乎有所不同。

"现实"和"现实存在",是我常用的概念。然而,按《具体的形上学有多具体——"以'事'观之"的视域》一文的看法,以上概念似乎存在某种"含混"性,这里,也许有必要对此作若干澄清。从哲学的层

---

① 应奇、杨超逸:《具体的形上学有多具体——"以'事'观之"的视域》,《哲学分析》2022 年第 4 期。

面考察世界,便不能不注意本然存在或本然世界与现实存在或现实世界的区分。两者分野的重要之点,在于是不是与人的知行活动相关,或者说,是否关乎人的视域。人的视域是人本身无法超越的,真正有意义的存在总是相对于人而言。当然,这并不是说,人没有出现之前的洪荒之世、人目前认识未及的河外星系不存在,但即使这些对象,其意义的呈现,也总是离不开"以人观之",亦即需要从人的角度去把握。从这一意义上说,离开了人的视域,对于相关的存在除了肯定其为"有"之外,我们无法说出更多的话,以射电望远镜观测范围之外可能存在的河外星系而言,如果说它"没有"或不存在,当然未免过于独断,但除了说它可能"有"之外,又难以作出更多的描述,一旦说出更多东西,则该对象便开始实际地进入我们的知行范围之内,成为人的知行领域中的现实存在。人类之前的洪荒之世也是如此,它固然存在于人类诞生之前,但是通过研究由森林转化而成的煤炭以及其他生物的化石,我们仍可通过溯源,对其意义有所了解。一旦进入研究视域之中,对象就不单单是人之外的本然存在,而是进入了人的现实世界。

这里可以提及晚近德国哲学界的一部哲学著作《为什么世界不存在》以及其中的相关看法。如书名所示,该书作者强调,各种事物都存在,但世界并不存在。这里所说的是世界,是指体现一切联系的、作为整体的世界:"世界是包含了一切的总域。"①这一看法,近于唯名论和实证主义。作者提出了"意义场"的概念,认为"不存在外在于意义场的对象或事实。一切存在着的东西都显现在某一意义场中(准确地说,是显现在无限多的意义场中)。'存在'指的是某物显

---

① 〔德〕马库斯·加布里尔:《为什么世界不存在》,王熙、张振华译,商务印书馆,2022年,第1—12、47页。

现在某一意义场中。无限多的东西显现在某一意义场中,无论是否有人曾在某时注意到这一点。我们人类是否体验到这回事,这在存在论层面上是次要的。事物与对象不是仅仅因为它们向我们显现才显现着,也不是仅仅因为它们的存在被我们注意到了它们才存在。大部分东西在我们没有注意到的情况下显现着"[1]。这一看法有见于存在与意义的关系,然而,作者对意义本身的内涵,却未能确切地把握。确实,现实存在的意义呈现于人以及人的知行过程,但无论是价值—目的之维的意义,还是理解—认知层面的意义,本身都离不开人的以上存在过程。作者的问题之一,在于虽然注意到现实对象是与意义相关并表现为进入人的知行之域的存在,但却不了解本然世界与现实世界的区分,在肯定现实存在与意义相关的同时,又否定了本然世界的存在,所谓"认为存在着一个外部世界以及我们对它的表象,这完全是错误的"[2],便表明了这一点。同时,对意义的现实之源,作者也缺乏自觉的认识。事实上,人因事而在,意义因人而有,离开人的存在,便没有意义。人类对任何事物的追问,都可以视为对不同意义的追问,这种意义与人相关,而非存在于人之外。具体形上学的涵义之一,便是联系人自身的存在去理解这个世界。传统形而上学中的自然哲学、宇宙论,完全撇开人的存在去观照世界、追溯构成世界的某种基质,这种还原除了满足人思辨兴趣之外,并没有增进我们对这个世界的真切了解。对真实世界的理解,无法完全脱离人的存在。

人的视域并不具有抽象性,宽泛而言,人的知行、认识和实践领域都是人的视域的具体体现。"事"的综合性,在于它既涵盖人的认

---

[1] 〔德〕马库斯·加布里尔:《为什么世界不存在》,王熙、张振华译,商务印书馆,2022年,第68页。

[2] 同上书,第89—90页。

识,也与实践活动息息相关,以"事"的角度了解考察世界,从一个体现了人的视域的具体性。

现实存在同时关乎对象世界以及人自身存在的规定性。存在本身并非只具有一种向度,相反,它乃是由多重规定所构成。从更广的意义上说,事物之间又相互关联,从而形成更多的规定。只要物进入人的知行领域,它就不再是一种本然之物,而是展现多方面关联的现实存在。即使是一个简单对象,它自身所具有的属性,它与其他事物的关联,以及它与人的活动所形成的联系,都共同构成了丰富的现实性关联。

文章中的另一问题,涉及对智慧的理解:"智慧概念是否同样具有多样性之维,统一性的智慧如何获得其分殊的形态?"这一问题无疑有其意义。与知识以分门别类的方式切入对象不同,作为哲学形态的智慧更多地以通过跨越知识的界限而把握世界为其进路;知识的分而论之意味着其包含多样形态,相对于此,与跨越界限相关的智慧似乎主要指向统一性。然而,进一步的考察表明,对智慧不能作此简单理解。事实上,以智慧的方式把握世界,并非仅仅囿于单一的路向,如我以前一再指出的,哲学领域的智慧探索本质上具有个性化、多样化的特点。从思维趋向上看,经验论、唯理论、直觉主义、怀疑论,等等,一方面表现为不同于知识的考察方式,另一方面又呈现自身的多样进路;从言说上看,则思辨地说、诗意地说、批判地说、分析地说,等等,构成了不同的表达方式;从学派上说,先秦有儒家、道家、名家、墨家、法家等诸子百家,古希腊也有米利都学派、伊奥尼亚学派、爱利亚学派,以及后起的犬儒、伊壁鸠鲁学派,等等,这些学派对世界各有自身的理解;就中外历史上众多的哲学家而言,其智慧之思更是千差万别。哲学的理论无法离开哲学史的历史,哲学的形态也是如此,正是智慧的以上多样展开,同时使其获得了"分殊的形态"。

以上事实表明,哲学以跨越界限的方式理解世界,体现的主要是不同于知识对特定领域、对象的分别把握这一特点,而跨越界限本身又是通过多样的形式实现的,求其通与多样性、个体性,并非相互排斥。

与以上相关的另一问题,是"智慧境界"的表述,文章认为,在"这一表达中,'境界'蕴含着特定个体的限度与相对性,与智慧的跨界倾向正相矛盾"。从语义上说,"境界"可以赋予不同的内涵,它固然具有"界限"的意义,但也可以在更为宽泛的意义上运用,事实上,在"精神境界""艺术境界"等表述中,"境界"便主要表示精神、艺术的不同层面,而非将其限定于某一界域。当我们说"智慧境界"后"智慧之境"(我个人可能更多地运用后一表述)时,其涵义与之相近。这里需要注意的是,以上视域中的"境界"既非在空间意义上限定于某一界限,也非在时间意义停留于某一境域,正如精神境界的升华没有止境一样,智慧之境的扩展和提升也展开为一个绵绵相续的过程。

顺便提及,文章对以上意义中的"智慧"提出了如下问题:"意义的根源与智慧的根本品质,究竟是来自人之存在的创造性方面,抑或是来自对诸多既有领域的综合性方面?"这里涉及"创造性"与"综合性"的关系,需要对此作一阐释。按其本义,"创造性"与"综合性"并非彼此相对,事实上,创造性总是包含综合性:单一的规定,难以提供创造之源;综合性也体现于创造性:在综合不同方面的创造过程中,综合即参与了创造。

就文章评议的对象而言,事实、事物和事件无疑构成了重要的方面,在以下表述中,这一点得到了比较清楚的表述:无论从语义辨析还是从形上学意涵上,"'以事观之'的形上学"都关乎"事实、事物和事件的本体论"。如作者所注意到的,当代哲学对事实、事物和事件较为关注,并作了不同方面的考察。然而,如果从"以事观之"的视域出发,则理解以上问题便无法离开"事"。我曾一再指出:"事"具有综合性,关乎不同方面,这一特点也体现于事与事实、事物和事件的关系。以"事实"而言,其形态既可以表现为认识论意义上的对象,也可以呈现为本体论意义上的人化存在;无论是何种意义的"事实",都形成于作为人之所"作"的"事"。可以一提的是,文章认为,"事实既不存在于时间中也不存在于空间中不同",这一看法似乎需要再思考。以人之所"作"为内容的"事"作为一个过程,展开于时间之中,表现为"事"之结果的事实,同样无法外在于时间。相对于事实,事物在宽泛意义上可以看作是进入"事"的物,较之与"事"无涉的本然之物,其特点在于已经打上人的某种印记。与之相近,事件作为已经发生或正在发生的形态,则表现为"事"的展开过程。从以上方面看,事实、事物、事件与"事"显然无法相分:在实质的层面,"事"具有本源的意义。较之当代主流哲学(分析哲学)主要从语言之域辨析事实、事物、事件,"以事观之"更倾向于切入人的实际存在过程,并基于"事"的现实展开以考察和理解以上对象。

五 多样之事与多重问题

除了前述三篇论文,在婺源会议中,学界的其他同仁也提出了不少有意义的问题,以下对此分别略作回应。

(一) 一位同仁提到,虽然作为"物"的"thing"和"to do thing"的"thing"都叫做"thing",但二者并不完全相同。确实是这样:两种"thing"虽然形式上相近,但内在含义并不完全重合。作为"物"的"thing"可以视作与"事"相对的"物"或存在对象;"to do thing"的"thing"是人之所"作"的对象,并与人相关联,近于王夫之所说的"境之俟用者",从而与尚处于人之外的"物"有所不同。作为人之所"作"的对象,这一意义上的"thing"已与"事"相关。

(二) 我曾指出,"事"具有更广的涵盖性,它既可以涵盖我们传统意义上的"知",也可以涵盖"行"。有的学者就对此产生疑惑:如果只承认知和行的统一,并以"事"来涵盖两者,那么,两者之间的分别又该如何理解?对此,也许可以这样看:知和行、认识与实践的区分毋庸讳言,并为一般研究所注意,但同时,不能忘记:作为人类活动的这两个基本方面,知与行又是相互关联的。如果忽视其关联而仅仅分别地执着于知或行,那就容易引向两者的分离。历史上,知行脱节、认识与实践的分离是一再出现的现象,之所以如此,缘由之一就在于仅仅注意到两者的分别。实际上,肯定两者的差异并不难,但要内在地把两者沟通起来,则并不是一件容易的事。"事"作为中国哲学的一个传统范畴,对沟通"知"和"行"、避免两者的截然相分可以说提供了传统的资源。所谓"事"具有涵盖"知"和"行"的意义,并不是说泯灭两者的分别:两者的沟通恰恰以承认两者的分别为前提,没有分别,何来沟通呢?

与前面的问题相关,一些同仁提及,如何理解人的存在本身对于世界统一性、整体性的现实规定作用?这一问题也许可以从两个方面进行理解:一方面,人自身的存在过程,包括人的认知和实践。人的实践活动具有确证的意义,并不断地实际地肯定人和自然之间的相互联系。从人类的总体实践过程来看,其演进一再确证着人和自然之间的这种相关性。另一方面,人又可以规定自然。本然的对象有自身的诸多属性,而人可以通过自己的活动使得对象获得新的属性或规定,如森林中的树木本来只是树木,但人却可以把树木砍下来,或者制成家具,或者用作建筑材料。家具和建筑材料并不是树木固有的规定,也就是说,它们并非注定形成家具和建筑材料所具有的属性;正是在人作用它的过程中,树木获得了这些新的规定,质言之,这些规定乃是人的活动所创造的。

(三)"以事观之"与"具体形上学"之间,呈现何种关系?这是一些学人关注的问题。前面提到,体系化的追求容易引向思辨哲学,"具体形上学"总体上不同于封闭的体系,而是具有开放性,可以向多重方面展开。"以事观之"可以看作是"具体形上学"的进一步延续,是"具体形上学"视域下理解人与世界的一种进路,而非在它之外另起炉灶。一些学者提到:"事"是否具有形而上学的性质?回答是肯定的:"事"当然具有形而上学的性质。"事"本身也可以看作是一种广义的存在,是与人相关、表现为人之所"作"的存在形态,从而也处于形上之域。不过,作为人之所"作"及其结果,"事"是具体形而上学视域中的存在,而不是思辨或抽象的形而上学的考察对象。

(四)一些学人提到"虚事"的问题,这个概念可以做些分梳。现实世界中的"事",大致可以区分为两种,其一是以实践方式展开的事,其二是作为观念形态或作为观念活动的事。带有宗教色彩的彼岸,以及先验、超验的存在,也许可以看作是观念领域的"虚事"。当然,彼岸或超验的存在,实际上是人的观念性的设定,如费尔巴哈说,人按照自己的形象创造了上帝,这一意义上的设定既属于观念性的活动,也具有观念性的形态。从更本源的层面上看,这种观念形态乃是展开于人的现实世界之中,属于现实世界中所作的设定;各种超验、彼岸、先验的规定,归根到底都是站在现实世界的大地上所作的设定。一方面,作为观念形态,这种超验的预设与现实生活世界中的实在有所不同,另一方面,它们又没有完全离开现实世界:哪怕是虚构的观念形态,也是基于现实世界的预设或构造。

关于"物"和"事"的关系,二程在一首诗中曾提到,"万物静观皆自得",依此,则似乎从万物自身看,其生灭、变动与人没什么关系,所谓"自得"亦与之相关。事实上,这里涉及更广意义上"物"与"事"或"存在"与"事"之间的关系。宽泛意义上的"存在"和"物"可以在"事"之外:没有进入人的实践过程的"物",不能说它不存在。不过,作为自在之物,它们具有本然的性质;前面已提及,从本然和现实的区分看,本然的存在还没有进入人的存在领域,带有自在的性质,一旦为人的观念或实践所作用并进入人的实践领域,就成为现实的存在。本然与现实的区分,与是否进入人的知行领域相关。"万物静观皆自得"中的"万物"如果离开人的"观",就只是一种自在之物,完全与人没有任何关系的"物"不存在"自得"与否的问题,"自得"是人赋予它的意义,是"以人观之"的结果,所谓万物"自得",乃是人认为它具有"自得"的感受。这里可以引用王阳明的相关观点。王阳明曾游南镇,期间,他的学生指着山中的花说:花自开自落,与人心有什么关联?王阳明回答,当人没有去看它的时候,它便黯淡无光,一旦人去观照,它就鲜亮起来。换句话说,花的审美意义离不开人:在人的观照之外,花的开与落,并无审美意义。"自得"在某种意义上也与之类似:"自得"是人所赋予对象的意义,人观照自然对象的时候,觉得万物或自然景象仿佛悠然自得,但这种悠然自得并不是对象本身具有的性质,而是指:相对于人的生活世界的喧闹而言,万物显得悠然自得。可以看到,这种"自得"离不开物向人的呈现。

在论及以上问题时,"自明性"的概念曾被引入,这一概念是现象学所常用的。从语义角度看,"自明性"是指直接的、没有任何中介的意识。在现象学中,这种"自明性"不是一开始就出现的,而是经过存在的悬置、本质还原、先验还原等过程而达到的,与之相关的是纯粹意识或纯粹自我,经验性的意识并不具有"自明性"。在现象学,尤其是早期胡塞尔看来,经过还原之后达到的这种纯粹意识或纯粹自我是最本原、最直接的规定，也就是具有"自明性"的存在，整个哲学大厦应建立于其上，唯有如此，哲学才能获得作为严格科学的性质。这种自明的呈现超越于"心""物"之分，具有真实可靠，无可置疑的性质。这一意义上的"自明性"，显然带有浓重的思辨性，具体的形而上学旨在扬弃对世界的这种探讨方式，以解构思辨的迷雾。

与"以事观之"相关的另一问题，涉及"求是"和"求事"之辩：应该"求"是非之"是"还是"求"事实之"事"？这里可以作一简单回应。是非之"是"在最宽泛意义上可以看作是对与人和世界的真理性认识，这种真理性的认识唯有通过广义之"事"（人的知行活动）的展开才能达到。在这一意义上，"求是"和"求事"无法分开。"求是非"的"是"即敞开于"求事实"的"事"的过程中，离开了这种"求事"的过程，便很难对世界及人自身形成真切的认识。另外，"求是非"的"是"与"求事实"的"事"在内涵上也有不同，属于不同的领域。"求是非"的"是"侧重于追求真理，偏重于理论层面的认识；"求事实"的"事"既侧重于做事的过程，又与"事实"相关，两者相互分别，但又并非截然对峙。

（五）一些同仁提到：具体形上学以中西哲学为理论之源，其中涉及对西方哲学与中国哲学的理解，那么，我们能否脱离西方视角，进而以一种更客观的态度来评价中国哲学？这一问题目前讨论较多，也需要反思。总体而言，我们当然不应用西方哲学的范式来裁剪中国哲学，但却可以将西方哲学作为理解中国哲学的重要参考。从更广的意义上说，在此需要超越狭隘的中西哲学分野的看法。实际上，中西之分在更实质的意义上表现为古今之异。如所周知，中国哲学经过了一个历史的演化过程，对于今天的中国哲学，其特点在于这样一个事实：西方哲学已进入我们的哲学视野中。在这种情况下，西方哲学不能仅仅被视为外来对象,相反应被看作我们今天思考哲学的重要背景。今天西方哲学的资源已经融入我们思考问题的方式之中,在考察中国哲学的时候如果略去这些内容,则意味着倒退到过去,这样的进路很难展现哲学研究的时代性。

以上是从狭义上看,就广义而言,作为一种文明形态,哲学是人类共同的财富,而非西方所独有,以世界哲学为视域,则中国哲学和西方哲学都是今天思考哲学问题的重要资源。事实上,西方的文化已经渗透到生活的不同方面中,单就语言而论,现代汉语已经大量地吸收了包括西语的外来语,如果略去这些外来语,现代汉语恐怕就不复存在了。语言不仅仅是外在符号,它更内含了丰富的思想内容。在运用现代汉语的过程中,很难摆脱西方文化的影响:试图脱离西方哲学的影响而回到"纯粹"的中国哲学,恐怕只能是一种天真的幻想。无论从现实形态还是"应然"而言,西方哲学都构成了今天理解中国哲学的重要资源和背景。

(六)关于"物"与"事"的关系,一些学人提到,中国人重"事"而轻"物"。事实上,也许可以说,中国人注重的是现实之"物",也就是对人有意义的"物"或进入"事"中之"物"。就此而言,或许可以说,中国人重视"物"的现实之维。在人的活动作用过程之外的"物",属自在之物,后者往往处于中国人的视野之外。另外,从"事"本身看,同时涉及它与时间性的关系问题。简单而言,"事"当然离不开时间,真正意义上的"事"既是在空间中展开,又是在时间绵延过程中延续,在这一意义上,现实的事与时间、空间都无法相分。

(七)另一问题涉及"超名言"或"超言绝知"。在从形而上的进路把握世界的过程中,日常所用的名言确实有其限度,仅仅依据这一层面的名言,无法真正达到对形而上对象的把握。当然,并不是所有名言都包含以上限定。形式逻辑上的名言固然有特定的含义、界限、语境,以此理解对象,常常会受到各种限制。但是,如果引入辩证的观念、肯定概念的流动,则可不为日常的或形式逻辑层面名言所限定。如果因为某种形态的名言的限定而放弃一切名言,走向所谓"超言绝知",那便容易走向神秘主义。

如何超越名言?中国哲学一直肯定"说"和"在"的统一,强调言说和存在不可分。真理性的认识、人生之道的把握,不能仅仅限定于口头的言说之上,从荀子到王阳明都注重"口耳之学"和"身心之学"的区分,对中国哲学而言,真正的认识需要化为"身心之学",如果仅仅停留于"口耳之学","入乎耳、出乎口",那便只是在理论的辨析、抽象的名言上打转,不能认为是真正意义上对真理的把握。"身心之学"意味着由"说"转向"在"。这一意义上的超越名言,具有实践的意义,与前面所述超越形式逻辑的限定、走向对概念的辩证性,有所不同。对"超绝名言",可以从以上两方面予以理解,由此,一方面,避免走向神秘主义,另一方面,也超越仅仅在思辨层面的观念上打转。

(八) 关于"事"与宗教性进路的关系,有的同仁提到:从"成事在天"这一层面看,"天"似乎表现为更具决定性、主导性的力量。就"成事"与"天"的关系而言,所谓"天",首先与人或外在于人的综合性条件相对。做事过程总是离不开人和对象之间的互动,需要充分尊重或者兼顾外部条件,而不能仅仅凭主观意愿或主观能力来行动。从这一角度看,"天"可以视为人之外的综合性条件或必然法则,与之相关,"事"的成功一方面需要人自身的努力,另一方面也离不开对外部条件的关注和存在法则的遵循。与之相联系,对于"成事在天",不必一定引向宗教性的进路,可以从人的现实践行过程加以理解:做事的过程既涉及人自身的内在能力,也关乎外在综合性条件,包括对象世界的法则,只有在两者的积极互动过程中,才能完成人所"作"之

"事"。

（九）有的论者对"人因事而'在'"提出质疑，认为人在婴幼儿和日暮垂年阶段没有"作""事"能力的，但不能说此时之人不属于"人"。这里的关键，在于对"事"和"人"需要作动态的理解。作为人之所"作"，"事"并非凝固不变、仅仅以某种现成的形式存在。与人自身的存在经过一个从早年到晚年的过程一致，人所"作"之事也存在相应变化。在婴儿阶段，尽管人在某种意义上似乎没有自觉意识，但并非完全游离于"事"之外。根据儿童心理学的实证研究，儿童在尚缺乏语言能力时，已经开始从事各种活动，如抓取玩具、寻找食物、表达意愿，等等，这些活动，可以视为最初的做事过程，其中包含着皮亚杰所说的行动逻辑，这种行动的逻辑具体表现为：在抓取等活动中，包含先后、左右等时间和空间上的有序结构，后者随着心智的发展而逐渐内化为思维的逻辑。与之类似，老年人也许不像年轻人那样从事创业、劳动等活动，但依然会做力所能及的家务事或其他活动，对脑力劳动者而言，可能还会进行各种形式的创作。所有这一切，都可以看作是广义的做事过程，人在不同年龄阶段的存在形态，也通过这些不同的"事"而得到确证。

与上述看法相关，有的学人对"世间本无'事'，'事'源于人之'作'"这一看法表示困惑，认为自然界每日每时都在发生这样那样没有人参与的"事"，例如地震、各种自然灾害、日食月食以及疫情，它们皆不是因"人"之"作"而发生，如何能说"'事'源于人之'作'"？以上问题似乎对"物"与"事"有所混淆：以"地震、各种自然灾害、日食月食"为事，实际上是将自然的变化混同于人所"作"的事。我曾提及物理事件与人所"作"之事的区别："物理事件如果发生于人的作用之外，如因云层自身互动而形成的降雨，可视为自然现象；物理事件如果发生于实验或人工条件之下，则非纯粹的自然现象，而是融入于'事'并成为与人相涉的广义事件的构成,如人工降雨,便属后一类事件。"至于因病毒而起的"疫情",则需要作更具体的分析:病毒本身是自然之物或自然现象,但病毒之感染人、并逐渐衍化为流行之疫,则与人所"作"之"事"(如与某种动物的接触、彼此之间交往过程中发生的感染,等等)相关,不能笼统地将其归为"物"。

(十)一些学人对"安逸"与"做事"的关系作了考察,认为,如果"安逸"处于事之外,则我所说的"凡人之所'作',均可视为'事'"的看法便难以成立的。这里涉及的"安逸",需要作具体分析。如果将"安逸"视为作为人的特定活动的"休闲"方式,无疑可归入广义之"事",若"安逸"仅仅表现为"无所事事",则不能将其等同于作为人之所"为"或人之所"作"的"事"。论者所说的"安逸"与"事"(劳动)相对,因而不同于人所"为"之"事"。这种情况与"休闲"相近:休闲既可作为与娱乐活动相关的"事",也可表现为"无所事事",苏东坡所说的"闲愁最苦",即与后一意义上的休闲相关。所谓"凡人之所'作',均可视为'事'",其中的"作"或"为",都与有意义的活动相关,与无所事事相应的"安逸",则不属于这类活动。这里需要留意,语言的运用并非凝固僵化,同一语词或表述(如这里涉及的"安逸"),可以在不同意义上使用,其具体涵义的把握,则需要联系相关语境。

同一论者对"物不会自发地满足人,唯有通过人作用于物的做事过程,物才能成为合乎人需要的对象"的论点提出疑问,其根据主要是:日光,空气不断地在"自发"满足人的日用需要,根本不存在"通过人作用于物的做事过程"。此处提到的"日光,空气"与人的关系,需要作具体分析。一方面,这些对象确为人的存在所需,同时,其满足人需要的过程,也呈现自然而然的特点,无须以人之所"作"(做事)为条件;另一方面,在"日光,空气"满足人的需要的过程中,人与它们的关系更多地表现为自然物之间的关系;作为生物,人需要空气和阳光;换言之,此时人与对象("日光,空气")的关系,主要表现为自然物之间的互动或新陈代谢意义上的物能量交换:人乃是以自然物(亦即自然中的一员)而不是自然的他者的形式,与自然相互关联。然而,作为社会存在,人具有不同于自然的品格,其需要的满足过程也有别于自然意义上的物质交换,从实质的层面看,这一过程始终离不开人自身的所"作"或所"为"。事实上,在人的存在过程中,空气、阳光等自然对象之满足人的需要不仅涉及新陈代谢意义上的自然之维,而且也与人的多样活动相关,度假时在山林和海滩呼吸新鲜空气、享受日光之浴,与劳动场所呼吸沉闷空气、处于昏暗空间,便既展现了人做事的不同方式,也彰显了人与世界相异的价值关系。

后　记

在完成《人类行动与实践智慧》后,我的研究曾转向政治哲学、伦理学及其他领域,《哲学的视域》《政治、伦理及其他》《哲学:思向何方》等文集从不同方面呈现了我在以上诸域的研究状况。2014年,自己的生命旅程曾经历了重要折变,这虽然让我切身地感受了海德格尔所谓向死而在的意义,但追问性与天道的志趣并没有因之隐退。从2015下半年开始,我的思考更多地指向以"事"为视域考察人与世界。在此后的时间延续中,相关的理论探索一直未曾中断。

以"事"为指向的相关研究结果,曾在华东师范大学哲学系的博士研究生讨论班讲授,讨论班中的提问、回应,无疑也推进了对所涉问题的思与辨。2019年上半年,我应邀在清华大学作了以"人与世界:以事观之"为主题的系列讲座,这使我有机会与不同学术背景的研究生和学界同仁就"事"的哲学意义展开进一步的讨论。成书过程中,若干章节曾在《哲学研究》《中国社会科学》《学术月刊》等刊物发表,由此,不仅部分研究结果得以先行面世,而且更广意义上学术共同体中的对话也获得了前提。

此次再版,增补了第七章("走向具体的存在"),并将原来的"附录"改为"附论"。同时,新增《事与思——对"以事观之"若干评论的回应》作为全书附录,以多方面地展现对相关问题的思考。

杨国荣
2023 年 3 月